나의 문화편력기

기억과 의미의 역사

나의 문화편력기

초판 인쇄 2015년 12월 22일 **초판 1쇄 발행** 2015년 12월 25일
1판 2쇄 발행 2016년 3월 1일
지은이 김창남
편집 김은숙   **디자인** 구화정page9
펴낸이 천정한   **펴낸곳** 도서출판 정한책방   **출판등록** 2014년 11월 6일   제2015-000105호
주소 서울시 마포구 월드컵북로1길 30, 303호(서교동 동보빌딩)
전화 070-7724-4005 **팩스** 02-6971-8784
블로그 http://blog.naver.com/junghanbooks   **이메일** junghanbooks@naver.com

ISBN 979-11-954650-2-6 03300

책값은 뒷면 표지에 적혀 있습니다.
잘못 만든 책은 구입하신 서점에서 바꾸어 드립니다.

※ 244, 245, 246쪽의 사진은 오마이뉴스 〈사라져가는 텔레비전 더빙, 이래서 아쉽다〉(2013.03.26.)
   기사의 자료사진을 발췌 사용하였습니다.
※ 사진이 수록된 간행물이 폐간되었거나 저작권자가 미상인 경우 또는 아직 접촉 중인 경우,
   연락이 닿는 대로 적법한 절차와 합리적 출판 관행에 따라 게재 허가를 구하겠습니다.
※ 본문의 내용 중 굵은 글씨로(진하게) 표시된 단어들은 찾아보기를 참조하기 바랍니다.

이 저술은 한국연구재단 2007년 인문한국사업(Humanities Korean Project)의 지원으로 이루어졌음
(KRF 과제번호 2007-361-AM0005).

이 도서의 국립중앙도서관 출판예정도서목록(CIP)은
서지정보유통지원시스템 홈페이지(http://seoji.nl.go.kr)와
국가자료공동목록시스템(http://www.nl.go.kr/kolisnet)에서 이용할 수 있습니다.
(CIP제어번호: CIP2015034997)

나의 문화편력기

기억과 의미의 역사

김창남 지음

차례

 애국 소년의 탄생

감성의 고과서 — 책과 만화

TV 훔쳐보기

영화, 그 꿈의 나라

일찍 눈뜬 유행가의 세계

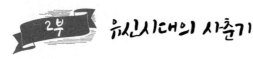 2부 유신시대의 사춘기

    이 책은 내 유소년기의 문화적 경험에 대한 기록이다. 그 기록은 거의 전적으로 기억에 의존하고 있고 당연히 불완전할 수밖에 없다. 내 모든 기억은, 누구나 그렇듯이 단편적이고 파편화되어있다. 그것들은 어느 순간 불쑥 현재의 내 시간 속에 뛰어들어 지금의 나를 제멋대로 잡아먹곤 한다. 나이 먹을수록 가까운 기억은 빨리 사라지고 오래된 기억만이 선명하게 남는다는 얘기가 있다. 가까운 시점의 기억이 빨리 사라지는 건 틀림없지만 그렇다고 오래된 기억이 선명하게 남는 것 같지는 않다. 기억은 대체로 흐릿하고, 빛바랜 사진마냥 아련하다. 그 속에 선명한 부분이 남아 있다면 그것은 기억 자체가 아니라 지금의 내 욕망이 나도 모르게 과거의 한 부분에 투사된 상태일 가능성이 높다. 기억의 진실성을 결코 그대로 믿어서는 안 된다는 말이다. 그럼에도 부정할 수 없는 건 사람은 기억하는 만큼 산다는 사실이다. 기억은 과거의 것일 뿐 아니라 지금 나 자신을 구성하고 있는 모든 것

이기도 하다. 이 책은 내 기억 속으로 나를 찾아 떠난 여행기다.

내 기억을 구성하는 많은 것들 가운데 이 책을 통해 내가 더듬어 보려 하는 건 '대중문화'에 관한 것이다. 어려서부터 접해 온 많은 책과 노래, 영화와 드라마들은 어떤 식으로든 내 안에 흔적을 남기고 있다. 지금 내가 생각하고 느끼고 바라보는 것들은 대부분 그 시절에 형성된 어떤 원형의 감성에 기대고 있다. 아마도 그것은 나와 비슷한 시대를 살며 비슷한 경험을 해 온 우리 세대 많은 사람들이 함께 가지고 있는 것일 게다. 내가 자라며 영향 받은 책과 만화, 영화와 드라마, 음악을 기억 속에서 끄집어내 살펴보는 것은, 말하자면 우리 세대가 공통적으로 가지고 있는 감성의 원형질을 재구성하면서 그 내면 풍경의 한 구석을 헤집어 들여다보는 일이 될 것이다.

70년대 후반에서 90년대 초반에 이르는 시기에 대학을 거친 세대는 싫건 좋건 대학사회 특유의 문화를 경험해야 했다. 그걸 '운동권문화'라 부르든 '민중문화'라 부르든 그것은 미디어와 시장을 지배하는 상업적 문화와 일정한 대립 관계를 형성했고, 제도권 밖에 특유의 시장과 유통 구조를 가졌다. 나 역시 대학 시절을 통해 그런 문화에 접했고, 어쩌다 보니 평론가 혹은 연구자 직함을 달고 문화 담론 한 귀퉁이에 이름을 올리는 입장이 되었다. 20대 중반부터 대중음악과 대중문화에 관한 글들을 써 오면서 늘 마음 한 구석에 걸리는 게 있었다. 내가 이성적 혹은 논리적 차원에서 주장하는 바와 실제 내 몸과 감성이 반응하는 바가 다르다는 생각 때문이었다. 이를테면 대중음악의 이데올로기를 비판하고 그 사회적 폐해를 성토하는 글을 쓰면서 실상 내 몸 깊숙한 곳에서는 어린 시절부터 듣고 불러온 노래들에 대한 어쩔 수 없는 감각이 있었다. 술을 마시고 취하거나 혼자 있을 때 나는 바로 그런 노래들을 불렀다. 나만의 길티 플레져Guilty Pleasure였던 셈이다.

사람들은 한창 감수성이 예민하던 시절 경험했던 문화적 세례의 영향을 결코 버리지 못한다. 그리고 물론 그것은 절대 죄가 아니다. 그렇다고 내가 이성적 차원에서 글로 쓰고 주장했던 대중문화의 이데올로기 비판이 거짓인 것도 아니다. 이성적 판단과 감성적 욕망의 경험은 다른 문제이고 우리는 그 두 가지를 다 승인하며 살아간다. 중요한 건 어느 쪽이든 나 자신의 일부이며 각기 그것의 가치를 가진다는 사실을 받아들이는 것이다. 이 책에서 내가 기억의 대상으로 삼는 것은 내 이성적 판단의 세계가 채 형성되기 전 나를 구성했던, 그래서 여태껏 내 몸 일부에 살아남아 있는 욕망과 감성의 흔적들이다.

영화, TV, 만화, 대중음악 등 다양한 대중문화를 좋아하고 즐겨왔지만 그 경험의 폭이 남달리 넓거나 많지는 않다. 나는 특정 분야에 대해 남다른 열정으로 깊이 파고드는 마니아나 오타쿠 기질은 전혀 가지고 있지 않다. 유년기에서 사춘기를 거치며 청소년으로, 다시 청년으로 성장하면서 겪은 내 문화적 편력은 내 또래 세대가 흔히 경험한 정도에서 그리 벗어나지 않는다. 물론 나의 경험에는 내가 자란 지방 소도시라는 환경이 가진 특수성이 스며 있고, 나 자신이 갖고 있는 특유의 감수성 혹은 문화적 취향과 욕망이 일정하게 남달리 작용한 면도 있을 것이다. 누군들 그렇지 않겠는가. 그러니까 이 책은 '나'라는 개인이 가진 특수한 경험의 프리즘으로 들여다보는 우리 세대 문화의 작은 역사인 셈이다. 그 작은 역사의 주 무대는 내가 유년 및 청소년 시절을 보낸 6, 70년대다. 박정희 시대, 산업화 시대, 조국 근대화 시대 그리고 냉전 시대 등으로 불리는 바로 그 시절이다.

이 책에 실린 글들은 몇 년 전부터 조금씩 끄적거리며 기록한 것이다. 나이 들면서 자꾸 가물가물해지는 어린 시절의 기억들을 더 늦기 전에 남겨두고 싶다는 생각이었다. 기억은 꼬리를 문다. 하나의 기억은 또 다른 기억을 불러낸다. 때로는 기록하는 과정에서 어사무사하던 기억이 선명하게 꼴을 갖추기도 한다. 기록이 기억을 재구성하는 셈이다. 어차피 모든 기억은 현재의 시점에서 불러낸 것이고, 현재의 시선으로 재가공된 것일 수밖에 없다. 물론 나는 최대한 어린 시절 당시의 내 감정과 사고를 꾸밈없이 기억하고 기록하고자 했다. 지금 내가 가지고 있는 지식과 의식의 틈입을 최대한 막으며 그 시절의 내 모습을 있는 그대로 묘사하려 했지만, 그건 사실상 불가능한 일이었다. 어쨌든 지금 내 과거를 들여다보고 있는 건 바로 현재의 나 자신이기 때문이다. 지금의 나는 끊임없이 과거의 나에게 뭔가 의미를 부여하고 싶어 한다. 이 책은 결국 기억 속에서 내게 남겨진 의미의 흔적을 되짚는 작업이다. 부제를 '기억과 의미의 역사'라 붙인 까닭이다.

이 책은 크게 두 부분으로 나뉘어 있다. 앞부분은 대체로 국민학교 입학을 전후한 60년대 중반 정도에서 중학교에 입학한 72년 전후 기간의 기억들이고, 뒷부분은 중학교에서 고등학교에 이르는 시기, 사춘기를 겪으며 청소년으로 성장한 시기의 기억들이다. 하지만 주제에 따라서는 시기 구분을 넘나드는 경우도 많고 워낙 연속적인 경험이라 그런 구분을 적용하기 어려운 경우도 많다. 기억 자체가 그리 명료하지 않은 게 대부분이고 보니 이런 구분 자체가 큰 의미는 없다 싶기도 하다.

앞부분의 프롤로그에는 그 시절 내가 자란 지방 소도시의 환경과 일상적 삶에 대해, 뒷부분의 에필로그에는 70년대 말에서 80년대 초까지 대학을 다니며 사고와 감성의 변화를 겪었던 과정에 대해 간략히 정리했다. 언젠가는 좀 다른 방식으로, 성인이 되어 80년대와 90년대를 거치며 겪었던 경험과 고민들을 정리해보고 싶다는 생각을 해본다.

최근 미디어나 문화연구에서도 '미시사', '일상사', '구술사' 또는 '자기민속지학Auto-ethnography' 같은 분야가 부각되고 있다. 이 글들이 그런 의미에 값하는지 모르겠지만 그 시절의 문화를 들여다보는 자료로서 조금이나마 가치 있기를 바란다. 하지만 그게 아니면 또 어떠랴 싶다. 그저 내 또래 세대와 과거를 추억하는 재미를 공유할 수 있다면 그것만으로도 충분할 터다. 굳이 한 가지 더 바람을 보탠다면, 이 책이 요즘 젊은 세대가 우리 세대의 의식과 감성을 이해하고 공감하는 데 작게나마 도움이 되었으면 하는 것이다.

글을 쓰며 어린 시절 내 문화적 감성이 형성되는 데 영향을 미쳤던 많은 사람들이 떠올랐다. 내 잡다한 욕망에 관대하셨던 어머니, 산업화 시대 가부장의 고단한 삶을 느끼게 해주신 아버지, 온갖 문화적 경험을 함께해준 초중고 시절의 친구들과 동네 형들 그리고 수많은 책의 저자들, 영화감독과 배우들, 만화가들, 가수와 작곡가들에게 이 자리를 빌려 감사를 표하고 싶다.

박정희 시대
지방 소도시 소년의
일상적 삶

근대화와 반공의 시대

강원도 춘천에서 태어나 어린 시절을 보냈다. 국민학교[*] 시절 양구와 주
문진에서 1년 정도씩 지낸 기간을 제외하면 고등학교 졸업까지 춘천에서 보
냈으니 내 어린 시절 경험의 대부분 '춘천'이란 공간에서 이루어진 것이다.
춘천은 강원도의 도청 소재지였지만 예나 지금이나 인구 변동 폭도 크지 않
고 특별한 산업 기반도 없이 소비와 행정, 교육 기능을 중심으로 유지되는 조
용한 소도시다. 박정희 정권에 의해 강력한 경제 성장 정책이
펼쳐질 때도 이 지역은 공업 중심의 산업화 정책 대상이 아니
었던 탓에 상대적으로 변화의 흐름이 덜했던 편이다. 물론 춘
천 역시 이른바 '조국 근대화'의 물결을 피해가지는 않았다.
춘천댐1965년 준공과 의암댐1966년 준공, 소양강댐[**]1972년 준공
공사를 통해 건설 경기가 활성화되면서 부도심이 확장되고

내가 다닌 학교는 국민학교지 초등학
교가 아니다. 국민학교란 이름이 초등
학교로 바뀐 건 1996년 3월 1일부터
의 일이다. 이름이 바뀐 연유를 알지 못
하는바 아니지만, 과거의 기억을 가능
한 한 있는 그대로 꺼내려 하는 이 책
의 목적상 내 어린 시절 그대로 '국민
학교'라는 명칭을 쓰고자 한다.

도시 환경이 크게 변했다. '춘천' 하면 떠오르는 '호반의 도시'라는 이미지가 이때 조성된 인공 호수들로 인해 만들어졌다. 호수로 인한 습기 때문에 '안개의 도시'라는 이미지가 생겨난 것도 이때부터다.

우리집은 도심에서 그리 멀지 않은 주택가에 있었지만 조금만 나가도 쉽게 논밭과 저수지를 볼 수 있었고 비어있는 공터도 많았다. 내가 국민학교에서 중학교, 고등학교로 진학하는 몇 년 사이에 그런 시골 풍경들은 조금씩 줄어들었고, 빈 공터는 하나둘 무언가로 채워졌다. 우리집 뒤에는 어린 시절 내 눈에는 꽤 높아 보이던 언덕이 있었다. 이 언덕은 나와 동네 친구들의 놀이터기도 했고, 조금 자라서는 부모님 몰래 개구리를 잡아먹거나 동네 형들에게 얻은 성인용 잡지를 몰래 뒤적이는 비밀스러운 공간이기도 했다. 하지만 속속 새로운 집들이 늘어나면서 조금씩 허물어지더니 시나브로 사라졌다. 익숙한 장소가 사라지거나 변화하고 새로운 공간이 만들어지는 일들은 그 시절부터 흔하게 볼 수 있는 자연스러운 일상이었다.

비록 조용한 소도시였지만 강원도의 농어촌 지역에서 보면 도청소재지인 춘천은 말하자면 '대처'였다. 양구와 주문진에서 학교를 다니던 시절, 내가 '춘천'에서 왔다고 하면 친구들은 선망 혹은 경계의 눈으로 보곤 했다. 그들에게 나는 도시에서 온 이질적인 존재였다. 내가 '서울'을 동경한 것처럼 농촌이나 어촌의 아이들은 '춘천' 같은 도시를 동경했다. 춘천은 일제 강점기부터 성장한 신흥도시라 토박이에 비해 타 지역 출신이 많고, 타 지역 출

●●
1967년 4월에 착공해 1973년 10월에 준공되었다. 준공 당시 '동양 최대의 사력 댐'이라며 대대적으로 홍보되었는데, 당시 우리는 이게 동양에서 가장 규모가 큰 댐이란 뜻으로 알았다. 알고 보니 사력 댐이란 콘크리트가 아니라 모래와 자갈, 돌을 쌓아서 만든 댐이란 뜻이다. 그러니까 모래와 자갈을 쌓아 만든 댐 가운데 동양 최대라는 얘기다. 소양강댐은 입지 상으로 콘크리트 댐이 적당하지만, 접경 지역이라는 이유로 사력 댐으로 건설되었다고 한다. 콘크리트 댐은 폭탄을 맞으면 붕괴하지만 사력 댐은 폭격 맞은 자리에 웅덩이가 생길 뿐 붕괴하지는 않는다는 것이다. 반면 콘크리트 댐은 만수에 다다라도 이론상 안전하지만, 사력 댐은 만수가 되면 붕괴 위험이 있다. 소양강 댐이 만수위까지 물을 담지 않고 미리 방류하는 것은 그 때문이다. 물론 당시 우리는 이런 얘기를 한 번도 들은 적이 없다. 그저 '동양 최대'라는 홍보만 귀에 못이 박히도록 들었을 뿐이다.

나의 문화편력기

신 가운데는 강원도 내의 춘천 외 지역 출신이 가장 많았다. 춘천에 살다가 서울로 가는 사람도 많았다. 춘천은 강원도 내 농촌 지역 인구를 흡수하고 또 상당한 인구를 수도권으로 보내는 중간 거점지의 역할을 하는 도시였다.<del>°</del> 이런 패턴은 자연스럽게 우리 머릿속에 서울과 춘천, 농촌을 잇는 하나의 위계를 심어 주었다. 우리의 인식 속에서 농촌은 낙후되고 못 사는 곳, 서울은 발전되고 잘 사는 곳, 춘천은 그 중간쯤 되는 곳이었다. 나는 서울에 살지 않는 것에 늘 아쉬운 마음을 가졌지만 동시에 농촌 지역에 살지 않는 것에 대해 다행스럽게 생각했다.

60년대 초 박정희 정권과 함께 시작된 이른바 조국 근대화, 70년부터 시작된 '새마을 운동'과 72년의 '10월유신' 등 정치·사회적 변동은 조용한 강원도의 소도시에도 예외 없이 영향을 미쳤다. 도로가 확장되고 주택이 지어지거나 개량되고, 소양강 일대에 유원지와 관광지가 조성되고 도시 외곽에 경공업 단지가 형성되었다. '반공 민주 정신에 투철한' 근대 국민 만들기 프로젝트 역시 예외 없이 진행되었다. 라디오와 TV 등 근대적 매스미디어의 확산이 빠르게 이루어졌고, 학교마다 재건체조 혹은 좀 지나서는 국민체조 노래가 울려 퍼졌다. 학생들은 수시로 도로 정비나 퇴비 증산 작업에 동원되었고, 그보다 더 자주 반공 궐기 대회에 동원되었다. 거리 곳곳에 반공 현수막이 걸려 있었고, 담벼락이나 전봇대에는 온갖 캠페인 구호를 담은 표어와 포스터들이 붙어 있었다. 그 캠페인 구호에 적힌 대로 하려면, 내 집 앞을 청소하고, 다달이 쥐를 잡고, 기생충을 박멸하고, 주변에 간첩이 있는지 늘 경계하고, 혼분식을 실천하고, 부녀자가 가출하지 않도록 감시하고, 결핵을 퇴

<del>이거</del>

<del>유현옥</del>
<del>일상문화</del>

<del>보조</del>

<del>프롤로그</del>

<del>15</del>

치하고, 연탄가스 사고를 방지하고, 가족계획을 실천해 둘만 낳아 잘 기르고, 증산과 수출에 이바지하고, 양담배 피우는 사람을 찾아내 신고하고, 근면 자조 협동의 새마을 정신을 생활화하고, 근검절약하면서 참으로 부산스럽게 살아야 했다. 요컨대 대한민국 전체에 울려 퍼진 조국 근대화의 물결은 그대로 춘천 근대화의 물결이기도 했다.

춘천은 군사도시였다. 휴전선에서 그리 멀지 않은 접경지역이라 춘천 외곽 곳곳에 군부대가 주둔해 있어 지금도 다르지 않다. 언제 어디서나 군인들의 모습을 쉽게 볼 수 있었다. 시내 한복판에는 어마어마한 넓이의 미군부대가 자리 잡고 있었다. '캠프페이지'라 불린 미군부대는 도청과 시청에서 그리 멀지 않은 곳에 있었고 내가 다닌 고등학교 근처기도 했다. 미군부대 건너편에 경춘선 기차의 종점인 춘천역이 있었는데, 시내에서 역으로 가려면 미군부대를 우회해 한참을 돌아가야 했다. 미군부대에서 멀지 않은 곳에 부대를 통해 흘러나온 물건들을 거래하는 이른바 '양키시장'이 있었다. 시장통의 헌책방에서는 미군부대에서 흘러나온 《플레이보이》, 《펜트하우스》 같은 도색잡지들을 쉽게 구할 수 있었다. 내가 다닌 고등학교에서 멀지 않은 곳에 미군들이 출입하는 클럽들이 있었고, 길 건너편에는 '내국인 출입금지' 간판이 붙어 있는 양색시촌이 있었다. 춘천 시내 어디서나 덩치 큰 미군들이 양색시를 데리고 다니는 광경을 쉽게 볼 수 있었다. 특히 고등학교 시절에는 등하교 때마다 미군 클럽 앞을 지나다니며 미군과 양색시들의 '진한' 모습을 거의 매일 목격해야 했다.

60년대 말이었는지 70년대 초였는지 정확히 기억나지 않지만 미군부대를 들어가 본 일이 있다. 미국독립기념일인 7월4일을 기념해 미군부대를 개방하고 국민학생들을 초대했던 것이다. 이날 많은 국민학생 꼬마들이 미군부대 안을 돌아다니며 마치 놀이동산에 온 것처럼 놀았다. 한참 줄을 서서 미군이 따라주는 시원한 주스를 얻어 마시기도 했다. 주스를 따라주는 미군은 친절했고 주스는 환상적으로 맛있었다. 나는 북괴의 마수로부터 우리나라를 구해 준 은인의 나라 미국이 이렇게 맛있는 주스까지 준다는 데 대해 감격하지 않을 수 없었다.

국민학교에서 중학교를 거쳐 고등학교에 이르기까지 매년 빠지지 않고 '반공'을 주제로 한 글짓기, 반공 포스터, 반공 표어를 제출하는 숙제가 있었다. 때로는 혼분식 장려, 절약과 저축 같은 주제가 과제로 부과되기도 했다. 국민학교에서 중학교 1학년 정도까지는 이런 숙제가 나오면 늘 정성을 다해 작품을 냈다. 국민학교 3,4학년 무렵 춘천 시내 전체 국민학생을 대상으로 반공 표어 공모를 한 적이 있다. 먼저 학교 대표작으로 뽑혀야 했는데 나름 고민 끝에 제출한 내 작품은 뽑히지 않았다. 제출한 작품이 어떤 것이었는지는 기억나지 않지만, 그 해 학교 대표작으로 뽑힌 작품은 뚜렷이 기억난다. "보았는가. 조국 건설, 느꼈으면 자수하라." 복도에 진열된 표어 가운데 이 작품 아래 1등상을 뜻하는 꽃 장식이 붙어 있었다. '아, 이걸 내가 냈어야 하는데... 왜 저런 생각을 못했을까' 나는 내 부족한 창작력을 아쉬워하며 한참이나 그 작품을 들여다보았다. 비록 반공 표어에선 수상을 못했지만 혼분식 장려 표어짓기에서는 내 작품이 선정되어 춘천 시내 거리에 내 표어가 붙은 걸 보며 뿌듯했던 기억이 있다. "혼식 짓는 어머니, 건강한 우리 가족." 고등학교 시절에도 반공 작문 대회 같은 게 열렸다. 하지만 그때는 이미 누구도 그런 데 신경 쓰지 않았다. 그저 건성으로 대충 숙제를 때울 뿐이었다. 물론 우리의 반공정신이 그만큼 해이해졌기 때문은 아니었다.

미디어 확산의 시대

60년대에서 70년대 초까지 그러니까 내가 국민학교를 다니던 시절, 최고의 오락은 영화를 보는 것이었다. 내가 국민학교에 입학했던 66년 무렵 춘천에는 가장 먼저 세워진 소양극장1955년 설립을 비롯해 모두 6개의 극장이 있었다. 70년대 초반에는 새로 생긴 육림극장을 비롯해 소양, 중앙, 문화, 제일, 신도, 아세아 등 7개의 극장이 있었다.[•] 당시 통계를 보면 1970년 춘천 지역에서 영화 관람을 한 관객의 수는 모두 1,145,761명이다.유현목, 2009 : 115 당시 인구가 12만 정도였으니 거의 모든 시민이 1년에 10회 이상 영화관에 갔다는 뜻이다. 영화관에 가기 어려운 어린 아이들이나 노인들을 뺀다면 대부분의 시민이 적어도 한 달에 한번은 극장에서 영화를 보았다는 계산이 나온다. 내 기억에 우리 어머니도 그 정도 영화관에 다니셨던 것 같다. 아버지는 영화관이나 공연장 같은 곳은 거의 다니지 않는 분이셨다. 우리집만 그랬던 건 아니다. 당시 영화관의 주요 관객은 여성들이었고, 특히 한복을 입고 고무신을 신고 손수건을 들고 영화관을 방문해 펑펑 눈물을 쏟던 어머니들이었다. 오죽하면 '고무신 흥행'이니 '고무신 관객'이니 하는 말이 있었을까.

나 역시 극장 구경을 좋아했다.당시에는 영화 보러 가는 걸 극장 구경이라 했다. 어

70년대는 한국 영화가 60년대의 전성기를 거치고 급속히 사양길로 접어들던 시기다. 70년대 초반 7개였던 춘천의 극장은 74년 무렵 6개로 줄었고, 76년에는 5개, 78년에는 4개로 줄었다(유현목, 2009 : 114).

렸을 때는 어머니가 데리고 다녔겠지만 국민학교 3, 4학년 무렵부터는 혼자서 영화를 보러 다녔다. 중학생이 되면서는 친구들과 어울려 극장에 다녔다. 학교에서는 가끔 단체 관람을 했다. 영화를 좋아하는 나로선 늘 신나는 일이었다. 그런 날 극장은 꽉 들어찬 국민학생이나 중학생들로 떠들썩하기 마련이었고, 영화를 보는 내내 아이들의 환호와 함성, 박수와 비명이 축제처럼 이어졌다. 사실 단체 관람의 즐거움은 영화 자체의 재미도 있지만 친구들끼리 함께 한다는 흥겨움이 더 컸던 것 같다. 이런 단체 관람 영화의 대부분은 반공 영화나 전쟁 영화였다. 정확히 어떤 영화를 봤는지 기억에 남은 게 많지 않은 건 특별히 재미있거나 감명 깊었던 영화가 드물었다는 뜻일 게다. 중학생 시절 어느 무렵부터 더 이상 단체 관람에 따라가지 않게 됐다. 다른 친구들도 비슷했다. 이미 그 나이쯤이면 판에 박은 단체 관람용 반공 영화, 전쟁 영화가 재미없다는 생각을 대체로 공유하고 있었다. 물론 이 역시 반공정신이 그만큼 해이해졌기 때문은 아니었다. 단체 관람에 식상해진 중학생 무렵부터는 주로 외국 영화를 보러 다녔다. 한국 영화는 대체로 재미없다는 게 당시 내 또래 친구들의 일반적인 인식이었다.

당시 춘천의 영화관은 좌석이 정해지지 않아 아무데나 앉을 수 있었고 상영 시간과 관계없이 아무 때나 들어갈 수 있었다. 어린 학생들이 단체 관람으로 꽉 들어차면 좋은 자리에 앉기가 쉽지 않았다. 그렇게 자리가 부족한 데도 늘 비어있는 자리가 있었다. 언젠가 한 번은 그 비어있는 자리에 냉큼 앉았다가 "거기 앉으면 안 돼." 하는 누군가의 소리에 얼른 일어나야 했던 일도 있다. 사람이 많아 서서 봐야 하는 경우에도 그 자리는 늘 비어놓아야 했다. 이런 자리에는 '임검석'이란 팻말이 붙어 있었다. 극장 한가운데 가장 좋은 위치에 떡하니 걸려 있는 '임검석'이란 팻말은 뭔지 모를 위압감을 주었다. 도대체 저 자리는 누구를 위해 왜 비어있는 걸까 궁금했지만 아무도 정확히 아는 사람은 없었다. 그저 막연히 헌병이나 경찰이 앉는 자리인 모양이라 생각했을 뿐이다. '임검석'이란 게 일제 강점기에 극장에서의 소요 사태 방지를 위해 만들어진 것임을 알게 된 건 한참 후의 일이다.

근대화 바람과 함께 춘천에도 방송 매체의 보급이 빠르게 늘어났다. 60년대 중반인 65년만 해도 라디오 보급대수가 7,093대, TV가 42대, 스피커가 1,072대° 수준이었으니 당시 10만 명 수준이었던 인구와 대비해 보면 라디오는 14명 당 1대, TV는 2천 4백 명당 1대였던 셈이다. 라디오가 없는 집에는 스피커를 설치한 경우도 많았다. 동네 중심이를 테면 이장집에 라디오와 오디오 등 방송 시설을 갖추고 스피커를 통해 주민들 가정에 전달하던 방식이다. 어린 시절 친척집에 놀러 갔다 이 스피커를 본 적이 있다. 스피커에서는 듣는 사람의 의지와 상관없이 음악 소리나 라디오 방송이 수시로 흘러나왔다. ON/OFF 기능은 있었는지도 모르겠다. 라디오 보급은 69년 14,366대, 75년에는 21,153대, 80년에는 34,806대로 빠르게 늘었다. TV의 확산 속도는 더 빨랐다. 65년 42대에 불과했던 TV는 불과 4년 만인 69년에 천 단위를 돌파해 1,024대가 되었고, 71년에 2,303대, 72년 3,322대, 73년 5,407대 등 가파르게 늘어나 1980년에 27,916대가 되었다. 70년대 말을 경과하면서 거의 집집마다 TV가 들어가게 된 것이다. 라디오와 TV가 늘어나면서 스피

이 글에 인용된 매체 보급 관련 모든 수치는 유현옥(2009)의 논문에서 인용한 것이다. 6, 70년대 춘천 시민의 일상 문화를 다룬 그의 논문은 이 글을 쓰는데 큰 도움이 되었다. 이 자리를 빌려 감사를 표한다.

커는 차츰 자취를 감추게 되었다. 우리집에는 내 기억에 남아 있는 어린 시절부터 전축이 있었고, 이를 통해 라디오 방송을 들을 수 있었다. 60년대 말이나 70년대 초쯤 탁상용 트랜지스터라디오가 생기면서 전축으로는 음악을 듣고 라디오로는 드라마와 뉴스를 듣게 되었다. 우리집에 TV가 생긴 건 중학교 2학년 때인 1973년이다. 대강 따져서 춘천 시내 네다섯 가구 당 1대 수준일 때니 비교적 빨랐던 셈이다. 우리집 경제 형편이 그래도 상대적으로는 나은 편에 속해 있었다는 얘기다.

당시 학교에서는 매년 학기 초에 가정환경 조사라는 걸 했다. 교사가 "살고 있는 집이 자기 집인 사람?", "전세 사는 사람?", "집에 전화 있는 사람?", "TV가 있는 사람?" 이런 질문들을 하면 해당하는 학생은 손을 들어야 했다. 국민학교 시절만 해도 집에 TV가 있다고 손 드는 아이들이 한 반에 한두 명 있을까 말까 할 정도로 드물었다. 전화도 마찬가지였다. 그 시절 우리집에 TV는 없어도 전화는 있었는데, 전화 있는 사람 손을 들라고 해서 손을 들면 다른 친구들이 부러운 눈으로 쳐다보곤 했다. 이런 식의 가정조사라는 게 지금 생각하면 말도 안 되는 인권 유린이고 사생활 침해지만, 당시에는 어른이고 아이고 문제라는 생각을 하는 사람은 없었다. 하긴 교사가 기성회비 안 낸 학생을 불러내 손바닥을 때리고 집에 가서 돈 가져오라며 교실 밖으로 내쫓는 일이 드물지 않던 시절이다.

TV 가진 집이 많지 않던 시절 그것은 일종의 마을 공공 매체였다. 인기 있는 드라마나 김일의 프로 레슬링, 축구 한일전 같은 국민적 관심 대상이 되는 프로그램이 방송될 때면 마을 사람들은 TV가 있는 이웃집에 모여들어 집단 시청을 했다. TV를 가진 집들은 특별히 인심 사나운 집이 아니면 자기

집 TV가 '공공' 매체라는 사실을 대체로 인식하고 받아들였다. TV 얻어 보겠다고 찾아온 이웃을 막는 경우는 많지 않았다. 한일 축구나 프로 복싱, 프로 레슬링 같은 빅 이벤트가 열리면 TV가 있는 집은 마당까지 사람들이 들어차 시끌벅적했다. 더러는 막걸리나 과자 같은 것을 대접하는 마음씨 좋은 주인도 있었다. 이럴 때 아이들은 마치 동네 축제라도 하는 듯 한껏 들떠 신나는 시간을 보냈다. TV가 점점 많아지면서 이런 풍경도 줄어들었다. 내 기억으로는 70년대 중반을 넘길 무렵부터 이런 풍경을 보기 어려워지지 않았나 싶다. 공공 매체였던 TV는 점차 가정 단위의 사적인 매체로 바뀌어 갔다.

TV는 사람들의 일상을 변화시켰다. 저녁 무렵이면 가족들이 TV 앞에 모여 앉아 드라마와 외화, 쇼, 코미디를 보는 풍경이 일반화되었다. 드라마를 보기 위해 귀가를 서두르는 모습도 생겨났고, TV 앞에 어떻게든 오래 앉아 있고 싶어 하는 아이들에게 "그만보고 공부하라"고 야단치는 풍경도 집집마다 일상적으로 연출되었다. 사람들의 대화 소재도 변했다. 70년대 언제부터인가 아이들은 TV에서 본 것을 이야기하기 시작했다. 드라마에 관한 이야기도 있었지만, 가장 자주 등장한 건 외화요즘 표현으로 하면 미드에 관한 것이다. 드라마나 외화의 주인공들을 흉내 내는 아이들도 생겨났다. 중학교 시절 〈수사반장〉을 자처하며 설치고 다니던 친구 녀석에게 붙여진 별명은 '수다반장'이었다. 〈보난자Bonanza〉, 〈로하이드Rawhide〉 같은 서부극, 〈전투Combat〉, 〈사하라 특공대The Rat Patrol〉 같은 전쟁물, 〈5-0수사대Hawaii Five-O〉, 〈FBI〉, 〈형사 콜롬보Columbo〉, 〈코작Kojak〉, 〈제5전선Mission: Impossible〉, 〈0011 나폴레옹 솔로The Man from U.N.C.L.E..〉 등 수사 혹은 첩보물, 〈털보 가족Family Affair〉, 〈우리 아빠 최고Father Knows Best〉, 〈도나 리드 쇼The Donna Reed Show〉,

〈월튼네 사람들The Waltons〉, 〈초원의 집Little House On The Prairie〉 같은 홈드라마, 〈왈가닥 루시I Love Lucy〉, 〈아내는 요술쟁이Bewitched〉, 〈홀쭉이와 뚱뚱이The Abbott and Costello Show〉 같은 코미디, 〈600만 불의 사나이The Six Million Dollar Man〉, 〈특수공작원 소머즈The Bionic Woman〉, 〈날으는 원더우먼Wonder Woman〉, 〈배트맨Batman〉 등 공상과학 혹은 슈퍼 히어로물 등 다양한 외화가 방송되었다. 이런 외화들은 국산 드라마에 비해 월등하게 화려하고 재미있었다. 극장에서 보는 외국 영화도 그랬지만 TV의 미국산 외화들은, 사실상의 섬나라인 한국에서, 외국물 먹어본 사람이라야 월남에 갔다 온 참전 군인이나 장사꾼 정도가 전부였던 시절, 대부분의 한국인들이 경험해 보지 못했던 이국적인 세계 특히 '미국'이라는 꿈의 나라를 상상하고 간접적이나마 느끼게 해 준 가장 중요한 통로였다. 우리는 영화관과 TV를 통해 본 영화 속에서 잘 사는 나라, 엄청나게 넓고 자유로운 나라, 잘생긴 남자들과 아름다운 여자들이 사는 나라 미국을 만났고 꿈꿨다.

드라마와 외화 외에 TV를 통해 중계되는 축구, 복싱, 고교 야구 등 다양한 스포츠 이벤트들도 소년들의 일상적인 얘깃거리가 되었다. 스포츠에 별 관심이 없던 나도 TV를 통해 이런저런 게임을 접하게 되면서 스포츠 보는 재미를 알게 됐다. TV 이전의 스포츠는 라디오 속에 있었다. **김기수**의 권투와 **신동파**의 농구는 주로 라디오를 통해 들었다. "고국에 계신 동포 여러분..." 하며 열정적인 목소리로 중계하던 아나운서 이광재는 라디오 시대 스포츠의 애국적 열정을 북돋우던 최고의 캐스터였다.• 하지만 TV로 보는 스포츠의 재미는 라

●
"고국에 계신 동포 여러분 안녕하십니까." 당시 이광재 아나운서가 해외 경기 중계를 시작할 때 어김없이 반복하던 고정 멘트였다. 작고한 평론가 이성욱은 이광재 아나운서의 입버릇으로 생긴 코미디를 언급하고 있다. "고국에 계신 동포 여러분, 안녕하십니까. 여기는 서울 운동장입니다."(이성욱, 《쇼쇼쇼: 김추자, 선데이서울 게다가 긴급조치》, 생각의 나무, 2004, 68쪽) 그는 이런 실수(?)를 꽤 자주 했다. 나도 이 멘트를 듣고 웃었던 기억이 있으니까.

디오에 비할 바가 아니었다. **홍수환**과 **유제두**, **알리**와 **프레이저**의 권투, **김일**과 **이노키**의 레슬링, **차범근**과 **김재한**의 축구는 TV를 통해 볼 수 있었다. TV는 라디오와는 전혀 다른 차원에서 스포츠를 최고의 흥미로운 이벤트로 만들어주었다. TV를 본다는 것, TV에 관해 대화를 나눈다는 것은 우리가 첨단의 새로운 시대를 사는 세대이며 근대화된 나라의 혜택 받은 세대임을 의미했다. 나는 우리 부모 세대가 아니라 나의 세대로 태어났음을 정말 다행스럽고 감사한 일이라 생각했다.

모르고 넘어간 격동의 시대

6, 70년대의 청소년들은 지금의 청소년들에 비해 과외와 입시 학원의 압박이 덜했다. 춘천에도 입시 학원이 한두 개 있었지만 거기 다닌다는 친구는 본 적이 없다. 과외를 받는 친구들은 더러 있다고 들었지만 내 주위에는 눈에 띄지 않았다. 나중에 대학에서 만난 서울 친구들 대부분이 과외와 학원 경험이 있는 걸 알고 내심 놀랐던 기억이 있다.° 운도 좋았던 셈인가, 내 또래가 국민학교를 다니는 동안 중학교 입시가 없어졌고 연이어 서울 지역의 고등학교 입시가 없어졌다. 춘천의 고등학교 입시는 여전히 남아 있었지만 나름 공부 좀 한다는 입장에서 고교 입시는 크게 걱정거리가 아니었다. 그러니 국민학교에서 중학교에 이르기까지는 비교적 큰 부담 없이 여유 있게 지냈던 셈이다.

어린 시절에는 친구들과 동네 골목과 언덕을 누비거나

서울 출신들에게는 학원가가 이런저런 문화적 경험의 장이었던 경우가 많다. 재수를 하지 않은 경우에도 학원가를 출입하면서 또래 친구들을 만나고 당구장을 기웃거리는 식의 경험을 했다는 얘기를 자주 들었다. 하지만 지방 도시 출신들은 서울에서 재수 생활을 하지 않는 한 학원가를 중심으로 한 특유의 문화를 경험하기는 어려웠다. 우리에게는 학교가 주 무대였고 교회를 다니지 않는 한 학교 친구들과의 교류가 전부였다.

나의 문화편력기

학교 운동장에서 놀았다. 딱지치기와 구슬치기, 다방구 등 그 시절 아이들의 필수 코스를 거친 것은 물론이다. 그 시절 딱지는 주로 군대 계급장이 그려진 네모난 모양이었다. 우린 그걸로 높은 계급이 낮은 계급을 따먹는 놀이를 하며 놀았다. 지금 생각해 보면 일종의 도박이다. 하지만 어떤 놀이든 경쟁과 도박의 성격이 조금이라도 가미될 때 더 재미있는 법이다. 딱지놀이를 열심히 한 남자 아이들은 국민학교에 들어가기 전부터 군대의 계급 서열을 정확하게 알고 있었다. 장난감 총이나 칼을 들고 전쟁놀이를 할 때도 계급 서열이 분명하지 않으면 사달이 나기 마련이었다. 조금 커서 몸을 쓰는 나이가 됐을 때는 자치기, 말타기를 하거나 운동장에 금을 그어놓고 리을(ㄹ)

(ㄹ) 가이상**이나 오징어 가이상을 하며 놀았다. 동네 축구

이 말의 뜻은 지금도 모른다.

도 당연히 빠질 수 없다. 난 예나 지금이나 운동 신경도 둔하고 몸으로 하는 모든 것에 어설픈 터라 웬만하면 끼고 싶지 않았지만, 동네 또래들 사이에서 정치(?) 생명을 유지하려면 어쩌다 한 번씩은 동참하지 않을 수 없었다. 당시 아이들이 축구를 할 때 편을 가르는 방식은 정해져 있었다. 그 중 실력이 좋은 동네 형 둘이 가위 바위 보를 해 한명씩 자기편을 지명하는 일종의 드래프트 시스템이었다. 당연히 축구 솜씨가 좋은 친구들이 먼저 지명되기 마련이었고 나는 마지막까지 남는 쪽이었다. 내 이름이 불릴 때까지 짐짓 먼 산을 바라보며 무심한 듯 딴청을 피우곤 했다. 이럴 때 끝까지 남는 자의 굴욕감이란 당해보지 않은 사람은 모른다. 하지만 그렇다고 자리를 피하고 빠져 나오는 건 더 굴욕적인 일이었다.

중학생이 되고 사춘기를 거치면서 친구들과 노는 재미를 본격적으로 알기 시작했다. 춘천은 조금만 외곽으로 나가면 10대들이 어울려 놀기 좋은

곳이 널려 있었다. 방학 때면 친구들과 여기저기 몰려다니며 놀거나 영화를 보고 돌아다녔다. 고등학교 시절에는 친구들과 기타를 치고 노래를 부르며 놀았다. 때론 술을 마시기도 했다. 고등학생에게 음주는 '제도적으로는' 허용되지 않았지만 방법은 많았다. 주로 어른들이 집을 비운 날을 이용했다. 가장 자주 이용하던 장소는 우리집이었다. 가끔은 대담하게도 소풍을 가서 술을 마시기도 했다. 고등학교 2학년 때였나, 소풍 간 자리에서 반 친구들이 술을 마시다가 담임선생에게 들켜 학급 전원이 소양강댐에서 학교까지 구보로 뛰어 와서는 엎드려뻗치는 벌을 받은 적도 있다. 담배를 피우는 친구도 한 반에 몇 명씩은 있었다. 학생들에게 음주와 흡연은 엄격히 금지된 것이었고 잘못 걸리면 엉덩이에 '빠따' 세례를 받고 심할 경우 정학도 받을 수 있었지만 '사내 녀석'들의 그 정도 일탈에는 어느 정도 관대한 분위기도 없지 않았다. 특히 공부 잘하는 학생들의 경우에는 그런 짓을 들켜도 대체로 큰 탈 없이 넘어가는 경우가 많았다.

60년대와 70년대는 한국 사회를 뒤흔든 엄청난 사건들이 하루가 멀다 하고 터지던 격동의 세월이었다. 이 시대의 역사가 현대 한국의 모습을 만들어냈다 해도 과언이 아닐 것이다. 하지만 조용한 강원도 소도시 소년의 감각에 이런 사회적 소용돌이는 제대로 포착되지 않았다. 어떤 일들은 귀에 못이 박히도록 들었지만 어떤 일들은 아예 듣지도 못하고 지나갔다. 우리가 세상사에 대해 알게 되는 건 대체로 신문이나 방송 뉴스, 아니면 교사와 부모의 입을 통해서였다. 하지만 신문과 방송의 뉴스는 거의 보지 않았고 교사들과 부모들은 그런 일들에 대해 제대로 말해주지 않았다. 그들은 늘 "그런 데 신경 쓰지 말고 공부나 하"라고 말하곤 했다. 그 시절 한국 현대사를 장식한 수많은 사건들, 이를테면 **삼선개헌**69년, **김지하 오적 필화사건**70년, **전태일 분신 사건**70년, **광주대단지사건**71년, **위수령 발동**71년, **김대중 납치사건**73년, **민청학련사건**74년, **동아일보 광고탄압사건**74년, **서울대생 김상진 할복자살사건**75년, **함평고구마사건**76년, **3·1민주구국선언사건**76년 등에 대해서 거의 혹은 아예 알지 못했다. 반면 **무장공비 침투와 이승복 어린이 사건 68년**, **위장간첩 이수근 사건**69년, **경부고속도로 개통**70년, **7·4남북공동선언 72년과 남북적십자회담**72년, **10월유신**72년, **육영수 저격사건**74년, **판문점 도끼 만행 사건**76년 같은 일들에 관해서는 미디어 캠페인과 교사들의 육성을 통해 숱하게 들어야 했다.● 당대의 내 세계관은 결국 그렇게 '선택적으로' 주입된 정보에 의해 얼개를 갖춘 것이다.

● 앞에 열거한 '모르고 넘어갔던' 사건들에 대해 의식하고 제대로 알게 된 것은 대학에 들어와서 그것도 서클 활동을 통해 선배들에게 듣고 책을 읽으면서부터였다. 당시 대학 입학률은 25% 수준으로 결코 높지 않았다. 중학교에서 고등학교로 진학하는 비율이 80% 수준이었으니 같은 연령대 전체에서 대학생 비율은 20% 이하였다. 대학생 가운데서도 이른바 의식화 과정을 겪은 사람은 상대적으로 소수였다.

우리의 사고와 감성은 읽고 듣고 보면서 느낀 것을 통해 형성된다. 어린 시절 내가 읽고 보고 들은 의미의 원천들은 세상을 느끼는 내 감성의 원형질을 만들었다. 성인이 되고 시간의 흐름 속에서 또 다르게 만난 의미의 원천들에 의해 많은 변화를 겪기도 했지만 어린 시절에 형성된 원형적 감성은 결코 완전히 사라지지 않는다. 순간순간 나도 모르는 사이에 그런 원형적 감성이 튀어 나와 일상을 지배하곤 한다. 내 감성의 원형질을 만들어낸 의미의 원천들은 어떤 것들이었을까. 지금 기억을 더듬어 살펴보려 하는 게 그것이다.

1부

애국 소년의
탄생

조국 근대화의
물결~~!

　내 유년 시절은 대체로 1960년대에서 1970년대 초에 이르는 시기와 일
치한다. 극히 단편적인 기억만 남아 있는 미취학 시절을 지나 국민학교 저학
년을 거쳐 두 자릿수 나이의 청소년기로 진입해 가는 시기다. 바로 이 시기
에 한국 사회는 군사 정권 시대가 본격화되고 이른바 근대화 과정이 빠르게
진행되면서 경제 성장이 급속히 이루어졌다. 베이비 붐 세대가 몰려 들어
간 학교에선 콩나물 교실, 오전·오후 반 같은 풍경이 연출됐다. 교육열이 높
아지면서 '치맛바람'이란 말이 유행하기도 했다. 애국과 반공이라는 구호가
일상 곳곳에서 반복적으로 재현되었다. 베트남 파병이 이루어지고 아이들은
〈맹호부대 찬가〉를 부르며 놀았다. 국민교육헌장이 제정되어 국민학생부터
외우기를 강요받았고, 국민들에게 책을 읽히고 건전한 노래를 부르게 하는
운동이 정부 주도로 이루어졌다. 정부에서는 쌀이 부족한 현실을 타개하기
위해 혼분식을 강요했다. 학교에서는 도시락 검사가 이루어졌고 쌀밥만 먹

으면 각기병에 걸린다는 건강상식이 유포되었다. 어쩌다 쌀밥 도시락을 싸온 아이는 친구의 도시락에서 보리밥을 떠 자기 도시락에 붙이는 방법으로 검사를 피하면서 조금씩 잔머리와 편법에 익숙해져 갔다.

경제 성장과 함께 라디오와 TV, 영화로 대표되는 대중문화 산업이 크게 성장한 것도 이 즈음이다. 유년기의 어린 아이들도 유행가를 듣고 TV에서 방송되는 만화영화와 드라마에 눈과 귀를 빼앗기기 시작했다. 《선데이 서울》 같은 성인용 주간지가 인기를 끌면서 조숙한 아이들의 호기심을 자극하기도 했다. 먹고 살기 힘든 데다 형제가 많아 부모의 섬세한 보살핌을 받기 어려웠던 아이들은 자기들끼리 놀면서 조직의 쓴 맛을 알아갔고, 동네 형들로부터 인생과 세상에 대해 많은 것을 배웠다. 나 역시 그런 상황 속에서 나름 반공정신에 투철하고 애국적인, 그러면서 가끔은 어른들이 바라지 않는 짓을 몰래하기도 하는 청소년으로 자라갔다.

감성의 교과서

책과 만화

동화의 시대

언제 어떤 책을 처음 접했는지는 기억에 없다. 유치원을 다니지 않고 바로 국민학교에 입학했으니 글자도 국민학교에서 처음 익혔다. 국민학교 때부터 책 읽는 것을 좋아했던 건 틀림없다. 우리집에는 내가 읽을 만한 책이 많지 않아 학교 도서관에서 책을 빌리거나 친구들 책을 빌려보는 경우가 많았다.

《소년소녀 명작동화》나 《소년소녀 위인전기전집》 같은 전집류를 가진 친구들이 꽤 있었고, 이들에게서 대부분의 책들을 빌려 봤다. 안데르센이나 그림형제의 동화, 이솝 우화, 거기에 《소공자》, 《소공녀》, 《알프스의 소녀 하이디》, 《작은 아씨들》, 《피노키오》, 《피터 팬》, 《왕자와 거지》, 《15소년 표류기》, 《톰 아저씨의 오두막》, 《플랜더스의 개》, 《톰 소여의 모험》, 《보물섬》 등 그 시절 어린이들이라면 대체로 거쳤을 어린이용 고전들을 읽었고, 《몬테 크리스트 백작》을 어린이용으로 축약한 《암굴왕》이나, 《아이반호》를 역시 어린이용으로 각색한 《흑기사》, 《로빈후드》, 《로빈슨 크루소》, 《철가면》,

《소년소녀 한국전기전집》,
계몽사, 1969년판

《소년소녀 한국전기전집》,
계몽사, 1978년판

《소년소녀 세계위인전기전집》,
일문당, 1977년판

《아라비안나이트》,《해저2만리》,《80일간의 세계일주》,《걸리버 여행기》등
을 순화해서 축약한 어린이용 버전으로 읽었다.

　세르반테스의 《돈키호테》나 《햄릿》,《리어왕》,《맥베드》,《오델로》,《로
미오와 줄리엣》같은 셰익스피어의 비극,《삼국지》,《수호지》,《서유기》등
의 중국 고전들도 어린이용 판본으로 읽었다.

　물론 당시에는 그것이 원작을 대폭 축약하고 걸러서 어린이용으로 각색
된 것임을 알지 못했다. 이런 축약된 동화 본들에는 원작에 담겨 있는 인물
하나하나의 구구절절한 역사는 모두 사라지고 최소한의 스토리만 앙상하게
남는다. 지금 생각해 보면 그런 식의 독서 체험이 그 시절 내게 소중한 것이
긴 했지만, 이후 좀 더 깊이 있는 독서를 통해 나의 세계를 확장시키는 데는
결코 도움이 되지 않았던 것 같다. 그 동화 본들을 통해 갖게 된 알량한 지식

《장발장》, 삼성당, 1973년판 　　　《장발장》, 문공사, 1979년판 　　　《장발장》, 계림출판사, 1983년판

들이 이미 그 방대한 책들을 다 읽은 것 같은 착각을 불러 일으켜 '제대로'
다시 읽고 싶은 마음을 그만큼 약화시키곤 했기 때문이다.

《장발잔》은 어린 시절 가장 감동적으로 접한 이야기였다. 처음에는 어린
이용 동화로 접했고, 조금 커서 '장발잔'이 아닌 《레미제라블》을 다시 읽었
다[*]. 물론 그것 역시 원작 그대로는 아니고 한 권으로 축약된 버전이었지만,
단순한 동화 이상의 서사성을 느끼기에는 그것으로도 충분했다.

언젠가 독후감을 써오라는 과제에 이 책에 대한 소감을
써냈는데, 다른 친구 하나가 숙제를 해 오지 않아 걱정하고
있었다. 그때 이 책에 대한 다른 버전의 독후감을 대신 써준
기억도 있다. 물론 이 이야기가 프랑스 혁명이라는 거대한
역사를 배경으로 당대 프랑스의 사회적 격변과 사상적 전환

●
장발잔은 프랑스의 소설가 빅토르 위
고가 1862년 발표한 장편 소설 《레미
제라블》에 나오는 인물이며, 소설의 주
인공이다. 우리나라에서 《레미제라블》
이 아동용 소설로 개작·출판되면서 주
인공 이름을 따서 《장발잔》 또는 《장
발장》으로 알려지기도 하였다.

의 풍경을 함축하고 있다는 사실을 알지는 못했다.

내게 《레미제라블》은 고결한 인품의 미리엘 주교에게 감화 받은 전과자 장발잔이 불쌍한 여자 아이를 구해주고 그를 끝까지 쫓아다니며 괴롭히는 자베르 경감에게까지 자비를 베풀다 마침내 죽게 되는 숭고한 휴먼스토리였다.

이 작품을 읽으며 어린 내 머리를 내내 사로잡았던 건 왜 착한 사람이 이토록 괴롭힘을 당해야하는가 하는 의문이었다. 책을 다 읽고 나서도 안타까움이 짙게 남은 건 주인공 장발잔이 평생 남을 위해 희생했지만, 자신은 결국 아무런 세속의 행복도 느끼지 못한 채 죽어갔기 때문이었다. 그 안타까운 죽음이 남긴 먹먹함은 정말 오래 남았다.

《플랜더스의 개》도 마찬가지였다. 《레미제라블》과 《플랜더스의 개》가 같은 수준에서 평가될 작품은 아니지만 어린 시절 내 동화적 감수성 속에서 두 작품의 거리는 그리 멀지 않았다. 《플랜더스의 개》의 마지막 장면, 네로가 안트베르펜 성당에 몰래 들어가 커튼을 젖히고 루벤스의 그림을 보다가 파트라슈 곁에서 죽어가는 장면에서는 눈물을 흘리지 않을 수 없었다.

그 안타까운 장면은 한동안 가슴을 먹먹하게 했고, 오랫동안 잊히지 않았다. 비극을 읽는 건 늘 가슴 아프고 정서적으로 힘든 일이었다. 반면 희극은 재미있었고 읽고 나서 속이 후련했다. 그렇지만 이상하게도 희극은 금방 잊힌 반면 비극은 잊히지 않고 오래 남았다.

《소공자》와 《소공녀》는 가난한 고아 소년 혹은 소녀가 부자 할아버지를 만난다거나 어느 날 아버지의 막대한 유산을 상속받게 되면서 고귀한 신분이 된다는 식의 이야기다. 이런 얘기들 속에서 주인공 소년 소녀는 가난하지만 착하고 밝고 똑똑한 아이들이었고 결국은 귀족이라는 지위를 되찾고

《플란더즈의 개》, 계몽사, 1971년판 　　《소공자》, 삼성당, 1973년판 　　《소공자》, 계림출판사, 1983년판

행복하게 된다. 이런 이야기들은 재밌긴 해도 그리 감동적이지는 않았다. 가슴 속에 어떤 먹먹함을 남기지 않았기 때문이다.

　　동화의 세계에는 수많은 왕자와 공주들이 있었다. 잘생기고 고귀한 신분의 왕자는 마법에 빠져 곤경에 처하거나 악당들에 잡혀 갇혀 있는 아름다운 공주를 구해주곤 했다. 물론 마지막 결말은 한결 같았다. 왕자와 공주는 결혼해 행복하게 잘 살았다. 왕자와 공주가 주인공이 아닌 경우에도 결말은 결국 주인공이 왕자나 공주가 되거나, 왕자 혹은 공주와 결혼하는 것으로 끝맺는 경우가 많았다. 그건 가장 완벽하게 행복한 결말로 보였다. 잘생긴 왕자가 되어 아름다운 공주와 결혼하는 것만큼 완벽한 행복이 있을 수 있겠는가. 그런데 어느 순간부터인가 이런 이야기가 더 이상 흥미롭지 않았다. 그게 언제쯤이었는지 정확히는 모르겠지만 대체로 내 나이가 두 자리 숫자로 접어들고 사춘기를 겪으면서일 것이다.

왕자와 공주가 나오는 이야기가 더 이상 재미없게 되는 그 순간이 아이에서 청소년으로 한 단계 성숙해 간 시점이었을 게다. 아무리 발버둥 쳐봤자 왕자가 되기란 불가능한 것이란 걸 깨달았기 때문이었는지도 모른다. 왕자와 공주에 흥미를 잃을 즈음 비로소 궁금증이 생겼다. 왜 동화 속에는 왕자와 공주들이 그렇게 많이 등장하는 것일까. 이 궁금증은 아주 오랫동안 내 머리 속에 남아 있었다.●

《보물섬》과《정글북》,《타잔》같은 작품도 언급하지 않을 수 없다. 그런 소설들은 어린 내게 모험의 세계에 대한 상상력을 불러 일으켰다. 그 모험은 대체로 문명의 세계를 벗어난 야생의 세계를 향한 것이었다. 이상하게도 우주로 나가는 SF적 모험을 상상할만한 작품은 내게 그리 흥미롭지 않았다.

반면 문명화되지 않은 야생의 세계, 위험한 동물과 식물이 서식하고 원시 부족들이 출몰하는 이야기들은 재미있었다. 어쩌면 이런 작품들은 만화나 영화를 통해 익숙하게 접할 수 있던 반면 SF적인 상상력을 담은 만화나 영화는 자주 보기 어려웠던 시대였기 때문인지도 모르겠다. 사람의 상상력은 결국 어떤 문화적 자원을 더 자주 접하는가에 따라 제한되기 마련이다.

《투명인간》이나《지킬 박사와 하이드》같은 고딕 소설도 읽은 기억이 난다. 이 작품들을 단행본으로 읽었는지 어린이 잡지에 실린 아동용 번안물로 읽었는지는 정확히 모르겠다. 분명한 건, 책을 읽으면서도 영화를 볼

●
최근에 와서야 어렴풋이 그 해답에 대해 생각하게 됐다. 중세 유럽, 특히 독일과 이태리 지역이 작은 공국으로 나뉘어 있었고 봉건 영주의 자식들도 왕자나 공주로 불린 경우가 많다. 그러니까 실제로 왕자와 공주가 많기도 많았다는 것. 물론 그보다 더 큰 이유는 귀족적 삶에 대한 동경이 당대 대중들에게 광범위하게 존재했고 이것이 이런 유의 이야기에 대한 애호로 연결되었으리라는 것이다.

《정글북》, 삼성당, 1973년판

나의 문화편력기

●●
이 글을 쓰며 자료를 찾아보니 《철가면》이란 제목으로 알려진 소설은 두 편이다. 알렉산드르 뒤마의 달타냥 로망스 3부작 가운데 3부를 《철가면》이라 부르기도 하고, 1920년 민태원이 번역한 포르튀네 뒤 부아고베의 소설도 《철가면》이란 제목을 갖고 있다. 내가 그 시절 읽은 게 둘 중 어느 것인지 분명히 기억나지 않는다.

●●●
우리나라도 다르지 않다. 내 어린 시절에도 많은 동화 작가들이 있었지만, 그 이름이 문학사적으로 평가되고 기억되는 경우는 많지 않다. 최근의 예로 보면 권정생 선생 정도가 예외일 것이다.

때처럼 공포를 느낄 수 있다는 사실을 체험했다는 점이다.

《철가면》●●도 내겐 거의 공포 소설이었다. 줄거리는 거의 기억나지 않지만 이 책을 읽으며 느꼈던 공포는 생생히 기억난다. 공포는 주인공이 겪는 '절망적이고 고통스러운 상황이 만약 내게 닥친다면' 하는 가정에서 시작된다. 그런 가정이 머릿속에 떠오르는 순간 나는 마치 철가면을 뒤집어 쓴 채 깊은 지하 감옥에 갇히기라도 한 듯 두려움과 절망을 느끼곤 했다. 이런 걸 '감정이입'이라고 한다는 건 한참 뒤에나 알게 되었지만.

글을 쓰며 생각해 보니 내 어린 시절 읽었던 많은 명작 동화들 가운데 상당수의 작가 이름이 전혀 기억에 남아 있지 않다. 물론 빅토르 위고, 알렉산드르 뒤마, 다니엘 데포, 쥘 베른, 월터 스콧, 마크 트웨인 같은 이름은 기억하고 있지만, 《소공자》, 《소공녀》, 《알프스의 소녀》, 《작은 아씨들》 같은 아동용 작품의 작가 이름은 기억나지 않는다.

아마도 그 시절 이 작품들을 읽은 이후 다시 읽은 적도 없고, 이 작가들의 다른 작품을 접한 적도 없기 때문인 것 같다. 또 어떤 에세이나 평론 같은 데서 이 작품이나 작가들에 대한 언급을 본 기억도 없다. 이 작품들 대부분이 문학사적 정전은 아니었다는 얘기다. 그러고 보면 그림형제나 이솝 등 민담 수집가들을 제외하면 창작 동화 작가로서 문학사적 정전으로 그 이름을 남긴 예는 많지 않다. 안데르센 정도가 예외적인 경우 아닌가?●●●

어린이 잡지의 추억
어깨동무, 소년중앙, 새소년...

어린 시절의 독서 추억에서 빼 놓을 수 없는 게 어린이 잡지다. 《어깨동무》1967-1987 《소년중앙》1969-1994 《새소년》1964-1989 《소년세계》1966-? 그리고 만화로만 꽉 차 있던 《만화왕국》. 이런 잡지는 친구들에게 빌려 보기도 했고, 어머니의 허락을 얻어 한 권씩 사기도 했다.

어머니로부터 돈을 얻어 서점으로 달려갈 때면 정말 하늘을 날 것 같았다. 하지만 《어깨동무》를 살 것인가, 《소년중앙》을 살 것인가 아니면 《새소년》을 살 것인가. 그건 정말 결정하기 어려운 문제였다. 서점에 가서 이것저것 들었다 놨다 반복하다 결국 하나를 골라오곤 했다. 대개는 별책 부록이 중요한 판단 기준이 됐다. 그렇게 하나를 선택하고 나면 두고 온 다른 잡지들이 너무나 궁금하고 읽고 싶었다.

어린이 잡지에는 다양한 읽을거리들이 있었다. 우선 만화그리고 물론 만화 별책 부록가 있었고 호기심을 당기는 기사들이 있었다. 버뮤다의 삼각지대, 피라미드에서 발견되었다는 투탕카멘의 저주, 별자리에 얽힌 신화들, 외계인과 UFO, 밥 대신 돌을 먹고 사는 따위 기인들의 이야기, 괴도 루팡과 셜록 홈즈의 모험담, 강철왕 카네기와 홈런왕 베이브 루스의 어린 시절, 세계 곳곳에 존재한다는 초능력자에 관한 이야기들을 재미있게 읽은 기억이 난다.

잡지들에는 나름 교육적인 내용도 많았다. 서재필, 안중근, 세종대왕 그리고 이승만그 시절 이승만이 '위인'임을 의심해 본 적이 없다. 같은 위인들의 이야기, 시이튼의 동물기, 파브르의 곤충기, 신기한 동식물의 생태, 구름과 비는 어떻게 생기는가 등 기상에 관한 과학 상식 같은 것들이다.

그런가 하면 다른 지역, 다른 고장에서 나와는 다른 삶을 살아가는 내 또래들에 관한 이야기들도 있었다. 산촌에서 나뭇짐을 지며 학교를 다니고 열심히 공부하는 아이, 어촌에서 아버지를 따라 고기잡이를 하는 아이, 농사철이면 아버지, 어머니를 도와 농사일을 거드는 아이 등등. 이런 이야기들은 세상에 다양한 삶이 있다는 것 특히 나보다 더 어렵고 힘든 삶이 있다는 생각을 하게 해 주었다.

만일 내가 일기를 열심히 쓰는 바른 생활 소년이었다면 어느 구석엔가 아마 이런 말을 썼을 것이다. '그런 시골 아이들에 비하면 나의 생활은 얼마나 행복한가, 불만이 있어도 참아야 하지 않겠는가.'

《새소년》

물론 어린이 잡지에 나보다 어려워 보이는 아이들의 삶만 있었던 건 아니다. 어린이 잡지는 우리 같은 지방 아이들에게 서울에 대한 환상을 심어주기도 했다. 이런 잡지에는 컬러 화보와 함께 서울에 있다는 리라국민학교, 은석국민학교 같은 이른바 일류 사립학교 아이들에 관한 기사가 실렸다. 이런 기사를 보면 서울의 국민학교 어린이들은 정말 비싸 보이는 노란 옷을 입고 스케이트를 타고 수영을 하는 것 같았다. 그들은 모두 좋은 옷을 입고 있었고 남자 아이들은 잘생겼으며 여자 아이들은 예뻐 보였다.

서울 삶에 대한 동경과 시골 삶에 대한 연민, 어린이 잡지가 조그만 소도시 꼬마에게 선사한 고정관념의 하나가 그것이다. 말하자면 그 시절 어린이 잡지는 내 머리 속에 '서울 > 지방 도시 > 시골'이라는 하나의 위계를 심어주었다. 이는 어른들이 한 마디씩 툭툭 던지는 소리들을 통해 더욱 견고해졌다. "네가 여기서 아무리 공부 잘 한다고 해 봤자 서울 가면 중간치도 못 될 거다." 시골 아이들보다는 낮지만 서울 아이들보다는 못한 삶을 살고 있다는 생각이 뇌리 속에 뿌리 깊게 자리 잡았다. 그래도 서울 아이들에 대한 열등감을 되새기는 것보다는 시골 아이들에 대한 우월감을 떠올리는 게 훨씬 기분 좋은 일이었다.

어린이 잡지에는 연재 소설이나 명작 소개도 있었다. 《걸리버 여행기》나 《삼국지》 같은 고전에 그림을 곁들여 어린이용으로 각색한 연재물들도 많았다. 정말 재미있는 건 《정협지》나 《비취검》 같은 무협 소설들이었다. 이런 소설들은 늘 다음 호에 대한 궁금증을 유발하는 아슬아슬한 장면으로 끝이 나서 다음 호 잡지를 고를 때 아주 큰 영향을 미쳤다.

그에 비해 이원수, 장수철, 김영일 등 동화작가들이 쓴 창작 동화들은 재미가 없었다. 이런 글들은 다른 걸 다 읽은 후 읽을 것이 더 이상 없을 때에야 비로소 들춰보곤 했다.

어린이 잡지 최고의 읽을거리는 역시 만화였다. 잡지들에는 길창덕, 정운경, 신동우, 윤승운, 이소림, 이정문, **고우영**, **추동성**, 이원복 등의 만화가 있었다. 《새소년》에는 〈설인 알파칸〉*과 〈유리의 성〉이 있었고, 《소년중앙》과 《어깨동무》

〈설인 알파칸〉

〈설인 알파칸〉은 기억에 남아 있는 가장 오래된 SF만화다. 60년대 SF만화의 대표작으로 산호 작가의 《라이파이》를 기억하는 사람들이 많지만 나는 보지 못했다. 이 만화는 내가 만화의 세계에 본격 입문하던 60년대 후반에는 이미 전성기를 지나 눈에 잘 띄지 않던 만화였다. 분명 만화가게 한편에 자리 잡고 있었겠지만 내 눈에 띄지는 않았다.

는 별책 부록들이 짭짤했다. 《타이거마스크》, 《우주소년 아톰》, 《황금박쥐》, 《요괴인간》 같은 만화들이었는데, 모두 이두호, 김우영 같은 한국 만화가의 이름을 달고 있었다.** 우리는 당연히 이것들이 모두 한국 만화인 것으로 생각했다.*** 《새소년》에는 고우영의 〈대야망〉도 있었다. 고우영의 만화는 무엇보다 그림이 좋았다. 그는 탄탄한 그림 실력으로 한 컷 한 컷 가장 완벽한 그림을 만들어냈다. 그외 김원빈의 《주먹대장》, 정운경의 《진진돌이》와 《동물전쟁》, 《방울범》 같은 동물 전쟁만화도 기억에 난다.

어린이 잡지에는 요즘말로 PPL에 해당하는 광고만화도 있었다. 신동우는 진주햄 소시지 광고만화 〈진주군과 마미양〉를 그렸고 길창덕은 크라운 소시지 만화 〈크라운 철〉와 조미료 미풍 광고만화 〈미풍이 세계일주〉를 그렸다. 만화인가 하고 따라가며 읽다보면 '맛나고 건강에 좋은 진주햄 소시지' 같은 광고 컷을 만나게 된다. 당시 햄이나 소시지는 나 같은 지방 촌놈들은 감히 먹기 어려운 고급 음식이었다. 간혹 도시락 반찬으로 소시지류를 싸오는 친구들은 반에 한두 명이 될까 말까 할 정도로 드물었다. 나는 어린지 잡지에 실린 이런 만화 광고를 볼 때마다 서울 아이들은 이런 걸 그렇게 흔하게 먹나보다 생각했다.

어린이 잡지에 실리는 만화, 특히 명랑만화의 주인공은 대개 공부와는 담을 쌓은 장난꾸러기들이었다. 윤승운의 《꼴찌

** 일본 만화 복제도 여러 가지 유형이 있었다. 원작을 그대로 복제한 경우도 있었고, 일부를 삭제하거나 수정한 경우도 있었다. 《타이거마스크》처럼 한국 만화가가 한국의 심의 기준에 맞추어 다시 그린 경우도 있었다. (박인하, 김낙호, 《한국현대만화사 : 1945-2009》, 두보북스, 2010, 99쪽)

*** 별책 부록 만화들이 대부분 당시 TV에서 만화영화로 방송되고 있었다는 것도 처음엔 모르고 있었다. TV를 가진 집이 흔치 않아 구경하기 힘들었던 탓도 있지만, 내가 살던 춘천에는 KBS밖에 나오지 않아 이들 만화영화가 주로 방송되었던 TBC를 볼 수 없었다.

《소년중앙》

《소년중앙》 연재물 〈꺼벙이〉

《어깨동무》

《어깨동무》 별책 부록 《주먹대장》

와 한심이》도 그랬고 길창덕의 《꺼벙이》도 그랬다. 그들은 툭하면 빵점을 받
았고 걸핏하면 이불에 오줌을 쌌다. 어른들 말씀을 듣지 않고 장난을 쳤으며
말썽을 부렸다. 늘 공부를 잘해야 하고 어른들 말씀에 복종해야 한다는 소
리만 듣고 살던 나로서는 말썽쟁이 만화 주인공들이 어른들을 골탕 먹이고
소동을 부리는 데서 오는 묘한 해방감 같은 걸 느낄 수 있었다.

그들은 학교를 가다가 딴 길로 빠지고, 잘 못 나온 성적표를 멋대로 고
치거나 숨기고, 집에 찾아온 손님을 간첩이라며 신고하고, 남의 집 감을 따
먹었다. 내가 정말 해보고 싶지만 한 번도 실행에 옮길 수 없었던 것들을 그
들은 거침없이 해냈다. 얼마나 통쾌한 일인가. 물론 그런 만화를 보고 그대
로 흉내 내본 적은 한 번도 없다. 아무리 어린 나이라도 현실과 만화의 엄중
한 경계를 모르는 바보는 거의 없었다. '거의'라고 표현한 건 정말 가끔 그걸 혼동하는
친구들도 있었기 때문이다. 만화 주인공 흉내를 내며 다리에서 떨어져 죽은 아이 같은 뉴스가 가끔

나의 문화편력기

씩 등장하곤 했으니 말이다.

　　길창덕, 윤승운, 신문수 등의 명랑만화에서 대부분 말썽쟁이 주인공들이 등장했던 건 코미디에서 조금은 모자라고 둔한 사람들이 등장했던 것과도 비슷한 맥락에서 이해될 수 있다. 하지만 생각해 보면 그 의미는 상당히 다르다. 만화 속의 말썽쟁이들은 늘 어린이의 시선에서 어른들을 골탕 먹였지만, 코미디 속의 모자란 사람들은 그 자신이 골탕을 먹고 웃음거리가 됐으니까. 어떻게 보면 명랑만화야말로 내게 처음으로 일종의 전복적 상상력*을 경험하게 했던 텍스트가 아닌가 싶다.

기성의 상식적인 질서나 관념을 깨트리고 뒤집으면서 새로운 사고를 유발하는 상상력을 의미한다.

　　물론 어린이 잡지는 재미있는 읽을거리와 만화 뿐 아니라 이런 저런 뉴스들을 어린이의 시선으로 접근하게 해 주는 시사 정보들도 포함하고 있었다. 생각해 보면 TV도 없었고 신문도 잘 읽을 수 없던 시절 어린이 잡지들은 세상에서 일어나는 크고 작은 사건들에 관한 뉴스를 접하게 해 준 주요 통로였다.

　　김기수 선수의 권투 세계 챔피언 등극66년, 박신자 선수를 중심으로 한 한국 여자 농구 팀의 세계여자농구선수권 대회 준우승67년, 광산 사고에서 기적적으로 살아난 **김창선**씨67년, **푸에블로호 납치사건**68년, 이른바 이중간첩이라던 **이수근 사건**69년 같은 뉴스를 어린이 잡지에서 읽었던 기억이 난다. 이런 뉴스들은 세상을 향한 사고의 주파수를 형성하는데 지대한 영향을 미쳤다. 잡지는 글자 그대로 온갖 잡다한 내용으로 가득 차 있는 보물단지였다. 어린 시절 문화적 감수성과 세계관의 초보적 형태는 다분히 어린이 잡지에 빚지고 있었다.

애국소년과 국민교육헌장

독서의 경험은 아니지만, 내 산문적 감수성과 관련된 경험으로 빼 놓을 수 없는 건 국민교육헌장이다. 국민학교 3학년이던 1968년 12월 5일, 국민교육헌장이란 게 공표되었다. 어느 날인가 수업이 끝난 후 담임선생은 국민교육헌장을 큰 소리로 다 외운 학생만 집으로 돌아갈 수 있다며 먼저 할 사람부터 손을 들라고 했다.

나는 세 번째로 손을 들어 국민교육헌장을 외우고 부러워하는 친구들의 시선을 뒤로 하며 자랑스럽게 교실 밖으로 나왔다. 첫 번째, 두 번째 손을 들었던 학생들이 중간에 틀려 다시 해야 했으니 틀리지 않고 제대로 외운 건 내가 처음이었다.

'민족중흥'이니 '인류공영'이니 '상부상조'니 무슨 뜻인지도 모르는 딱딱한 단어들을 앵무새처럼 외워댄 게 뭐 그리 자랑스러울 게 있을까마는 국민학교 3학년 꼬마에게야 빠른 암기력을 과시하고 남보다 먼저 집에 가는 게 일단 기분 좋은 일이었을 터다. 게다가 토씨 하나 틀리지 않고 국민교육헌장을 낭송했을 때 담임선생이 이렇게 말했다. "그래, 잘 했어. 넌 애국자다."

애국자라니... 드디어 나도 안중근 의사나 이순신 장군 같은 애국자 반열에 오른 거다. 어찌 자랑스럽지 않을 수 있었을까. 국민교육헌장이 일본 천황에 충성을 맹세하던 일제의 교육칙어를 본뜬 것이고, 군국주의의 잔재며

온 나라를 병영사회로 만들고자 했던 박정희 통치 이념의 산물이라는 걸 알게 된 건 한참이나 지나 대학생이 된 후다. 적어도 그 이전까지 나는 국민교육헌장을 남보다 빨리 외운 애국자로서 자긍심을 가지고 살았다. 자긍심을 가지고 뭘 했냐고? 이를테면 이런 거다.

그 시절에는 극장에서 영화를 상영하기 전 애국가 울려 나왔고 관객들은 모두 자리에 일어나 가슴에 손을 얹어야 했다. 그럴 때 나는 단 한 번도 자리에 앉아서 개긴 적이 없다. 늘 다른 사람들처럼 일어나 다소곳이 가슴에 손을 얹곤 했다. 속으로 딴 생각을 할지언정 경건한 애국 의식을 거부한 적은 없다.

또 70년대 말에는 매일 저녁 여섯시가 되면 국기하강식이란 게 있었다. 길을 가던 사람들이 걸음을 멈추고 국기를 보며 가슴에 손을 얹어야 했을 때 한 번도 이를 무시하고 그냥 간 적이 없다. 내 눈길이야 앞에 있는 아가씨 뒤태에 머물지언정 손은 늘 가슴에 가 있었다.

그 뿐인가. 걸핏하면 열렸던 반공궐기대회에 전교생이 동원될 때도 몸이 아프다든가 바쁘다는 핑계를 대며 빠진 적이 한 번도 없다. 뒷줄에 서서 친구들하고 장난을 칠망정 나는 늘 '반공 민주 정신에 투철한 애국애족의' 현장에 함께 했다.

그런 대회에는 늘 머리에 띠를 두르고 손가락을 깨물어 혈서를 쓰던 아저씨들이 있었다. 그 아저씨들이 손가락을 깨물어 쓰는 글씨가 무슨 내용인지 공설운동장 뒤편에 서 있던 나로서야 알 수가 없었지만, 손가락에서 피가 철철 흐르는 고통을 감수하는 그 아저씨들의 절절한 애국심이야 모를 리가 없었다.

"정말 대단한 애국자들이야. 자기 손가락을 깨물어 피를 내다니..." 마치 내 손가락에서 피가 흐르기라도 하듯 슬그머니 감싸 쥐며 그 아저씨들처럼 애국적이지 못한 자신을 부끄러워하곤 했다.

그 시절에는 애국애족의 길에서 조금이라도 벗어난 사람들에게 가차 없는 제재가 가해지곤 했다. 온 나라가 조국 근대화를 위해 열심히 일하며 싸우는 마당에, 서양 사람처럼 머리를 길게 기르고 기타를 튕겨대고 춤이나 추는 젊은이들도 당연히 제재 대상이 됐다. 역시 퇴폐적인 서양 풍조에 물들어 짧은 치마를 입고 다니는 아가씨들도 즉심에 걸려 유치장에 갇히곤 했다.

맹세하건대 그 시절 나는 길 가던 청년의 장발을 자르고 아가씨들의 미니스커트 길이를 재던 국가 권력에 대해 단 한 번도 불만을 표한 적이 없다. 그런 게 다 나라를 위해 필요한 일이라고 믿을 만큼 애국자였던 때문이다.

그 시절에는 사람들의 애국심을 일깨우는 노래들이 시도 때도 없이 방송을 타곤 했다. 아침마다 들리는 〈새마을노래〉*, 6월이면 귀에 못이 박히도록

●
1970년대 초부터 새마을운동이 전개되면서 주제가처럼 사용된 이 노래는 1972년에 박정희 대통령이 직접 작사 작곡한 노래로, 방송매체를 통해 아침, 저녁으로 방송되었다.

국민교육헌장

나의 문화편력기

국민교육헌장 선포식

들어야 했던 '아아 잊으랴 어찌 우리 이 날을…' 하는 〈6.25 노래〉, '싸우며 일하고 일하며 싸우는' 〈향토예비군의 노래〉 그리고 '백두산의 푸른 정기'가 '이 땅을 수호하'던 〈나의 조국〉 같은 노래들은 달리 배운 적도 없건만 어느 틈엔가 내 입에 붙어 있었다. 그리고 보면 그 시절은 나 같은 평범한 사람들도 늘 하루에 몇 번씩은 애국자가 되지 않을 수 없던 시절이었다.

언제부터인가 극장에서 애국가가 사라지고 국민교육헌장도 잊혀가고 국기하강식도 없어지고 그 흔하던 궐기대회도 잘 보이지 않는다. 게다가 〈새마을노래〉나 〈나의 조국〉이 방송에서 흘러나오는 경우도 없다.

툭 하면 사람들을 불러내 애국자로 만들던 강제 사항들이 사라졌으니 요즘 사람들은 도무지 애국자 노릇할 기회도 많지 않다. 그러다 보니 조금이라도 애국자 행세를 할 수 있는 기회만 생기면 난리를 치는 모양이다.

월드컵 때가 되면, 매일 원수처럼 싸우던 사람들이 느닷없이 함께 어깨를 걸고 '오 필승 코리아'를 외치고 독도 문제가 불거지면 너나없이 일본을 비난하고 독도를 사수하는 애국자의 대열에 동참하지 않는가.

한때 담임선생이 인정한 애국자였던 나지만 언제부터인가 애국이란 말이 조금도 나를 감동시키지 않게 되었다. 어린 시절 애국이라 믿었던 게 애국과는 아무 상관없는 것이었다는 걸 알게 된 까닭도 있고, 그 시절부터 누구보다 앞장서서 애국을 설파하고 국가관을 강조하던 사람들이 사실은 온갖 꼼수로 군대도 안가고 자식들 이중 국적을 얻기 위해 원정출산하고 부동산투기로 돈을 벌어온, 누구보다 반애국적 반국가적인 사람들이었다는 걸 알게 된 때문이기도 하다. 그보다 더 중요하게는 이제 국가라는 존재보다 나라는 존재, 사람이라는 존재가 훨씬 더 가치 있고 사랑해야 할 대상이란 걸 깨닫게 된 까닭이다.

자유교양경시대회

6, 70년대엔 '자유교양운동', '국민개창운동'●이라는 것이 있었다. 자유교양운동은 국민 각자가 책을 읽자는 운동이고 국민개창운동은 다함께 노래를 부르자는 운동이다. 말 잘 듣고 일 열심히 하는 '국민'을 만드는 운동이었던 셈이다.

자유교양운동의 일환으로 1968년부터 75년까지 대통령기 쟁탈 '전국자유교양경시대회'가 열렸다. 초중학교 학생들을 대상으로 국내외의 고전 가운데 독서 목록을 만들어 읽게 하고 학교별 대표 선수를 뽑아 시험을 보는 것이다. 책을 읽자는 좋은

국민개창운동은 1941년 무렵 일본음악문화협회가 주도하여 벌인 국민가요장려운동이다. 1943년에는 식민지 조선에서도 태평양 전쟁에 대한 애국적 국민의식을 함양하는 취지의 국민개창운동이 벌어졌다. 60년대 초부터 군사정권은 이 운동의 이름까지 그대로 본 뜬 국민개창운동을 통해 이른바 건전가요를 보급하는 운동을 벌였다.

취지의 운동도 참 군사정권답게 한 셈이다. 대통령 영부인이었던 육영수가 운영하던 '육영재단'에서 주관을 했고, 학생들에게 읽히는 고전들도 거기서 출판한 책들이었다. 노란색 혹은 파란색의 단색 표지로 된 그 책들은 보기에도 영 재미없게 생겼었다.

나는 당시 다니던 춘천의 교동국민학교 대표가 됐고, 덕분에 강제로 이런저런 책들을 읽게 됐다. 우리가 읽어야할 고전 목록에는 《홍길동전》, 《전우치전》, 《박씨부인전》, 《흥부전》, 《허생전》, 《신유복전》, 《삼국사기》, 《삼국유사》 같은 한국 고전부터 《김유신 장군》, 《성웅 이순신》 같은 위인전, 《성경》, 《논어》, 단테의 《신곡》, 셰익스피어의 작품들, 《파브르 곤충기》, 《시이튼 동물기》, 《그리스 로마 신화》, 《플루타크 영웅전》 같은 것들이 있었다.

학년별로 읽을 책이 정해져 있었는데, 내 경우는 《삼국사기》니 《삼국유사》, 《전우치전》, 《박씨부인전》 같은 책들을 읽어야 했다. 이 대회가 아니었다면 이런 책들을 읽지 않았을까? 그건 알 수 없지만 아무리 책읽기를 좋아한다 해도 이렇게 강제로, 그것도 시험대비로 읽는다는 건 결코 즐거운 일이 아니었다.

이 책들을 내 돈 주고 샀는지 아니면 학교에서 배부해 주었는지는 기억에 없다. 우리는 방과 후 학교에 남아 책들을 읽어야 했다. 시험에 임박해서는 수업이나 온갖 학교 행사로부터 열외되어 책들을 읽으며 시험 준비를 했다.

나는 우리 학교 대표로 나가 시험을 보았고 학년 당 다섯 명씩 뽑히는 강원도 대표로 선발되었다. 이때 받은 상품은 꽤 두꺼운 책이었는데, 그 책은 놀랍게도 《플라톤》이었다. 이 책을 상으로 받아들고 집으로 돌아와 펼쳤을 때의 막막함을 지금도 생생하게 기억한다. 첫 장의 제목이 〈소크라테스의 변명〉*이었는데 나는 이 책의 단 한 문장도 이해할 수 없었다. 책장을 닫고 조용히 한쪽 구석에 밀어두었다.

● 플라톤이 저술한 철학서로, 기원전 399년 불경죄와 젊은이를 타락시킨 죄로 고발당한 소크라테스가 민주정하 아테네에서 열린 재판에서 어떤 말로 자신을 옹호했는지 기록한 작품이다. 플라톤이 엮은 소크라테스의 철학적 진수를 보여주는 작품으로는 《소크라테스의 변명》,《크리톤》,《파이돈》,《향연》 등이 있다.

강원도 대표로 뽑혔으니 서울에서 열리는 전국대회에 출전해야 했다. 기껏 강제로 시험까지 보게 하던 학교에선 아무런 조치가 없었다. 네가 알아서 가면 가고 말면 말라는 식이었다. 하지만 평생 처음 서울이란 곳에 갈 기회를 그냥 보낼 수는 없었다. 원주에 사시던 이모가 나를 데리고 서울에 가기로 했다. 이렇게 해서 나는 평생 처음 기차라는 걸 타고 서울이란 곳에 가게 됐다. 1969년 국민학교 4학년 때의 일이다.

처음 와본 서울은 눈이 휘둥그레 질 만큼 크고 넓고 복잡했다. 엄청나게 높은 건물들이 늘어서 있고 길에는 차들이 많아 복잡하기 짝이 없는데, 사람들은 왜 그리 많고 모두들 분주한지 자칫하면 길을 잃고 미아가 될 것 같아 이모 손을 꼭 잡고 다녔다.

서울에서 가장 가보고 싶은 곳은 창경원이었다. 창경원은 우리 같은 지방 아이들에겐 일종의 꿈이었다. 하지만 너무나 아쉽게도 거기 들를 시간이 없었다.

자유교양경시대회는 서울의 정동 근처에 있던 덕수국민학교에서 열렸다.《어깨동무》같은 잡지들에 실린 서울의 국민학교 모습을 보며 은근히 동경하던 내 눈에 이 학교는 생각보다 초라해 보였다.

내가 다니는 학교에 비해 그리 크지도 않고 건물이 화려하지도 않았다. 운동장은 오히려 작았다. 거기서 학년별로 모여 시험을 보았다. 시험 문제는 그리 어렵지 않았다. 대부분 단답형이거나 간단한 서술형 문제였는데 다

쓰고 나오면서 흘낏 다른 아이들의 답을 보니 내가 단답형으로 간단히 답한 문제에 빽빽하게 장문의 답을 써 놓고 있었다. '아니, 간단한 문제에 왜 저렇게 복잡한 답을 썼지?' 싶었다. 물론 나는 상을 받지 못했다. 그때 두 가지 생각을 했다. '역시 세상엔 공부 잘하고 머리 좋은 애들이 엄청나게 많구나.' 그리고 다른 하나는 '이런 데서는 답을 길게 써야 먹히는구나.'

자유교양경시대회는 중학교 시절까지 이어졌다. 중학교 때는 한창 독서의 맛을 느낄 때였는데도 강제로 읽히는 고전은 도무지 흥미가 생기지 않았다. 그래도 경시대회를 준비한다고 수업에서 빠지는 건 즐거운 일이었다.

당시 준비반 학생들은 학교 도서관 2층 강당에 따로 모여 책을 읽고 경시대회 준비를 해야 했다. 마침 친한 친구들끼리 모였으니 허가받은 야유회나 다름없었다. 우리는 책상 위에 책을 열어두고는 온갖 장난을 하며 신나게 놀곤 했다. 그 가운데 특히 재밌던 건 '엉덩이 싸움'이었다. 바닥에 백묵으로 둥그렇게 금을 그어놓고 서로 엉덩이로 밀어 상대방을 금 밖으로 밀어

자유교양경시대회

내는 게임이었다. 예나 지금이나 그 나이대의 수컷들은 이렇게 쓸데없는데 힘을 쓰며 즐거워하기 마련이다. 한참 엉덩이 싸움을 하다가 망을 보는 친구가 신호를 하면 재빨리 책상에 앉아 책을 읽으며 시험 준비하는 척을 했다.

그때 자유교양경시대회 준비

를 위한 모의고사 문제집까지 나와 있었다. 우리는 문제집을 펼쳐 놓고 큰 소리로 서로 묻고 답하는 시늉을 하곤 했는데 그게 어떤 고전의 어떤 부분 인지 어떤 의미가 있는지 따위는 관심도 없었다.

지금도 생생히 기억나는 문제는, "허곡기虛谷記란 무엇인가" 하는 것이다. 답은 "빈 것을 기록한 글"이라고 나와 있었다. 신나게 놀다가 선생님이 떴다 하면 후다닥 자리에 앉아 큰 소리로 "허곡기란 무엇인가"를 외치며 짐짓 공 부하는 척한 것이다. 이 글을 쓰며 자료를 찾아보니 '허곡기'는 조선조의 학 자이자 문신이었던 서거정徐居正의 시라 한다. 당시 우리에게 서거정이 누구 인지 허곡기가 무슨 뜻인지가 관심 대상일 수는 없었다. 우리는 그저 친구들 과 수업에 빠지고 엉덩이 싸움을 하며 놀 수 있다는 사실이 신났을 뿐이다.

가끔 한 번씩 우리를 감시하기 위해 들르시는 국어 선생님은 우리가 그 렇게 문답을 주고 받으며 시험 준비를 열심히 하는 모습을 슬쩍 들러보고는 가셨고, 그러면 우리는 다시 책상을 밀어 놓고 엉덩이 싸움을 했다.

10대 초반의 혈기 방장한 소년들이 그토록 신나게 놀았으니 강당 안에 먼지가 뽀얗게 일었고, 우린 얼굴이 벌겋게 상기된 채 책 읽는 시늉을 했으 니 웬만한 눈치라면 우리의 농땡이를 알아채지 않을 수 없었을 터인데 국어 선생님은 단 한 번도 알은체를 하지 않았다. 그때 우린 그 선생님의 둔한 눈 치를 즐기며 놀림감으로 삼았지만 지금 생각해 보면, 선생님께서 일부러 못 본 척 우리를 봐주신 것이 아닌가 싶기도 하다. 아무튼 엉덩이 싸움을 얼마 나 열심히 했는지 한동안 엉치뼈가 너무 아파 화장실에서 힘주기도 어렵고 잠도 잘 못잘 지경이었다. 물론 그해 자유교양경시대회에서 우리 학교의 수 상자는 단 한명도 없었다.

만화가게의 추억

나는 어릴 적 자타가 공인하는 만화키드였다. 만화는 어린 내가 집착하다시피 했던 즐거움의 원천이었다. 《어깨동무》, 《새소년》, 《소년중앙》 같은 어린이 잡지의 만화, 그 잡지에 딸려오는 별책 부록 만화는 물론이고, 만화가게에서 빌려오는 만화책을 한 번 잡으면 시간 가는 줄 모르고 빠져들곤 했다.

다행스럽게도 어머니는 만화를 좋아하는 것에 대해 한 번도 나무라신 적이 없었고, 오히려 가끔은 당신이 직접 만화가게에 들러 만화를 빌려다 주시기도 했다. 게다가 만화가게를 운영하셨던 이모님 덕분에 방학 때만 되면 외가에 내려가 만화가게에 죽치고 앉아 닥치는 대로 만화를 읽어댔다.

그 시절 만화는 내게 세상을 읽어내는 창이었고, 희로애락의 감정이 어떤 방식으로 조직되는지를 알게 해준 감성의 교과서였다. **김종래**를 읽으며

만화가게 풍경

슬픔이 무엇인지, 조국애가 무엇인지를 배웠고, 임창의 만화를 보면서는 사랑과 우정의 의미에 대해 알게 되었다. 손의성과 이근철의 만화를 통해 정의감에 대해 배웠고, 고우영과 길창덕을 통해 유머의 코드를 알게 되었다.

무엇보다 만화는 무궁무진한 이야기의 샘터였다. 내가 가진 다소나마의 상상력이란 게

있다면, 그건 순전히 그 시절 만화를 통해 형성된 것이라 단언할 수 있다. 중학교, 고등학교로 진학하고 대학 입시에 매달리면서 만화는 자연스럽게 내 삶에서 멀어졌지만, 어린 시절 만화 편력의 경험은 두고두고 내 정신의 자산으로 남아 있다. 그래서 늘 자신 있게 말하곤 한다.

"내가 배워야 할 모든 것들을 만화에서 배웠다."

어린 시절에는 동네마다 만화가게가 있었다. 벽에는 칸칸이 만화책들이 진열되어 있고 나무로 만든 긴 의자에 저마다 자리를 잡고 만화책을 읽었다. 그 자리에서 보는 값은 빌리는 값보다 당연히 쌌다. 겨울이면 만화가게 한가운데 연탄난로가 놓였다. 가끔 만화가게에서 만화를 보다 연탄가스에 중독되는 소동이 벌어지기도 했다. 만화가게 가운데는 TV를 놓은 집도 꽤 있었다. 개중에는 TV 시청료를 받는 만화가게도 있었지만, 내가 가본 만화가게에서 TV 시청료를 받는 경우는 없었다.

만화가게 중에는 꼬치나 어묵 같은 간식을 파는 곳도 있었고, 라면을 끓여주는 곳도 있었다. 하지만 그런 걸 사 먹어 본 적은 없다. 내게 그럴 만한 돈이 있는 경우는 거의 없었다. 돈이 없다 보니 오다가다 만화가게 앞에서 창문에 붙어 있는 만화 표지들을 들여다보며 들어가고 싶은 마음을 억누르던 기억은 많다. 그리고 있다 보면 아이를 찾으러 온 엄마가 야단을 치며 아이를 끌어내 귀를 잡고 끌고 가는 장면을 더러 볼 수 있었다. 우리 어머니는 '저런 분'이 아니라서 얼마나 다행인가 싶었다. 그 시절 아이가 만화가게 가는 걸 좋아하는 부모가 많지는 않았다.

나는 어떤 만화를 좋아했던가. 생각해 보면 특별히 좋아해서 골라보는 장르는 없었던 것 같다. 다만 절대로 보지 않는 만화는 있었다. 눈이 크고 다리가 긴 여자들이 나오는 이른바 순정만화. 일단 재미가 없었고, 등장인물들이 거의 비슷비슷한데다 대사와 지문이 많아 읽기도 어려웠다. 나는 짧은 시간 다독하는 스타일이었고, 대사는 건성으로 보면서 그림을 훑어가며 줄거리를 파악하는 방식으로 읽었다. 멋진 그림이나 함축적인 대사, 이런 것도 좋았지만, 가장 중요한 건 스토리였다. 내게 만화는 소설이나 영화 등과 함께 재미있는 스토리를 들려주는 매체였다.

임창의 땡이와 영화감독

60년대 말이나 70년대 초 겨울방학 어느 날이었을 게다. 원주 외가댁에 놀러 와 있던 나는 아침밥을 먹기 무섭게 시장통 안에 있던 이모네 만화가게로 달려갔다. 꽤 이른 시각이었지만, 만화를 보러온 꼬마들이 이미 적지 않게 자리를 잡고 있었다. 나는 이모에게 인사를 하는 둥 마는 둥 하고 벽에 진열되어 있던 만화 가운데 몇 권을 찾아 집어 들었다. 당시 만화가게에는 책들이 책장에 꽂혀 있는 게 아니라 표지가 보이도록 놓여 있고 떨어지지 않도록 고무줄로 고정되어 있었다.

대부분의 아이들이 난로가 주변에 모여 앉아 있었지만, 나는 일부러 한쪽 구석에 앉았다. 어린 마음에도 왠지 나 같은 공짜 손님은 가급적 티가 나지 않는 게 좋다는 생각이 들었기 때문이다.

그날 가장 먼저 가져다 쌓아놓은 만화가 **임창** 선생의 《땡이와 영화감독》이다. 커다랗고 둥근 눈에 늘 야구모자 챙을 젖혀 쓰고 있는 땡이는, 만화가 임창 선생이 창조한 당대 최고의 인기 캐릭터 가운데 하나다. 보통 명랑만화의 주인공들이 모범생과 거리가 먼 말썽꾸러기들이었던 것과 달리 땡이는 공부도 잘 하고 똑똑하며 다양한 분야에서 능력을 발휘하는 말하자면 엄친아에 가까운 캐릭터다.

《땡이와 영화감독》

무수히 많은 땡이 시리즈가 있는데, 내게 단연 최고의 작품으로 남아있는 것은 《땡이와 영화감독》이다. 가난한 시골 아이들, 땡이, 딱구리, 옥희는 가장 친한 친구들이다. 어느 날 도시에서 온 세련된 여자 아이 미라가 등장한다. 미라와 옥희, 이 두 이름은 세련된 도시와 촌스러운 시골을 상징하는 것처럼 느껴졌다. 네 명의 친구들이 갈등하고 화해하며 성장하는 이야기가 펼쳐진다. 어찌어찌하여 땡이와 딱구리는 영화계에 진출해 배우가 된다. 여기까지가 1부의 스토리다. 2부에서는 배우가 된 땡이와 딱구리가 이런저런 일들을 겪으며 스타로 성장해 가는 이야기다.

이 만화를 읽던 당시에 이미 나는 영화라는 매체의 매력을 흠뻑 느끼기 시작한 터였다. 《땡이와 영화감독》은 영화에 대한 내 동경을 더욱 깊게 만들어주었다. 2부에서는 영화감독과 배우들이 영화를 만들어가는 이야기가 주로 펼쳐진다. 영화라는

《땡이와 영화감독》의 장면

게 어떤 프로세스로 제작되는지, 또 특수한 장면들, 이를테면 주인공이 날아서 담장을 넘는 장면이나 똑같은 배우가 1인 2역을 하며 한 화면에 등장하는 장면 같은 게 어떻게 촬영되고 제작되는지 이 만화를 통해 알게 됐다.

배우로 성공한 땡이가 직접 제작에 나서다가 영화제작이 중도에 무산되기도 하고 다시 빛을 얻어 제작이 이어지기도 한다. 지금 생각해도 영화 산업과 제작 방식, 스타 시스템에 대해 대단히 리얼한 정보를 담고 있는 만화다.

《땡이와 영화감독》은 단지 영화를 보고 즐기는 데 더해 영화에 대한 새로운 환상을 갖게 했다. 영화를 만든다는 일은 정말 재미있고 신나는 일일 것이라는 환상이다. '내가 주인공 땡이라면 얼마나 좋을까.' '땡이처럼 영화배우가 되고 또 감독까지 될 수 있다면 얼마나 좋을까.' 처음으로 이런 생각이 들었다.

김종래와 이근철, 손의성의 만화

만화를 보며 눈물을 흘리는 일도 많았다. 어떤 만화는 정말 슬펐다. 김종래의 만화가 특히 그랬다. 《엄마 찾아 삼만리》, 《눈물의 수평선》, 《눈물의 별밤》, 《어머니》, 《울지마라 은철아》 등 제목부터 슬픈 느낌을 주는 만화를 보며 눈물을 흘리다 못해 엉엉 울었던 기억도 있다.

김종래의 《눈물의 수평선》　　　　김종래의 《엄마 찾아 삼만리》　　　　김종래의 《어머니》

　　김종래 특유의 동양화 터치가 느껴지는 그림도 좋아해서 혼자서 따라 그
려보기도 했다. 김종래의 만화 속에서 아버지는 술에 취하거나 도박에 빠지
고, 어머니는 학대당해 쫓겨나거나 팔려가며, 젊은 남녀는 헤어지고, 아들
은 엄마를 찾아 헤맨다. 대부분의 주인공은 따돌림 당하고 도망 다니고, 누
군가를 그리워하며 찾아 헤매고, 주위의 악당들로부터 핍박당하고, 목숨을
위협받는다. 그의 만화는 대체로 시대극이었고, 현대물이라 해도 일제 강점
기나 6.25전쟁을 배경으로 한 것들이 많았다.

　　고난의 역사 속에서 주인공이 감당해야 하는 비극의 무게가 너무 생생
히 느껴져 나도 모르게 울컥 눈물이 솟곤 했다. 만화가게 구석에서 만화를
보다 눈물이 그렁그렁해 있는 나를 보면 이모는, "이 녀석아, 만화를 보면서
우냐. 그만 보고 나가서 좀 뛰어 다니며 놀아라." 하며 한 마디씩 하곤 했다.

손의성의 《매국노》   손의성의 《동경 4번지》   이근철의 《잠수 특공대》

　　김종래 유의 비극 만화만 좋아했던 건 아니다. 손의성도 좋아했던 만화
가다. 그는 주로 첩보원, 형사, 협객, 독립운동가 같은 남성적 주인공들을 내
세운 액션 만화가였다. 그의 《4번지》란 만화가 기억에 있다. 주인공은 중절
모를 쓰고 '혁'이란 이름을 가지고 있었다.

　　그 시절 최고의 액션 만화는 단연 이근철의 만화다. 이근철은 요즘 그리
기억되는 만화가는 아니지만, 우리 세대가 만화가게를 많이 찾던 시절에는
늘 그의 만화가 한쪽 벽을 장식하곤 했다. 그는 주로 전쟁이나 모험 활극 같
은 선 굵은 남성적 만화를 많이 그렸는데, 특히 '으잉?' 하는 감탄사가 자주
나와 이근철 하면 '으잉'으로 기억될 정도다.

　　그의 만화 《기관단총 케리》나 《조국을 등진 소년》 같은 것은 할리우드
의 레지스탕스 전쟁 영화를 방불하게 하는 재미가 있었다. 그의 만화 속에서

는 2차 대전이나 서부시대 혹은 로마 시대를 배경으로 박진감 넘치는 액션
이 펼쳐졌다. 특히 각 권의 마지막 장면에서 다음 책을 집어들지 않을 수 없
게 만드는 아슬아슬한 장면으로 끝을 내는 연출은 놀라울 정도였다. 이근철
의 만화는 그 시절의 만화키드라면 누구나 기억하는 공통의 걸작에 속한다.

고우영의 대야망

어린 시절 최고의 만화가는 단연 고우영이었다. 그의 만화를 처음 접한
건 국민학교 저학년 시절 《짱구박사》를 통해서다. 원래 《짱구박사》는 고우
영의 친형 고일영이 '추동식'이란 이름으로 연재하던 만화
였는데, 형이 일찍 세상을 뜬 후 1958년부터 그가 '추동성'
이란 이름으로 이어받아 연재했다.

《짱구박사》의 주인공 '짱구박사'와 아들 '짱짱이'는 맹
물로 가는 자동차나 빵 만드는 기계 같은 황당한 발명품을
만들며 소동을 벌였다. 물론 그들의 시도는 매번 실패로 끝
나곤 했다. 《짱구박사》는 내가 글을 읽기 시작하면서 가장
처음 접한 만화다. 말하자면 만화읽기의 즐거움을 가르쳐준
작품인 셈이다.

《짱구박사》

《새소년》 별책 부록 《대야망》

《대야망》 어문각, 1976년판

추동성이 아닌 고우영이란 이름을 내게 각인 시킨 건 어린이 잡지 《새소년》에 연재됐던 〈대야망〉이다. 비슷한 시기 어린이 잡지 부록으로 연재되던 〈구월산 유격대〉란 만화도 있었지만, 전쟁 중 공산군과 싸우는 유격대 이야기를 담은 반공 만화라는 것 외엔 특별한 기억이 없다.

《대야망》은 1970년경부터 《새소년》에 연재되던 만화로, 실존인물인 최배달최영의이 태권도를 익히고 일본에 건너가 가라테의 고수들을 꺾고 성공한 후 전 세계를 돌아다니며 온갖 무술의 고수들과 대결하며 대한민국과 태권도의 기상을 드높인다는 얘기다.

주인공 최배달은 누구든 강자가 나타나면 아무데서나 격투를 벌이고 항상 이겼다. 심지어 고릴라나 들소 같은 짐승들과도 붙었다. 그렇게 격투를 벌이면서 틈만 나면 태권도와 조국의 명예를 입에 올리곤 했다.배달이란 이름도 배달민족에서 따왔다고 했다. 그는 강하고 멋있고 정의로운 애국자였다. 나도 그렇게 되고 싶었다. 나도 한 3년 산속에서 무술을 닦으면 그렇게 강해질 수 있을까? 이런 상상도 해 보고, 주인공의 무술 장면을 어설프게 흉내 내 보기도 했다. 물론 혼자 있을 때만.

하지만 《대야망》에서 가장 인상 깊게 남은 건 주인공의 장발 패션이다. 당시는 경찰들이 길거리에서 수시로 젊은 남자들의 장발을 단속하며 사정없이 바리캉으로 밀어버리던 시대다. 남자가 여자처럼 보이는 게 '퇴폐풍조'란 것이었는데, 비록 만화 속이었지만 어깨까지 드리우는 장발을 한 강한 남자의 이미지는 색다른 느낌으로 다가왔다. '만화 주인공은 장발 단속에 안 걸리나?' 하는 의문도 들었다.

만화라는 게 원래 현실과는 다른 것 아닌가. 사람이 날아다니고 로봇이 말을 하는 세상이 만화 속 세상인데 그까짓 장발쯤이야 무슨 문제겠나. 최배달의 장발은 말하자면 처음으로 만화 자체의 매체적 속성에 관해 생각해 보는 계기가 되었

《대야망》의 장면들

던 셈이다. 이 만화에는 가끔 실제 인물 최영의의 사진이 나오기도 했는데, 사진 속의 그는 장발은커녕 이마가 훤히 벗겨진 대머리여서 요즘 표현으로 좀 '깼던' 기억도 있다.

나중에 알게 된 바로는 '최영의'는 태권도의 명인이 전혀 아니었다. 오히려 일본 무술 가라테의 명인이었고, 가라테가 일본에서 대중화되고 국제화되는데 큰 역할을 한 인물이었으니 《대야망》의 태권도 민족주의자 최배달은 사실 순 '구라'였던 셈이다. 그걸 알게 된 건 이미 아동 만화의 시대를 훌쩍 건너 뛴 다음이었지만, 일말의 배신감이 드는 건 어쩔 수 없었다.

그로부터 한참 시간이 흘러 대학 입학시험에 합격하고 얼마 되지 않았을 때, 친구들 몇이 서울 살던 친구 집에 가게 됐다. 친구 어머니가 대학 입학 축하 턱 삼아 술상을 봐 주셨는데, 갑자기 초인종이 울렸다. 바로 옆집에 사는 아저씨였다. "서울대 학생들 얼굴 한 번 보려고 왔지요." 그의 손에는

주전자가 들려 있었고 그 안에는 소주가 들어 있었다. 특이하게도 소주에는 얇게 썬 오이가 담겨 있었다. 이른바 오이 소주였다.

그 아저씨는 우리들에게 술 한 잔씩을 따라 주었고, 한동안 술자리를 함께 하며 놀아주었다. 그가 고우영이었다. 그는 우리와 술을 마시다가 종이와 사인펜을 집더니 그림 하나를 그려 보여주었다. 아래로 직선을 긋고 마치 3자처럼 보이는 선을 그었다. 그러니까 영어의 B와 유사한데 내리 긋는 선이 위 아래로 길게 뻗은 모양새였다. 이 그림을 놓더니 우리에게 물었다. "할리우드에서 히프 사이즈가 가장 컸던 배우가 누군지 알아?" 내가 말했다. **"마릴린 먼로**Marilyn Monroe?" "맞았어. 이 그림은 마릴린 먼로가 방에 들어가는 걸 위에서 본 모습이지." 그러더니 또 한 번 물었다. "그럼 가슴 사이즈가 가장 컸던 여배우는 누군지 알아?" 이번엔 나도 몰랐다. 아무도 대답이 없자 그는 **"제인 맨스필드**Jayne Mansfield라는 배우였지. 이 그림은 제인 맨스필드가 방에서 나오는 모습을 위에서 본 것이기도 하지." 제인 맨스필드는 처음 듣는 이름이었다.

이 썰렁한 유머를 남기고 술을 몇 잔 더한 후 그는 돌아갔다. 어린 시절부터 애독해 온 만화가를 실물로 만났다는 감동은 한동안 나를 흥분시켰다. 이후 평론가가 되어 만화인들과 교류할 때 '만화의 날' 행사 등에서 그를 본적이 있지만, 친밀하게 대화를 나눌 기회는 없었다. 언젠가 한번 길게 인터뷰를 하면서 그 옛날 '제인 맨스필드'를 알게 해주신 데 대해 감사를 표해야겠다고 생각했는데, 그럴 기회를 가지지 못한 채 2005년 그가 너무 일찍 세상을 떠나고 말았다. 아쉬운 일이다.

TV 훔쳐보기

TV와 나

어린 시절 영화와 TV는 꿈의 세계였다. 나는 기회가 있을 때마다 그것들을 게걸스레 탐하곤 했다. 하지만 그런 기회가 내 욕망만큼 자주 주어지지는 않았다. 영화를 보려면 돈이 필요했지만 내겐 돈이 없었고 우리집엔 TV가 없었다. 우리집에 TV가 생긴 건 73년 무렵, 내가 중학교 2학년이 되어서다. 그전까지 나는 TV를 보기 위해 이웃과 친구 집을 전전해야 했다.

지금 기억에 남아 있는 한, 내가 TV라는 물건을 처음 본 것은 국민학교 저학년이던 60년대 후반 언제쯤이다. 우리집에는 TV가 없었지만 우리집에 세 들어 살던 문간방의 신혼부부 집에는 TV가 있었다. 나는 매일 저녁 동생 손을 잡고 그 신혼부부 방으로 TV를 보러가곤 했다. 신혼부부 입장에서야 저녁마다 TV를 보러오는 꼬마들이 반가울 리 없었겠지만 늘 우리를 위해 방 한쪽에 자리를 내 주었다. 세 들어 사는 처지에 주인 집 아들을 내치기가 쉽지 않았을 것이다. 어렸다고는 해도 빨리 나가주기를 바라는 신혼부부의 눈초리를 못 느낄 정도는 아니었지만 내 염치는 TV의 즐거움을 포기할 만큼 크지 못했다. 그런 몰염치 때문에 어머니께 야단도 많이 맞았지만 즐거운 볼거리를 향한 나의 욕망은 틈만 나면 그 문간방 문을 두드리게 만들곤 했다. 나 때문은 아니었겠지만 문간방 부부는 오래지 않아 이사를 가버렸고 나는 TV를 보기 위해 좀 더 먼 거리를 다녀야 했다.

1969년 아폴로 11호의 우주인들이 달에 착륙하는 장면이 전 세계로 중계되었을 때, 어머니와 함께 집에서 꽤나 멀리 떨어져 있던 같은 반 여자아이의 집까지 찾아 가서 그 역사적인 장면을 보았던 기억이 있다. 그 무렵 시골 소년의 사고방식으로 남자 아이가 여자 아이의 집에 놀러 간다는 건 있을 수 없는 사건이자 스캔들이고, 혹시라도 친구들 사이에 알려지면 '정치 생명'이 위협받을 수도 있는 일이었다. 하지만, TV라는 신기한 물건을 구경한다는 것은 그런 스캔들마저도 감수할 수 있을 만큼 강한 유혹이었다. 당시 나를 감동 시켰던 것은 인간이 달나라를 걸어 다닌다는 사실이 아니라 조그만 화면으로 그 멀리서 벌어지는 일을 안방에서 볼 수 있게 해주는 'TV'라는 물건 자체였다.

그 뒤 우리집 근처에도 TV를 가진 집이 생겼고 내 발길은 주로 그 집을 향하게 되었다. 그 집 아이는 같은 학교를 다니던 친구였지만, 그리 친한 사이도 아니었던 데다 성질도 고약해서 늘 TV를 권력의 수단으로 삼곤 했다. 김일 선수의 프로 레슬링 경기 같은 국민적 이벤트가 열리고 동네 아이들이 TV를 보기 위해 그 집에 모일 때면 그 친구는 자신과 친한 정도에 따라 TV 보는 자리를 정해주었다. TV가 놓여 있던 안방은 당연히 그 집 식구들의 차지였고 특별한 경우, 주인집 아이의 비위를 잘 맞춘 한두 명이 들어가 윗목에 자리 잡을 수 있었다.

비교적 주인집 아이와 가까운 아이들이 마루를 차지했고, 그렇지 못한 아이들은 마당에 서서 보아야 했다. 나는 거의 대부분 마당차지를 벗어나지 못했다. 대단히 자존심 상하는 일이었지만, 내 자존심 역시 TV라는 매력 덩어리를 포기할 만큼 크지 못했다. 마당이건 어디서건 〈우주소년 아톰〉 같은 만화영화, 박노식이 나오는 〈실화극장〉이나 김일의 프로 레슬링을 볼 수 있다는 것만으로 나는 행복했다. 어쩌다 그 집 아이와 말다툼이라도 하는 날이면 마당에 들어설 권리조차도 박탈당했고, 그럴 때면 그 집이 내려다보이는 언덕배기에 올라가 그저 먼발치에서 희뿌옇게만 보이는 TV 화면을 바라보는 것으로 만족해야 했다.

중학교 2학년쯤에 우리집에 TV가 생기면서 비로소 잃어버린 자존심을 추스를 수 있었지만, 이미 그때부터는 고입에서 대입으로 이어지는 수험생의 신분이 되어 어쩔 수 없이 TV와 멀어지기를 강요받기 시작한 시기였다. 이때부터 'TV 그만 보고 가서 공부해라'는 소리를 거의 매일 들어야 했다.

국내 최초의 흑백 텔레비전

그렇기는 해도 TV는 여전히 신나는 물건이었다. 나는 어머니의 눈치를 살피면서 가능한 한 오래 TV 앞에 붙어 있으려 했고, 특히 〈명화극장〉 같은 영화 프로그램이나 외화 시리즈물들은 온갖 구박 속에서도 반드시 찾아보곤 했다. 부모님들이 코를 골며 주무시는 동안에도 끝까지 앉아 영화가 끝난 다음에야 안방을 나서곤 했다.

그렇다고 해서 TV를 보지 못하면 심각한 정서적 불안을 느낀다든가 하는 것은 아니었다. 나는 분명히 TV를 좋아하고 밝히기는 했지만, 그래도 TV보다는 친구들과 노는 것을 더 좋아했다. 또 TV를 좋아하는 만큼 책 읽는 것도 좋아했고, 무엇보다 부모님의 규제를 거부할 용기도 의사도 없었다. 어머니는 나의 TV시청을 적당히 허용해 주시는 편이었고, 나를 TV 앞에서 몰아내고자 하실 때는 나만 내쫓기보다는 아예 TV를 끄고 당신도 책을 읽거나 다른 일을 하는 방식을 취하셨다.

대학에 들어가 기숙사 생활을 하고 자취생활을 하면서 나는 자연히 TV와 멀어질 수밖에 없었다. 그런데 고등학교 시절까지 그토록 아쉽고 보고 싶던, 그래서 대학에 들어가기만 하면 실컷 맘대로 보리라던 TV가 막상 대학생이 되고 나니 그다지 보고 싶지도 않고 또 재미도 없다는 사실은 놀라운 일이었다. TV가 아니더라도 신기한 일은 많았고 또 할 일도 많았다. 이것저것 새로운 세계를 배우고 생각이 많아질수록 TV는 내게 거짓과 위선으로 가득한 허구의 세계로만 느껴졌다.

내가 다시 TV에 깊은 관심을 기울이게 된 것은 대학을 졸업하고 대학원에서 매스미디어와 대중문화를 공부하기 시작하면서 부터였다. 컬러 시대가 개막한 그 즈음 한 후배가 내 자취방에 가져다 준 흑백 TV를 보며 다시 TV의 세계를 섭렵하기 시작했지만, 이미 그때의 나는 어린 시절 호기심을 빛내며 염치도 자존심도 없이 친구 집을 찾아다니던 때와는 다른 사람이었다.

어른이 되어 TV를 보고 싶은 욕구를 정말 강렬하게 느꼈던 것은 군대에서였다. 처음 한 달간 우리는 외부로부터 완벽히 차단된 채 훈련을 받았다. 바깥세상에서 무슨 일이 벌어지고 있는지 아무 것도 알지 못한 채 한 달이 지났을 때, 비를 맞으며 훈련장에 앉아있던 우리에게 교관이 말했다. "바깥세상이 궁금하지? 내가 소식을 전해주지." 그가 처음으로 전해준 외부 소식은, 〈형사 콜롬보〉의 성우 최응찬이 죽었다는 것이었다.

그 이야기를 들었을 때 갑자기 울컥하며 눈물이 솟구쳤다. 내가 〈형사 콜롬보〉의 팬이었고 콜롬보를 연기한 최응찬의 목소리를 좋아하기는 했지만 그 순간 울컥 솟아오른 눈물이 비단 최응찬의 죽음 때문만은 아니었다. 그때 비로소 마치 오랫동안 잊고 있던 친구처럼 TV가 기억났기 때문이다. 그 순간 TV가 못 견디게 보고 싶었다.

가끔 TV에서 보여주는 옛 기록물의 낡은 흑백화면을 접할 때마다 자존심까지 묻어 두며 호기심에 빛나는 눈으로 이웃집을 기웃거리던 어린 시절을 떠올리곤 한다. 그 시절 그렇게 만났던 그 '새로운 세상'이 지금은 낡은 사진첩 마냥 빛바랜 추억으로 대접받고 있는 것이다.

지금 생각해보면 어린 시절 자존심의 상처를 안으며 호기심과 함께 시작된 나의 TV 체험은, TV를 알기 이전의 중요한 문화적 경험이었던 만화와 함께, 또 오랫동안 가까이 해 온 책과 함께, 나의 가장 중요한 지적 정서적 자원이 되었다. 지금도 영화나 드라마, 기타 다양한 세상살이에 관해 이런저런 이야기를 하거나 글을 쓰다가 보면 내 이야기가 기대고 있는 레퍼런스 가운데 상당부분이 바로 그 시절 TV와 만화 등을 통해 얻은 것들임을 깨닫곤 한다. 이를 테면 TV는 내게 사회와 문화, 예술과 인간에 대해 알게 하고 나름의 시각을 갖게 해준 중요한 스승이자 교과서였던 셈이다.

실화극장

우리집에 TV가 없던 시절, 그러니까 대략 국민학교부터 중학교 1학년이던 60년대 말에서 72년경까지 이웃과 친구 집을 전전하며 본 TV에서 내게 깊은 인상을 남긴 것 중 하나가 〈실화극장〉이란 반공 드라마다. 〈실화극장〉은 1964년부터 1985년까지 20년 넘게 방송되었다. 하지만 내 기억 속의 〈실화극장〉은 60년대 말에서 70년대 초에 이르는 시기의 경험으로 한정된다. 중학교를 거쳐 고등학교에 진학하는 70년대 중반 무렵에는 이미 이런 유의 반공 드라마가 더 이상 내 관심의 대상이 되지 않았기 때문이다.

〈실화극장〉은 요즘의 미니시리즈 정도 분량의 독립된 드라마들이 연속 방송되는 형식이었다. 내 기억에 남아 있는 건 〈돌무지〉, 〈조총련〉, 〈구룡반도〉, 〈제3지대〉, 〈G2작전〉, 〈야간비행〉 그리고 제목이 기억나지 않는 몇몇 에피소드다. 본 기억은 없지만 최초의 〈실화극장〉은 1964년 11월에 방송된 〈아바이 잘 가요〉김승호, 태현실 주연로 **'신금단 부녀 상봉사건'**을 다룬 드라마다. 〈구룡반도〉와 〈야간비행〉은 우리집 TV로 본 것이니 73년 이후 작품일 테고, 〈G2작전〉은 60년대 말에 방송된 것으로 기억한다.

〈G2작전〉이 특별히 기억에 남은 이유는 박노식이 주연으로 출연했기 때문이다. 박노식의 얼굴을 오직 영화로만 봤던 나는 친구 집 TV에서 우연히 〈G2작전〉을 보며 박노식이 등장하는 것에 깜짝 놀랐다. 영화 스크린에

나의 문화편력기

〈실화극장〉 예고 타이틀

서만 보던 배우가 TV에 출연한다는 게 생소했고 신기하게 느껴졌다. 박노식 뿐 아니라 최무룡, 남궁원, 김승호, 장동휘, 허장강, 문희, 윤정희 같은 당대의 최고 인기 배우들, 서영춘, 구봉서 같은 코미디 배우들도 〈실화극장〉을 비롯한 TV 프로그램들에 등장하고 있었다. 영화배우가 TV에 등장한다는 것은 TV만 있다면 영화관에서 느끼는 그 환상적인 경험이 언제든 가능하다는 얘기 아닌가. TV에 대한 나의 동경은 더욱 커질 수밖에 없었다.

〈구룡반도〉는 홍콩을 무대로 남한과 북한의 첩보원들, 현지의 교민들과 중국인들이 얽히고설키는 첩보물 형식의 반공 드라마였던 걸로 기억한다. '김성옥'이란 배우가 나왔는데, 많은 영화에서 조연급의 역할로 출연했지만 TV에서는 주연급으로 활동하고 있었다. 내겐 그것도 신기한 일이었다. 연극배우 손숙의 남편이기도 한 김성옥은 결코 미남이 아니었지만, 반항적이면서 진중한 느낌의 독특한 매력을 가지고 있었다. 내 기억으로는 〈구룡반도〉에 코미디언 서영춘도 나왔던 것 같다.

〈야간비행〉에서 기억나는 건, 이 드라마에서 '신구'와 '주현'이라는 두 배우를 처음 봤다는 것이다. 특히 신구는 '탁구'라는 이름의 등장인물로 나왔는데, 괴팍하면서도 조금은 코믹한 배역을 실감나게 연기해 화제가 됐다.

〈실화극장〉에서 간첩이나 공산당 같은 역은 주로 문오장, 김무생, 이치

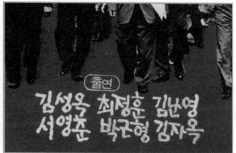

〈구룡반도〉 오프닝 타이틀   〈구룡반도〉 출연진

우 같은 배우들이 맡았다. 주로 악역 전문 배우였던 이들의 이미지는 잔인하고 흉악한 공산주의자에 대한 하나의 고정관념을 만들어주었다. 당대에는 전혀 알려지지 않았던 사실이지만, 〈실화극장〉의 대본을 도맡아 쓴 '김동현'은 중앙정보부의 직원이었다. 실제 중앙정보부는 이 드라마의 기획과 제작에 깊숙이 관여했고 제작비도 상당히 지원한 것으로 알려졌다. 당대 최고의 영화계 스타들이 이 드라마에 대거 출연했던 것도 이런 내막과 무관하지 않을 것이다.

이 무렵 나는 대개의 또래 소년들이 그렇듯 열혈 반공 소년이었다. 내가 누구 못지않은 반공 소년이었음을 증명하는 에피소드는 많다. 국민학교 저학년이던 언젠가는 정말 간첩처럼 생긴 사람을 신고하기 위해 몰래 쫓아가다가 놓쳐버린 일도 있다. 당시 우리 머릿속에서 간첩의 이미지는 고우영 같은 만화가들의 만화 속에 묘사된 인물들을 통해 형성된 것이었다. 툭 튀어나온 광대뼈에 깡마른 얼굴과 몸매, 날카로운 눈매, 거기에 메꼬 모자를 쓰고 어깨에는 특유의 갈색 가죽 가방을 메고 있는, 그런 인물 말이다.

〈연락부〉의 장면

〈제3지대〉의 장면

　학교서 돌아오는 길에 꼭 그렇게 생긴 사람을 본 것이다. 나는 함께 있던 친구에게 "저 사람 간첩 아닐까?"하고 물었고 그 친구 역시 "맞아. 그런 것 같아."라고 대답했다. 우리는 마치 영화에 나오는 형사들처럼 그 남자를 미행해 한참이나 따라갔다. 하지만 그 남자는 특별히 수상한 행동을 하지 않았고 어느 순간 터미널 근처에서 사라졌다. 우리는 재빨리 경찰에 신고부터 하지 않은 아둔함을 후회하면서 헤어졌다. 내 가슴은 대단한 모험이라도 한 듯 쿵쿵 뛰었지만 이 이야기를 아무에게도 하지 않았다. 혹시라도 "신고부터 했어야지, 바보야." 하는 소리를 들을까 두렵기도 했고, 어쩌면 그 사람이 간첩이 아닐지도 모른다는 생각이 들었던 때문이기도 했다.

　〈실화극장〉 같은 드라마를 재미있게 본 건 꼭 반공정신에 투철해서만은 아니다. 반공 드라마는 속성상 마치 007 시리즈와도 같은 첩보물과 액션물의 분위기를 가지고 있었기 때문이다. 지금 다시 그 시절의 반공 드라마를 본다면 아마 그 단순하면서도 도식적인 인물상이나 개연성 없는 스토리 때문에라도 10분 이상 보기 힘들겠지만, 어린 시절의 나에게는 모험과 액션이 가득한 환상의 세계였다.

　〈실화극장〉의 에피소드 중에는 영화로 만들어진 것들도
많았는데, 그 가운데 기억나는 게 〈제3지대〉1968란 영화다.
최무룡이 직접 감독하고 주연까지 맡은 이 영화를 나는 극
장에서 아마도 학교 단체 관람으로 보았다. 디테일이 기억나지는
않지만 몇 가지는 어렴풋하게 기억한다. 조총련이 된 형 박
노식 때문에 어머니가 죽게 되고 동생 최무룡이 어머니 복
수를 위해 조총련에 뛰어 들어가 수십 명의 조총련 악당과
결투를 벌인다. 이때 처음에는 누구편인지 아리송했던 일본
형사 오지명이 최무룡을 도우면서 '우리 편'이었음이 드러난
다. 말하자면 남한과 일본이 힘을 합쳐 북한을 이기는 스토
리였던 셈이다.

〈제3지대〉 포스터

　이 영화에서 내게 중요했던 건 반공정신이 아니라 형제들
간의 갈등과 어머니의 모정, 그리고 수십 명의 적들에 맞서
싸우는 사나이의 액션 같은 것이었다. 반공주의는 이 영화를
보기 전부터 이미 내 의식 속에 꽉 차 있었고, 이런 영화들로
인해 반공정신이 더욱 더 투철해지지는 않았다.

〈속 제3지대 흑점〉 포스터

김일의 프로 레슬링

그 시절 프로 레슬러 김일은 가히 국민적 영웅이었다. 김일의 시합이 중계되는 날이면 동네 사람들이 TV 있는 집에 모여들어 함께 구경했다. 프로레슬링은 TV에만 있는 게 아니었다. 어린이 잡지에는 이빨을 줄로 갈아 무기로 쓴다는 '브러쉬', 백 드롭의 달인이며 사상 최고의 레슬러라는 '루 테즈' 등 세계적인 프로 레슬러들에 관한 화보와 소개가 실려 있었고, 《타이거 마스크》 같은 만화 그리고 물론 만화영화도 있었다.

그 시절은 프로 레슬링이 꽤 인기 있던 시절이라 시합도 자주 열렸고, 여기저기 레슬링을 가르치는 도장도 있었다. 거리엔 자주 레슬링 대회를 알리는 포스터가 붙어 있었는데, 참가 선수 중 가장 유명한 두 선수가 팔짱을 낀채 서 있는 사진이 가운데 있고 주위에는 비교적 덜 유명한 선수들의 얼굴이 들어 있었다. 당시 포스터에는 김일 외에도, 천규덕, 박송남, 장영철, 여건부, 홍무웅, 우기하 그 외 이름을 기억할 수 없는 많은 선수들이 있었다.

내가 살던 춘천에도 레슬링 경기가 자주 열렸다. 국민학교 3, 4학년 무렵 어느 날 아버지가 나와 동생을 데리고 춘천 실내체육관에서 열린 국제 프로 레슬링 경기에 데려갔던 적이 있다. 신나게 아버지를 따라 체육관에 갔지만, 거기서 실제로 본 건 반칙이 난무하고 피가 튀는 잔인한 싸움이었다. 선수들은 조그만 쇠꼬챙이로 이마를 찌르기도 하고 양동이로 머리를 때리고 끈으로 목을 조르기도 했다. 한 외국인 선수는 얼굴이 피범벅이 된 채 울부짖었다. 그것조차도 다 약속된 경기의 일부라는 걸 나중에 알게 됐지만, 적어도 그 순간 내게는 정말 눈뜨고 볼 수 없는 무서운 싸움의 현장이었다.

내가 눈을 돌리고 외면하면서 힘들어 하자 아버지는, "사내자식이 그렇게 겁이 많아서 무엇에 쓰냐..."며 혀를 차시더니 중간에 우리를 데리고 나왔다. 아버지는 내가 사내답게 와일드한 성격이 아니란 걸 늘 아쉬워했다. 프로 레슬링 경기에 데려가신 것도 좀 더 사내답게 변하길 바라셨던 때문이 아닐까 싶다.

라이브로 보는 레슬링은 잔인해서 볼 수 없었지만, 화면을 통해 보는 레슬링은 늘 신났다. TV에서 프로 레슬링 경기가 있으면 친구들 집을 찾아다니면서라도 꼭 보고 싶었다. 김일의 레슬링 경기를 모은 다큐멘터리 영화도 있었다.●

내 기억 속에 남아 있는 영화로는 〈극동 챔피언 김일〉, 〈월드리그의 호랑이〉, 〈역도산의 후계자 김일〉 같은 것들이 있다. 그런 영화에는 김일의 다양한 경기 장면은 물론이고 음식점을 찾아 식사를 하고 주인에게 사인을 해주는 일상의 모습도 담겨 있었다. 기록 영화 속에서 김일은 자주 자이언트 바바나 안토니오 이노키 같은 일본 레슬러들과 한 팀을 이루어 서양의 레슬러들과 태그 매치를 벌였다. 이런 장면은 내게 묘한 느낌을 주었다. 김일이 일본 선수와 한 편이라니, 김일은 우리 편이고 일본 선수들은 적이어야 하는 거 아닌가? 김일과 바바, 이노키가 역도산 문하에서 한 솥밥을 먹은 동료이며, 김일이 오랫동안 '오오끼 긴타로'란 이름으로 일본에서 선수 생활을 했다는 걸 알기 전 얘기다.

●
당시 스포츠 경기를 담은 기록 영화가 극장 상영되는 경우가 꽤 있었다. 프로 레슬러 역도산, 권투 선수 김기수, 허버트 강, 농구 선수 박신자의 영화도 있었고 월드컵 기록 영화도 인기가 있었다. 나는 다른 종목 기록 영화는 별 관심이 없었고 오직 김일의 기록 영화만 찾아 봤다.

김일은 모든 경기를 박치기로 끝냈다. 궁지에 몰리던 김일이 박치기 한 방으로 적을 쓰러뜨리는 장면은 통쾌했다. 하지만 김일이 한쪽 발을 들며 박치기 자세를 취하는 동안 상대방이 피하지 않고 빤히 보면서 기다리는 건 영 이상했다. 몸을 빼고 고개만 돌리면 피할 수 있을 것 같은데 왜 가만히 있는 거지? 물론 그런 의문이 박치기 장면의 통쾌함을 상쇄시키지는 못했다.

　　70년대 중반 어느 날인가, 김일과 이노키의 대결이 TV를 통해 중계되었다. 김일은 경기가 시작하자마자 박치기를 했고, 잠시 도망 다니던 이노키가 주먹으로 김일의 이마를 때리기 시작했다. 김일이 넉사자 굳히기로 팔을 꺾자 이노키가 김일의 몸을 통째로 들어 로프로 끌고 가 결국 풀려나던 장면도 있었다. 이 경기는 두 사람의 다리가 꼬인 채 풀어지지 않아 무승부로 끝났는데, 그때 김일의 이마는 완전히 피범벅이 되어 있었다. 내가 본 김일의 마지막 경기였다. 김일의 프로 레슬링이 더 이상 박진감 넘치지도 재미있지도 않다는 걸 처음으로 느낀 순간이기도 했다. 김일은 얼마 안 가 은퇴했고 프로 레슬링의 인기도 곧 시들해졌다.

김일의 경기 모습

김일(좌)과 바바, 이노키(우)

그로부터 얼마 후인 76년 무하마드 알리와 안토니오 이노키의 이른바 '세기의 대결'이 열렸다. 프로 복서와 프로 레슬러의 대결은 전 세계적인 관심을 모았고, 우리도 친구들과 함께 TV 앞에 모여 앉았다. 경기 전에는 도대체 이 놀라운 대결의 승자가 누가 될 것인지 논쟁이 벌어질 만큼 흥미진진했지만, 막상 경기는 지루하기 짝이 없는 졸전이었다. 이노키는 링 바닥에 누워 발로 알리의 무릎을 차려고만 했고 알리는 빙빙 돌면서 끝없이 떠벌이는 게 전부였다.

이건 누가 봐도 스포츠 대결이 아니라 명백한 쇼, 그것도 지지리 재미없는 쇼에 불과했다. 이 경기를 끝으로 나는 사나이들의 놀라운 힘과 절묘한 기술이 보여주는 환상적인 몸의 축제, 프로 레슬링에 열광하던 어린 시절과 확실히 작별을 고했다.

프로 레슬링과 관련해 한 가지 더 기억나는 게 있다. 장영철이 "프로 레슬링은 쇼"라고 폭로했다는 사건●은 프로 레슬링의 역사에서 자주 언급되는 중요한 사건이다. 1965년 한일 프로 레슬링 시합에서 생긴 소동으로 파생한 이 사건을 당시 국민학교도 들어가기 전인 내가 알 수는 없었다. 나는 그로부터 몇 년 후 《선데이 서울》어쩌면 다른 주간지였는지도 모르겠다.에 실린 기사아마도 장영철의 인터뷰 기사가 아니었나 싶다.를 통해 이 사건을 알게 됐다. 당시

●
실제 장영철은 그런 말을 한 적이 없는 것으로 알려졌다. 하지만 당시의 언론 보도는 장 씨의 발언을 기정사실화 했고, 이후 그는 김일로 대표되던 한국 프로 레슬링 계와 등을 져야 했다고 한다.

기사에는 이 사건이 '김일과 장영철의 헤게모니 싸움'에서 비롯된 것이라는 해설이 있었다. 이 기사를 분명히 기억하는 건 여기서 '헤게모니'란 단어를 처음 보았기 때문이다. 물론 이 단어의 뜻을 정확히 알 수는 없었다. 한참 세월이 흘러 대학원에서 문화이론을 공부할 때 '헤게모니'란 단어를 접하며 이 기사가 떠올라 혼자 웃음 짓던 기억이 난다.

만담의 시대

내 기억 속에 가장 오래된 코미디의 기억은 아주 어릴 적 춘천의 한 극장에서 열린 극장 쇼의 한 장면이다. 그곳에 코미디언 서영춘이 있었다. 물론 내용은 기억에 없다. 내 기억 속에 남아 있는 단 한 컷은 서영춘이 어느 순간 아마도 애드리브로 내뱉은 대사 한 마디다. "기분으로 샥!아니면 샷! 이었는지도 모르겠다."

당시 극장 쇼는 대중문화의 중요한 부분이었다. 가수와 배우, 코미디언, 무용수들이 팀을 이루어 전국을 돌아다니며 극장 쇼 순회공연을 했다. 거리에는 극장 쇼를 알리는 포스터들이 흔하게 나붙었다. 포스터에는 스타급 연예인들은 사진과 이름이 크게 그려져 있고, 덜 유명한 연예인은 그 크기가 작았다. 악극단의 전통을 이어받은 극장 쇼는 대중이 좋아하는 연예인들을 직접 보고 즐길 수 있는 아마도 유일한 기회이기도 했다. 영화 상영 중간에 쇼를 보여주기도 했다. "쇼도 보고 영화도 보고" 하는 저 유명한 문구가 그래서 등장했다. 극장 쇼에는 그 이후 더 가본 기억이 없다. 하지만 내게는 코미디를 접할 수 있는 다른 미디어처음엔 라디오 그리고 TV가 있었다.

라디오를 듣다보면 만담이란 게 나왔다. **장소팔**과 **고춘자** 혹은 김영운과 고춘자로 대표되는 그 시절 만담은 서민들에게 최고의 코미디를 선사했다. 서양식 스탠딩 코미디와 흡사한 만담은 두 사람이 속사포처럼 대화를 주고받으면서 갖은 말장난과 우스개로 관중을 웃겼다. 요즘 코미디언을 개그맨

이라 부르지만 원래 개그의 원조는 이들 만담가들이라 할
수 있다. 만담을 담은 레코드판도 적지 않았다. 우리집에도
서영춘과 **백금녀**, 장소팔과 고춘자의 만담 앨범이 있었다.

만담은 당시 어른들이 오랫동안 즐기던 코미디라 그
런지 어려운 단어들도 많이 나왔고, 이해하지 못해서 웃
을 수 없었던 부분도 꽤 있었다. 그 시절 장소팔, 고춘자
의 만담 앨범에서 기억나는 부분이 있다.

장소팔과 고춘자의 만담 앨범

서영춘과 백금녀의 만담 앨범

고 : 그동안 어떻게 지내셨어요?

장 : 변변치 않게 치질에 걸렸지 뭐요.

고 : 아이고, 저걸 어째. 불편해서 혼나셨겠어요?

장 : 뭘, 그냥 밥 먹을 때만 좀 불편했지 괜찮았어요.

고 : 아니, 치질이면 길 가실 때 불편하지 왜 밥 먹을
　　때 불편해요?

장 : 이 사람, 무식하긴... 이 치(齒)자 치질이니 이가 아
　　파 밥을 못 먹었던 말이요.

고 : 나 참, 이 아픈 건 치통이라 하지 누가 치질이라고 해요.

장 : 허어, 아니 눈 아픈 걸 안질(眼疾)이라고 하지 안통이라고 하는 사
　　람 봤소?

이 부분을 기억하는 건 이 만담에서 '안질'과 '치질', '치통'과 '안통'이란
말을 처음 들었기 때문이다. 나로선 이 대화가 무슨 뜻인지, 왜 이게 웃기는

서영춘과 백금녀의 만담 앨범

만담인지 이해할 수 없었다. 조금 시간이 지나 이게 한자어를 이용한 말장난이란 걸 알게 됐다. 이 만담의 내용을 이해하려 애쓰는 동안 아플 통痛자와 병을 뜻하는 질疾자를 알게 됐다. 생각해 보면 이런 만담 한 편도 가르침을 주는 스승이었던 셈이다.

장소팔, 고춘자의 만담은 코미디언 시대 서영춘, 백금녀 콤비의 만담으로 이어졌다. 비쩍 마른 서영춘과 뚱뚱한 백금녀 콤비는 60년대 최고의 인기 코미디언 듀오다. 서영춘, 백금녀 콤비는 여러 장의 만담 앨범을 냈는데, 그 가운데 〈가갈갈골골 청춘〉이라는 제목의 앨범이 우리집에 있었다. 저 유명한 '인천 앞바다에 사이다가 떠도 고뿌 없으면 못 마십니다' 하는 노래最초의 랩송이라 해도 손색이 없다.는 이 앨범에 들어있지 않았다.

〈똘똘이의 모험〉1968 포스터

기억나는 대목. 서영춘이 백금녀에게 요즘 어떻게 지내시냐고 묻자 '책을 읽는다'고 대답한다. 그러자 서영춘이 "무슨 책을 읽으시나요? 〈똘똘이의 모험〉? 아니면 〈복남이의 일생〉?" 한다. 여기서 〈똘똘이의 모험〉이란 제목을 처음 들었다.

〈똘똘이의 모험〉은 해방 직후 라디오에서 방송된 첫 어린이 연속극이다. 복남이도 이 드라마에 등장하는 똘똘이의 친구다. 이 음반이 60년대 중반에 나온 것이니 당시 이를 들을 만한 나이의 어른들 중에는 〈똘똘이의 모험〉을 알고 있는 사람이 많았을 게다. 〈똘똘이의 모험〉은 60년대에 영화로도 나왔고 나중에 '똘이장군'이라는 후계자도 낳은 반공 드라마다.

이런 대목도 기억난다. 서영춘, 백금녀 두 사람이 '로미오와 줄리엣'을 소재로 연극을 하는 장면이다.

서영춘 : 로미오와 줄리엣 두 사람이 사랑을 했는데 줄리엣의 아버
　　　　지가 반대를 했어요.
백금녀 : 줄리엣의 아버지는 왜 반대를 했나요?
서영춘 : 에... 그 당시 줄리엣의 아버지가 청춘남녀연애센터 반대위
　　　　원회 회장이었어요.

서영춘 특유의 '막 던지는' 개그의 전형이다. 지금 들으면 유치하기 짝이 없지만 나를 포함한 당시의 대중은 바로 이런 대목에서 배꼽을 잡으며 웃곤 했다. 40년도 더 지난 레코드 만담의 한 대목을 지금도 줄줄 외울 만큼 그 시절 만담들이 준 재미는 대단한 것이었다. 나 뿐 아니라 당대를 살았던 세대가 대체로 그랬을 것이다.

웃음의 코드는 시대에 따라 변하기 마련이다. 예전의 코미디나 영화를 보면, 지금 시선에서 도무지 이해하기 힘들만큼 유치하거나 상식적이지 않은 장면들을 만나게 된다. 그 시절 이런 장면을 보고 웃고 감동하던 사람들은 그만큼 무식했기 때문일까? 그렇진 않을 것이다. 어느 시대나 당대의 대중이 공유하는 일정한 문화적 코드가 있기 마련이고, 이는 당연히 당대의 대중문화가 반복적으로 드러냈던 관습의 산물이다. 그리고 그런 관습은 자연스럽게 당대 대중이 가진 삶의 문법을 어떤 식으로든 반영하게 마련이다.

웃으면 복이 와요와 TV 코미디

어린 시절 가장 좋아한 건 코미디다. 그 중 최고는 MBC의 〈웃으면 복이 와요〉였다. 1969년 8월 14일 첫 방영된 〈웃으면 복이 와요〉는 1985년까지 방송되었고, 이후 폐지와 부활을 몇 번 반복하다 결국 사라졌지만, 〈개그콘서트〉가 등장하기 전까지 한국 TV 코미디의 대명사격이었던 프로그램이다. 이 프로그램이 시작할 때마다 나오던 오프닝 씬에서는 연미복을 입고 실크 햇을 쓴 구봉서와 배삼룡, 이기동 등이 무용단과 함께 나와 탭댄스를 추었다. "뚜루루뚜루루 뚜루루뚜루루..." 하는 구음으로 진행되는 이 오프닝은 이제부터 모든 근심 걱정을 내려 놓고 마음껏 즐길 수 있는 지상 최대의 즐거움이 시작된다는 설렘을 주기에 충분했다.

당시에는 탤런트나 코미디언도 방송사별로 전속되어 있었다. MBC에는 구봉서와 배삼룡, 이기동, 이대성, 이순주 그리고 좀 지나서 배일집, 배연정 같은 코미디언들이 주로 나왔고, TBC에는 서영춘, 서영수 형제와 임희춘 등이 나왔던 걸로 기억한다. 물론 수시로 전속을 옮기며 출연한 코미디언도 많았다. 서영춘이 MBC에 나온 적도 있고, 배일집 배연정이 TBC에 나왔던 기억도 있다. 그래도 대체로 코미디언들의 기량과 수에서 MBC의 우세가 압도적이었고, 그 간판 프로그램이 〈웃으면 복이 와요〉였다.

〈웃으면 복이 와요〉는 전형적인 촌극 형식의 코미디다. 과거 악극단 시절 막간을 이용해 희극 배우들이 보여주던 것과 같은 짤막한 촌극들 여러 개를 이어붙인 포맷이다. 반면 TBC의 경우는 희극적인 드라마를 보여주는 〈코미디 극장〉 같은 프로그램이 주를 이루었던 걸로 기억한다. 어느 프로그램이었는지 정확히 기억나진 않지만 요즘도 많은 사람들이 알고 있는 '김수한무거북이와두루미삼천갑자동방삭치치카포사리사리센타...' 같은 코미디를 보며 배를 잡곤 했다.

그 시절 가장 좋아한 코미디언은 배삼룡이었다. 멀끔하게 잘생긴 구봉서에 비해 그는 외모부터 궁상스럽고 서민적이었다. '한국 근대사의 아픔을 그대로 담고 있는 얼굴'이라는 수식이 따라다니곤 했다. 구봉서와 배삼룡이 함께 나오면 으레 구봉서가 주인, 배삼룡이 하인이었다. 순진하고 서민적인 이미지의 배삼룡은 남에게 속으면 속았지 절대로 남을 속일 사람으로 보이지는 않았다.실제 그는 사업과 관련해 여러 번 사기를 당하며 실패를 거듭해 말년을 매우 어렵게 산 것으로 알려졌다. 어느 날 TV에 출연한 배삼룡이 자신은 강원도 사람이며 춘천에서 학교를 다녔다는 얘기를 했을 때 그에 대한 호감은 더욱 상승했다. 배삼룡과 내가 뭔가 보이지 않는 끈으로 연결되어 있는 듯 친숙한 느낌이 들었다.

배삼룡의 인기가 하늘을 찌를 때 TBC가 그를 데려가기 위해 백지수표를 제시했다는 소문도 돌았고, 실제 양 방송사에서 배삼룡을 두고 패싸움을 벌

〈웃으면 복이 와요〉의 장면. 구봉서(좌)와 서영춘, 배삼룡(우)

〈웃으면 복이 와요〉 오프닝 타이틀

이기도 했다. 이런 소동을 겪은 후 배삼룡은 결국 MBC에 남게 된다. 항간에는 박정희 대통령이 〈웃으면 복이 와요〉를 보다가 "요새 배삼룡이는 왜 안 나오나?"며 한 마디 했고, 결국 배삼룡이 MBC에 남게 되었다는 얘기가 떠돌았다. 그런 일이 실제 있었는지는 알 수 없지만 대통령이 아무렇지 않게 툭 던지는 한 마디도 절대적인 지상 명령이 되던 시대였으니 그런 소문도 나왔을 것이다.

배삼룡과 함께 좋아했던 코미디언은 이기동이다. 땅딸막한 키에 통통한 몸매를 가진 그는 '땅딸이'라는 별명으로 통했다. 그는 특유의 으쓱거리는 몸짓으로 '말발타 살발타'하며 엉터리 주문을 외우기도 하고, '쿵다라락딱 삐약삐약, 닭다리잡고 삐약삐약'하며 춤을 추기도 하다, 특유의 어조로 "아, 어디론가 멀리 가고 싶구나", "아, 괴롭고 싶구나"며 중얼거리곤 했다. 이기동과 배삼룡은 천부적인 코미디언처럼 보였다. 타고 난 외모와 어투만으로도 사람들을 웃음 짓게 만드는 사람이라면 천부적인 코미디언이 아니겠는가. 그 두 사람이 똑같이 '사와'라는 이름의 요구르트 비슷한 음료를 만드는 사업에 뛰어들었다 실패한 것도 묘한 일이다.

이기동은 사와 사업을 부도낸 후 부패경제인으로 몰려 삼청교육대에서 고초를 겪었고, 끝내 그 후유증에서 벗어나지 못한 채 사망했다고 알려졌다.

또 잊을 수 없는 코미디언은 서영춘이다. 어린 시절 만담 앨범으로 친숙했던 서영춘은 주로 TBC에서 활동했는데, 특유의 비음과 즉흥적으로 갖다 붙이는 대사와 애드리브, 몸을 사리지 않는 슬랩스틱으로 큰 인기를 끌었다.

이 시절의 코미디는 전형적인 슬랩 스틱 코미디였다. 배삼룡은 툭하면 뭔가에 부딪히고 걸려 넘어졌고, 서영춘은 저러다 크게 다치지나 않을까 조바심 날 정도로 몸을 사리지 않고 넘어지고 자빠지는 연기를 보여주었다. 당시 이런 유의 코미디를 두고 저질 시비가 곧잘 일었지만, 달리 웃을 일이 많지 않

권귀옥과 이기동

았던 나에게 그들의 넘어지고 자빠지는 몸짓은 그것만으로도 충분히 재미있었다. 지금 생각해 보면 배삼룡의 비실거리는 몸짓, 이기동의 땅딸막한 몸매, 서영춘의 자빠지는 연기를 보고 웃었던 우리의 마음속에는 나보다 못한 자를 보고 느끼는 비웃음의 쾌감이 있었던 것 같다. 못난 자를 보며 느끼는 쾌감은 동서고금을 막론하고 코미디의 가장 본질적인 요소 가운데 하나다.

70년대 초에는 스스로를 코미디언이 아니라 개그맨이라 부르는 일군의 젊은 코미디언들이 등장했다. 전유성, 고영수, 송영길, 이상룡 같은 사람들이었는데, 이들은 대부분 대학생이거나 대학생 또래의 젊은 세대였고, 이들의 코미디는 구봉서, 배삼룡 식의 코미디와는 좀 달랐다. 그들의 코미디는 몸을 쓰기보다는 말을 통해 웃음을 만들어냈다.

그 중 기억나는 사람이 박성원이라는 개그맨이다. 그는 특히 혼자 하는 스탠딩 개그에 능한 사람이었는데, 스스로 '날으는 삼겹살'이라 부르고, 꽃돼지란 별명으로 불릴 만큼 뚱뚱한 체형의 귀엽게 생긴 청년이었다. 그는 한

〈웃으면 복이 와요〉 400회 특집

동안 큰 인기를 끌었는데, 당시 유명 DJ 이자 연예계 큰 손이었던 이종환과 연루된 폭행사건으로 피해를 입었고, 얼마 안 있어 스스로 목숨을 끊었다. 내 기억 속에서 잘 나가던 연예인이 자살한 경우는 그것이 처음이다. 다른 사람도 아니고 남에게 웃음을 주는 코미디언이 스스로 목숨을 끊은 이 사건은 큰 충격으로 다가왔다. 한동안 중학교 교실은 그의 죽음에 대한 이런저런 풍문들로 떠들썩했다. 연예인 스타 한 사람 한 사람에 대한 관심이야 늘 있던 거지만 이른바 '연예계'라고 하는 동네의 관행과 문화에 대한 관심은 이런 사건들을 통해 더욱 부풀려졌다. 이와 관련해 중고딩 사이에서 오고가는 정보들의 주요한 소스는 당연히 《선데이 서울》 같은 주간지들이었다.

개그맨이라 불린 젊은 코미디언들은 통기타 가수 같은 청년 세대 스타들과 한 묶음으로 거론되곤 했다. 개그맨들은 〈웃으면 복이 와요〉 같은 정통 코미디 프로그램보다는 통기타 가수들이 출연하는 음악 프로그램에 출연하는 경우가 많았다. 74년 동아일보의 김병익 기자가 쓴 〈청년문화의 기수들〉이라는 기사에는 김민기, 양희은, 이장희 등과 함께 이상룡을 거론하고 있었다. 당시 개그맨들의 코미디가 배삼룡, 서영춘 같은 악극단 세대의 슬랩스틱보다 특별히 더 재미있다고 느끼진 않았지만, 그들이 가진 웃음 코드가 선배 세대와 좀 다른 건 분명히 알 수 있었다.

〈쇼쇼쇼〉 500회 특집

　〈웃으면 복이 와요〉의 촌극식 혹은 슬랩스틱 코미디와도 다르고, 개그맨 세대의 말장난 코미디와도 다른 코미디를 구사하는 사람들도 있었다. 쓰리 보이신선삼, 남보원, 백남봉 등 성대모사 같은 개인기로 무장한 원맨쇼 스타들이다. 입으로 헬리콥터나 색소폰 소리를 내고 다른 가수들 흉내를 내고, 팔도 사투리를 능청맞게 구사하는 그들의 원맨쇼는 콩트식 코미디나 만담, 개그와는 다른 웃음을 선사하며 큰 인기를 끌었다. 라디오나 TV에 이들이 등장하면 하던 일을 멈추고 귀를 기울여 듣곤 했다. 코미디 프로그램에는 잘 나오지 않고 주로 〈쇼쇼쇼〉 같은 프로그램의 사회자로 활약했던 후라이보이 곽규석도 원맨쇼에 능했던 사람이다. 그는 등장할 때마다 '안녕하십니까, 안녕하십니까, 후라이보이 곽규석입니다.' 하며 자기소개를 했는데 가끔 팬터마임이나 성대모사, 영어를 섞은 원맨쇼를 보여주었다.

1977년에는 정부의 지시로 TV에서 코미디 프로그램이 일제히 사라지는 일이 있었다. 정부가 나서서 저질 코미디를 단속한다며 방송사 코미디 프로그램을 아예 없애버린 것이다. 지금 생각하면 어떻게 이런 일이 가능할까 싶지만, 당시는 그런 시대였다. 고등학생이었던 나는 아마 방송사 프로그램 편성도 정부가 다 해주는 건가보다 했을 뿐* 별다른 생각은 없었다. 대학 입시를 코앞에 둔 시점이라 맘 편히 TV를 볼 수 있는 처지가 아니었으니 TV에서 코미디가 없어지는 것에 대해 특별한 실감이 없었기 때문이었을 것이다. 친구들과 이런 문제에 대해 이야기를 나눈 기억도 없다. 내 생애 어떤 시기보다 열심히 공부하던 시절이었지만, 생각해 보면 내 생애 가장 세상에 대해 무관심하고, 가장 책도 안 읽고, 가장 무지했던 시절이기도 했다.

●
사실 유신시대에는 각 방송사의 편성에 대한 기본 방침도 정부가 정해주었다. 공영, 민영을 막론하고 동일한 시간대에는 동일한 종류의 프로그램이 편성되어야 했다.

로하이드와 보난자

TV는 재미있는 외화 시리즈를 끊임없이 보여주었다. 요즘 식으로 말하면 '미드'다. 한국의 콘텐츠 생산력이 지금과는 비교할 수 없을 만큼 낮을 때이니 이런 미드야말로 시청자들이 가장 좋아하는 프로그램들이었다. 뭐니 뭐니 해도 그 중에서도 최고의 외화 시리즈는 〈로하이드〉와 〈보난자〉로 대표되는 서부극 시리즈다.

〈로하이드〉는 1959년부터 1965년까지 미국 CBS에서 방송된 시리즈다. 단역 배우로 전전하던 **클린트 이스트우드**가 유명세를 타는 계기가 된 작품이고, 몇 에피소드는 직접 연출하기도 했다. 우리나라에선 1970년부터 73년경까지 방송되었다. "헤르마 우르마" 하는 경쾌한 주제가가 유명해서, 당시 어린이들은 이 노래를 내용도 모르고 따라 부르며 카우보이 흉내를 냈다.

일단의 카우보이 무리들이 소떼를 몰고 다니며 겪는 다양한 에피소드들이 매회 흥분을 불러 일으켰다. 카우보이 가운데 누군가가 술집에 갔다 곤경을 겪게 되면 대장 길 페이버에릭 플레밍와 부대장 격인 로디 예이츠클린트 이스트우드가 구해주고 나서 다시 길을 떠나는 식의 이야기들이었다. 때로는 물을 얻기 위해 사투를 벌이고, 때로는 늑대를 만나거나 강도를 만나기도 했다. 어느 경우건 주인공들은 문제를 해결했고 늘 새로운 여정을 떠났다. 호쾌하고 남자답고 강한 카우보이들의 모습은 사춘기 소년들의 마음을 사로잡기에 충분했다. 그들은 멋진 남자들이었다.

〈보난자〉도 비슷했다. 이 드라마는 미국 NBC에서 1959년부터 1973년까지 14시즌 동안 430개의 에피소드가 방송되어 역사상 두 번째로 오래 방송된 웨스턴 시리즈로 알려져 있다. 우리나라에서는 65년~76년 사이에 TBC

〈로하이드〉의 장면

●
이 주제가를 다시 들었던 건 1980년대 초 어느 날 극장에서 본 존 랜디스 감독의 〈블루스 브라더스(Blues Brothers, 1980)〉에서다. 이 영화에서 악당에게 쫓기던 두 형제 블루스 브라더스(존 벨루시와 댄 애크로이드가 나온다.)가 어느 술집에서 취한 손님들이 술병을 던지는 가운데 이 노래를 부르는 장면이 나온다. 영화도 재미있었지만, 이 장면 하나만으로도 충분히 입장료가 아깝지 않았던 영화다.

에서 방송되었다. 이후에도 간간이 재방송되었고, 2000년대 초반에는 케이블 채널에서 방송되기도 했다.

〈보난자〉도 〈로하이드〉만큼 신나고 경쾌한 타이틀 뮤직을 들려준다. 먼저 지도가 클로즈업되었다가 불타 사라지면서 주인공 네 사람이 말을 타고 나타날 때 타이틀 뮤직이 흘러나왔다. 우리는 그 노래를 구음으로 따라 불렀다.

〈보난자〉는 남북전쟁 전후기의 서부를 배경으로 주인공 카트라이트 일가가 갖가지 어려움과 도전을 이겨내며 함께 살아가는 이야기다. 아버지인 벤 카트라이트론 그린Lorne Greene와 첫째 아들 아담퍼넬 로버츠 Pernell Roberts, 둘째 호스댄 블로커Dan Blocker, 셋째 아들 '리틀 죠'로 나오는 마이클 랜든Michael Landon●●이 주연이다. 14시즌이나 진행된 만큼 등장 배우도 변화가 있었는데 첫째 아들 아담은 초반에만 나왔고, 둘째 호스는 배우 댄 블로커가 72년에 사망하면서 사라졌다.

내가 기억하는 시리즈에서는 첫째 아들은 타이틀 씬에만 나올 뿐 드라마에선 나오지 않았던 것 같다. 그가 어떤 캐릭터였는지 전혀 생각나지 않는다. 덩치 큰 둘째 호스는 의리 있고 인정 많은 캐릭터였고, 막내 리틀 죠는 어린 만큼 혈기를 못 참고 말썽을 일으키곤 했다.

이 시리즈는 서부극의 외형을 가지면서 가족 간의 갈등과 화해를 보여주는 홈 드라마였고, 인종차별 같은 사회적 문제를 자주 소재로 삼아 휴머니즘의 의미를 보여주는 드라마기도 했다. 이 드라마를 볼 때마다 가장 멋지게 느꼈던 건 아버지 벤 카트라이트라는 캐릭터다. 그는 강하면서도 관대하고 늘 지혜로웠다. 우리 아버지도 저런 분이면 얼마나 좋을까. 이런 생각을 했던 게 나만은 아니었을 게다. 현실은 언제나 초라했고, 영화나 드라마는 늘 완벽했다.

〈보난자〉의 장면

〈로하이드〉나 〈보난자〉는 남자들의 이야기였다. 여자들은 그저 지나가는 인물로만 등장했을 뿐 이야기의 중심을 차지하지는 못했다. 이런 드라마에는 대체로 두 부류의 남자들이 등장했다. 성질을 못 이겨 싸움을 벌이는 남자거나 싸움을 말리고 문제를 해결하는 남자, 아니면 나쁜 욕심으로 남에게 피해를 주는 남자거나 선하고 정의로운 남자. 모든 문제는 늘 정의로운 남자들의 용기와 지혜로 해결되었다. 그리고 그건 미국의 서부 개척정신을 보여주는 것으로 받아들여졌다. 미국의 서부 개척사가 휴머니즘과 정의로움, 근면과 협동의 정신이 승리를 쟁취해간 역사라는 건 다양한 책을 통해 또 학교에서 선생님 말씀을 통해 들어온 바 있었다. 이런 서부 드라마들은 서부 시대의 역사에 대한 우리의 '상식'을 더욱 굳건하게 만들어주었다. 그 시절 난 클린트 이스트우드와 론 그린, 마이클 랜든이 체현하는 서부 시대의 정의를 단 한 번도 의심하지 않았다.

미드의 추억

요즘 이른바 미드(미국 드라마)의 인기가 대단히 높다. 〈프리즌 브레이크〉나 〈섹스 앤 더 시티〉, 〈위기의 주부들〉, 〈왕좌의 게임〉 혹은 영드(영국 드라마) 〈셜록〉 같은 시리즈는 나도 재미있게 봤다. 하지만 미드의 인기가 새로운 현상은 아니다. 오히려 60, 70년대야말로 미드의 전성시대였다. TV 보급률이 지금보다 훨씬 낮을 때이긴 했지만 대부분의 미드가 몇 안 되는 공중파 채널을 통해 가장 주목도 높은 시간대에 방송되었으니 시청률도 지금보다 높으면 높았지 낮지는 않았을 게다. 아직 한국의 콘텐츠 제작 능력이나 드라마 수준이 높지 않던 시절 미드는 가장 재미있고 환상적인 볼 거리였다. 당시 대부분의 청소년들은 한국 드라마보다 이런 미드, 즉 외화 시리즈들을 훨씬 좋아했다.

특히 남자아이들에게 〈5-0수사대〉나 〈제5전선〉 같은 수사물, 첩보물이야 당연히 인기 만점이었다. 〈제5전선〉 도입부에서, 성냥불이 도화선에 불을 댕기며 시작되는 주제곡이 나오면 가슴이 뛰었고 엔딩이 가까워오면 우울해질 정도였다. 이 드라마는 늘 조그만 카세트테이프를 통해 임무가 전달되는 장면으로 시작했다. 녹음테이프가 다 돌고 나서 연기가 나며 저절로 타 없어지는 장면은, 지금 보면 참 소박한 수준이지만, 당대 최첨단 기술에 대한 놀라움을 동반했다.

고등학교 시절에 방송된 〈홀쭉이와 뚱뚱이〉 시리즈도 잊을 수 없다. 우리나라에서 〈홀쭉이와 뚱뚱이〉란 제목으로 방송된 이 시리즈는 원조 홀쭉이와 뚱뚱이인 스탠 로렐Stan Laurel과 올리버 하디Oliver Hardy가 아니라 버드 에버트Bud Abbott와 로우 코스텔로Lou Costello가 나오는 〈The Abbott and Costello Show〉다. 이 슬랩스틱 코미디의 재미는 대단해서 당시 나는 아무리 중요한 시험이 닥쳐도 이것만은 빼놓지 않고 보았다. 저 유명한 '일루수가 누구냐' 하는 에피소드가 바로 이 시리즈에 나온다. 루실 볼이 나오는 〈왈가닥 루시〉, 〈아내는 말괄량이〉 같은 시트콤도 빼놓을 수 없다. 일부 장면과 대사는 지금도 줄줄 외울 정도다.

전쟁물인 〈사하라 특공대〉나 〈컴뱃〉도 기억난다. 이런 시리즈들은 2차 대전을 배경으로 한 다른 영화들처럼 대체로 선한 미국군이 악한 독일군과 싸우는 내용이다. 나는 막연하게나마 히틀러와 나치가 나쁜 자들이라고 생각하고 있었고 어쨌든 2차 대전은 선한 연합군과 악한 독일군의 대결 정도로 이해하고 있었다. 이런 시리즈들은 그런 스테레오타입을 그대로 반영했고 또 강화했다.

TV 외화 가운데는 홈 드라마도 있었다. 〈우리 아빠 최고〉나 〈도나 리드 쇼〉 혹은 〈월튼네 사람들〉 같은 드라마는 마치 교과서 같은 가족의 모습을 담고 있었다. 언제나 인자하면서도 강한 아버지, 아름답고 지혜로운 어머니, 착한 아들과 딸들이 나왔다. 〈월튼네 사람들〉의 마지막 장면은 창들에 불이 하나씩 꺼지면서 가족들이 서로 "안녕히 주무세요." 하는 인사를 나누면서 끝났다. 이런 장면은 따뜻한 느낌과 아련한 애틋함 같은 걸 주었다. 저런 가족 간의 사랑이란 얼마나 따뜻한가. 나는 한 번도 그런 인사를 주고받으며 잠든 적이 없었다. 어린 시절 난 그런 가상 속의 가족 관계를 꿈꾸고 부러워했다.

가끔 내가 예전에 봤던 외화 시리즈를 지금 TV에 방송한다면 어떨까 하는 생각을 해 볼 때가 있다. 지금 세대들도 재미있게 볼까? 물론 아닐 것이다. 그들에게 그 시절 미드는 듬성듬성 허점도 많고 우스꽝스럽고 무엇보다도 지루할 게 분명하다. 아니 지금의 나에게도 그렇게 보일 가능성이 크다. 첨단의 디지털 기술이 만들어주는 환상의 스펙터클에 익숙한 눈에 소박하기 짝이 없는 아날로그 감성은 하품 나도록 싱거워 보일 것이다. 또 요즘 미드의 치밀하고 복잡한 플롯과 내러티브에 젖은 사람들에게 그 시절의 어수룩하고 순진하며 때로는 어이없을 정도로 단순한 이야기들이 감동을 주기도 어려울 것이다. 사람들의 감성은 결국 그가 보고 듣고 읽으며 축적해 온 수많은 텍스트들에 의해 만들어진다. 세대 간의 감각 차이는 바로 그런 경험의 차이에서 오는 것이고 이는 위계의 문제가 아니라 차이의 문제일 뿐이다. 십년쯤 전 영국에 있을 때 제일 부러웠던 것 하나가 TV에서 2, 30년 전의 드라마들을 쉽게 볼 수 있다는 것이었다. 어떤 배우의 현재 모습이 담긴 드라마와 30년 전 그가 연기했던 드라마를 함께 볼 수 있는 건 놀라운 경험이었다. 바로 그런 식으로 문화의 시대적 차이와 세대적 간극을 수시로 넘나드는 경험을 할 수 있다면 세대 간의 갈등을 줄이고 공감대를 넓히는 데도 크게 도움이 되지 않을까?

영화,
그 꿈의 나라

우주괴인 왕마귀와 대괴수 용가리

국민학교 2, 3학년이던 1967~8년은 한국 영화사에서 꽤 중요한 의미를 갖는 시도들이 이루어졌던 시기다. 〈홍길동〉과 〈호피와 차돌바위〉 같은 애니메이션이 나왔고, 지금 이야기하려는 〈**우주괴인 왕마귀**〉와 〈**대괴수 용가리**〉 같이 괴수가 등장하는 특촬물이 등장한 때가 이 무렵이다. 국민학생이던 내게는 신나는 볼거리가 연속적으로 나오던 시기였던 셈이다. 〈왕마귀〉와 〈용가리〉는 어느 날 느닷없이 괴물이 나타나 서울 거리를 휩쓸고 다니다 용감한 어린이에 의해 퇴치된다는 이야기다.

〈대괴수 용가리〉 포스터

먼저 본 건 흑백 영화였던 〈우주괴인 왕마귀〉였다. 남궁원이 공군 파일럿으로 나왔지만, 이리저리 폼만 잡았지 정작 별로 한 일은 없다. 이 영화에서 괴물을 퇴치하는 역할은 거지 소년이 맡고 있다. 괴물이 나타나 사람들이 우왕좌왕

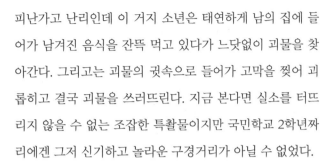

신동우의 《용가리》

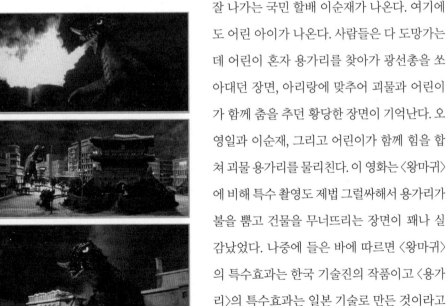

〈대괴수 용가리〉의 장면들

피난가고 난리인데 이 거지 소년은 태연하게 남의 집에 들어가 남겨진 음식을 잔뜩 먹고 있다가 느닷없이 괴물을 찾아간다. 그리고는 괴물의 귓속으로 들어가 고막을 찢어 괴롭히고 결국 괴물을 쓰러뜨린다. 지금 본다면 실소를 터뜨리지 않을 수 없는 조잡한 특촬물이지만 국민학교 2학년짜리에겐 그저 신기하고 놀라운 구경거리가 아닐 수 없었다.

〈대괴수 용가리〉는 컬러 영화였다. 당대 미남배우로 한때 잘 나가던 오영일과 60년대 여배우 트로이카 중 하나였던 남정임, 그리고 당대에는 그저 그런 조연배우였다가 요즘 잘 나가는 국민 할배 이순재가 나온다. 여기에도 어린 아이가 나온다. 사람들은 다 도망가는데 어린이 혼자 용가리를 찾아가 광선총을 쏘아대던 장면, 아리랑에 맞추어 괴물과 어린이가 함께 춤을 추던 황당한 장면이 기억난다. 오영일과 이순재, 그리고 어린이가 함께 힘을 합쳐 괴물 용가리를 물리친다. 이 영화는 〈왕마귀〉에 비해 특수 촬영도 제법 그럴싸해서 용가리가 불을 뿜고 건물을 무너뜨리는 장면이 꽤나 실감났다. 나중에 들은 바에 따르면 〈왕마귀〉의 특수효과는 한국 기술진의 작품이고 〈용가리〉의 특수효과는 일본 기술로 만든 것이라고 한다. 이미 오래 전부터 〈고질라〉 유의 특촬물

〈우주괴인 왕마귀〉 광고

〈우주괴인 왕마귀〉의 장면

을 찍어온 일본의 기술이 훨씬 앞서 있었던 건 당연한 일이다.

〈용가리〉의 영향은 꽤 오래갔다. 우리 세대가 흔히 쓰는 "용가리 통뼈"란 말도 아마 이 영화 때문에 생겨나지 않았을까 싶다. 나와 비슷한 세대인 코미디언 심형래는 아마도 이 영화의 영향을 가장 많이 받은 사람 중 하나일 게다. 그는 세월이 한참 흐른 뒤에 새로운 테크놀로지를 동원해 이 영화에 대한 오마주 정도로 해석될 작품들을 제작했지만, 졸작이란 평가를 면치 못했고 코미디언으로서 쌓아 올린 부와 영예를 한꺼번에 잃어버리는 불행을 겪었다.

아마도 이걸 기억하는 사람들은 많지 않을 텐데, 용가리가 히트를 쳤던 당시에는 만화 쪽에도《용가리》아류작들이 출몰했다. 개나 말 같은 동물의 돌연변이 괴물들이 등장하는《개가리》,《말가리》같은 만화가 있었고, 심지어《올가리》거대한 돌연변이 올챙이가 나온다.도 있었다. 이 돌연변이 동물 만화 시리즈를 그린 사람은 김경언경인이란 이름으로도 활동했다.이란 작가다.

어린 시절에 본 국산 영화 가운데 괴수영화는 〈우주괴인 왕마귀〉와 〈대괴수 용가리〉이 두 편이 전부다. 그 이후에도 간간이 〈용가리〉 유의 괴수영화가 나온 것으로 알지만, 그만큼 화제를 모으거나 흥행에 성공한 경우는 없었다. 내가 기억하는 한국 영화 속의 괴수는 1967년의 〈왕마귀〉와 〈용가리〉에서 2006년 봉준호 감독의 〈괴물〉로 건너뛴다. 근 40년의 공백이 존재하는 셈이다.

일본과 달리 이런 유의 영화가 발달하지 못한 까닭은 무엇일까. 80년대 초 언젠가 문화판 동료들과 술을 마시다 한국에서 SF나 판타지 장르가 발달하지 않은 이유에 대해 대화를 나눈 적이 있다. 어떤 이야기가 오고갔는지 자세한 내용은 기억나지 않지만, 당시 내가 주장했던 내용은 기억난다.

"한국인들에겐 꿈이 없다. 꿈을 꿀 겨를이 없었기 때문이다. 급속한 경제 성장과 사회변화 속에 당장 내일 어떤 일이 일어날지 모르고 세상이 어떻게 변할지 모르는 가운데 눈앞의 이익과 안전만을 생각하며 살아야 했다. 그러니 먼 미래나 공상 속의 세계를 자유롭게 상상한다는 게 불가능했고 SF나 판타지 같은 장르적 상상력이 발전하기 어려웠다."

그저 술 취한 김에 떠오르는 대로 지껄인 건데 막상 얘기해 놓고 나니 꽤나 그럴싸한 설명이다 싶었다.

홍길동과 호피와 차돌바위

1967년 어느 날, 강원도 양구의 양구극장은 객석을 메운 또래 꼬마들로 시끌시끌했다. 그 속에서 가슴이 터질 것 같은 설렘을 느끼며 영화가 시작하기를 기다리던 순간이 지금도 선명하게 기억난다. 한국 최초의 애니메이션물론 그때는 그저 만화영화라 불렀다. 〈홍길동〉1967을 그렇게 봤다. 영화의 디테일은 기억나지 않지만 몇몇 순간의 이미지들은 기억에 남아 있다. 홍길동과 차돌바위, 백운도사, 그리고 곱단이였던가? 생전 처음 보는 극장용 만화영화의 감동은 대단한 것이었다. 영화의 끝이 다가온다는 사실이 너무나 아쉬울 지경이었다.

〈홍길동〉 광고

양구극장 이야기가 나오니 영화 한 편이 더 생각난다. 당시 같은 반 친구가 양구극장 주인집 아들이었던 까닭에 이 극장에 수시로 드나들며 공짜 구경도 많이 했다. 그런데 지금 생각해 보니 어쩌면 그의 아버지가 극장 주인이 아니었을 수도 있겠다. 잡일을 하는 분이거나 영사 기사였는지도 모르겠다. 아무튼 이 친구 덕분에 극장에 드나들면서 공짜로 얻어 본 영화 중 하나가 〈서유기〉1966다.

〈홍길동〉 포스터

박노식이 손오공으로 등장하는 이 영화는, 나중에 알고 보니 홍콩판 〈서유기〉 영화에 박노식과 최은희의 클로즈업 장면을 따로 넣어 편집해 만든 짝퉁 한국-홍콩 합작영화였다는데, 세상에! 지금 생각하면 어이없는 일이지만, 당시엔 이런 식의 눈속임 짝퉁 영화가 드물지 않았다. 놀랍게도 나를 포함한 대부분의 관객들이 그런 속임수를 눈치채

〈호피와 차돌바위〉 포스터

〈호피와 차돌바위〉 광고

〈호피와 차돌바위〉 광고

지 못했다. 국민학교 2학년짜리 눈에는 그저 환상적인 판타지 영화였을 뿐이다.

이 영화를 친구 덕에 서너 번쯤 본 것 같다. 지금도 기억나는 건 〈서유기〉의 엔딩 장면이다. 보통 '끝'이라는 글자가 멀리서 가까이 다가오면서 끝나는 게 당시 영화의 일반적인 엔딩 방식인데, 이 영화는 '끝'이 아니고 '다시 찾아뵙겠습니다.'였다. 이 말은 언제고 속편이 또 나온다는 뜻 아닌가. 그로부터 속편이 나오기를 기다리고 기다렸다. 지금까지 근 50년째 기다리고 있는데, 아직 소식이 없다.

〈홍길동〉이 개봉한 후 얼마 안 가서 후속편이라 할 작품이 개봉되었다. 〈호피와 차돌바위〉1967다. 〈호피와 차돌바위〉 역시 환상적이었다. 〈호피와 차돌바위〉는 홍길동과 헤어진 차돌바위가 떠돌아다니다 '호피'라는 인물을 만나는 것으로 이야기가 시작된다. 이 호피라는 캐릭터가 독특한 매력이 있었다. 홍길동은 반론의 여지가 없는 주인공이고 '좋은 나라'편이었지만, 호피는 어딘지 달랐다. 그 역시 홍길동의 캐릭터를 이어받은 주인공이었지만, 차돌바위에게 차갑게 대하는 모습이라든가, 악당의 재물을 훔치는 모습에서는 위악스러운 풍모도 있었다.

관가로부터 지명 수배된 도적 호피가 차돌바위를 만나고 삭풍 선생이라는 괴노인을 알게 되면서 정의로운 인물로 변해 자신의 스승이었던 악당 골반대사와 대결하게 된다. 나쁜 남자가 좋은 남자로 바뀌고 스승이 적으로 변하는 이야기, 이런 식의 설정은 어린 나에게 낯설고 새로운 것이었다. 지금 생각해 보면 어린이용 만화영화로서는 꽤나 중층적이고 복잡한 내러티브였던 셈이다. 〈홍길동〉보다 〈호피와 차돌바위〉가 더 또렷이 기억에 남아 있는 것도 그 때문인지 모르겠다.

〈호피와 차돌바위〉는 말하자면 〈홍길동〉의 스핀 오프●인 셈인데, 당시 나로서는 왜 〈홍길동 2〉를 만들지 않고 〈호피와 차돌바위〉를 만들었는지 몹시도 궁금했다. 그리고 언젠가는 〈홍길동 2〉가 나올 것임을 의심하지 않았다. 그러나 이후 신동우, 신동헌 형제의 후속작은 나오지 않았다.

● 이전에 발표되었던 드라마, 영화, 책 등의 등장인물이나 상황을 토대로 새로 다른 이야기를 만들어 내는 것을 말한다. 대표적인 스핀오프 작품의 예로 〈엑스맨〉 시리즈에서 〈울버린〉이 파생하고, 〈배트맨〉의 극중 캐릭터인 〈캣우먼〉이 독립된 작품으로 제작된 것을 들 수 있다.

1976년 고등학교 2학년 때 KBS TV에서 방송하던 고등학교 탐방 프로그램 〈우리들 세계〉가 우리 학교를 찾아왔다. 운 좋게 프로그램에 출연하게 됐는데, 여기서 프로그램 고정 출연자이던 신동우 선생을 만났다. 이때 왜 〈홍길동 2〉를 만들지 않았는지 물어봤어야 하는데 그러지 못했다. 지금 생각해도 아쉬운 일이다.

나의 문화편력기

이발소 그림과 극장 간판

어린 시절 아이들의 헤어스타일은 크게 네 종류가 있었다. 가장 흔한 건 옆과 뒤를 짧게 깎고 앞머리만 길러 눈썹 부근까지 내리는 상고머리와 짧은 스포츠머리다. 부잣집 아이들은 머리를 길러서 모양을 냈고, 가난한 집 아이들이나 고아원 아이들은 머리를 빡빡 밀었다.

나는 주로 스포츠머리였다. 한 달에 한두 번 이발소에서 머리를 깎았다. 빨간색, 파란색, 흰색 띠가 빙빙 돌아가는 이발소 표식이 동네마다 한두 개는 있었다. 그 시절 동네 이발소는 늘 붐볐고 내 차례까지 한참이나 기다려야 했다. 난 그 기다리는 시간이 참 좋았다. 기다리는 사람을 위한 만화책들과 주간지, 무협 소설 등이 구석에 쌓여있었기 때문이다. 그 중에서도 《선데이 서울》 같은 성인용 주간지는 가장 설레는 읽을거리였다. 이발소 아저씨들은 어린 내가 성인용 주간지를 들춰보는 걸 못 본 척 해주었다. 미성년자인 내가 《선데이 서울》을 읽을 수 있는 가장 편안한 공간이었던 셈이다.

이발소에는 국민학교를 마치고 이발 기술을 배우기 위해 들어와 있는 견습생 형이 한두 명씩 있었고, 면도와 세발을 주로 담당하는 누나도 한명씩 있었다. 손님이 많으면 견습생 형이나 누나가 면도를 하기도 했는데 가끔 "왜 나는 아가씨가 면도 안 해주냐"며 투덜거리는 아저씨들도 있었다. 그 문제로 결국 싸움이 벌어지는 광경도 목격한 적이 있다.

이발소 벽에는 커다란 거울이 있었고 그 위에는 그림들이 있었다. 미술관에 가 본적도 없고 서양 미술에 관해 배운 적도 없던 시절 이발소는 처음으로 서양 미술의 명작들을 접했던 장소다. 가장 자주 볼 수 있었던 건 밀레[●]의 〈만종〉과 〈이삭줍기〉 같은 작품이다. 그러고 보면 이발소는 내게 다양한 문화적 소양을 키워준 문화공간이었던 셈이다.

[●] 1814~1875. 프랑스의 화가. 농민들의 질박한 삶을 소재로 독특한 시적 정감과 우수에 찬 분위기가 감도는 작품을 많이 그렸다. 주요 작품으로 〈씨뿌리는 사람〉, 〈이삭줍기〉, 〈만종〉 등이 있다.

〈만종〉이나 〈이삭줍기〉 같은 명작 그림 외에도 다양한 그림들을 볼 수 있었다. 물레방아가 있는 유럽의 시골 전원 풍경이나 백조가 노는 호수, 풍차가 서 있는 언덕 같은 게 그려져 있었다. 어린 내가 보기에 그 그림들은 아름다웠다.

밀레의 〈이삭줍기〉

그림들 중에는 한편에 시가 적힌 것들도 많았다. '삶이 그대를 속일지라도 슬퍼하거나 노여워하지 말라' 하는 푸시킨[●●]의 시 구절을 지금껏 기억하는 건 이발소 그림 속에서 이 시를 가장 흔히 볼 수 있었기 때문이다. '家和萬事成가화만사성' 같은 한자 성어 밑에 어미 돼지가 아기 돼지들에게 젖을 물리는 그림이 새겨진 목판도 흔했다. 기도하는 소녀 옆에 '오늘도 무사

밀레의 〈만종〉

나의 문화편력기

1799~1837. 러시아의 시인이자 소설가로 낭만주의 시대에 러시아 근대 문학의 기초를 닦았다. 농노제 아래의 러시아 현실을 정확히 그려냈으며, 작품은 깊은 사상과 높은 교양으로 구성되어 있다. 대표작으로 《예브게니 오네긴》(1823~1831), 《폴타바》(1829), 《대위의 딸》(1836) 등이 있다.

히'라고 쓰인 그림도 있었고, 포효하는 호랑이, 꽃을 든 소녀, 예수상, 마리아상 혹은 성경 구절이나 주기도문이 새겨진 기독교 그림도 자주 볼 수 있었다.

그림을 한참 보고 있으면 그려보고 싶은 마음이 들었다. 집에 돌아와 스케치북을 펴 놓고 방금 이발소에서 봤던 그림을 기억해 똑같이 그려보려 시도해 본 적도 있었지만 만족스러운 결과를 얻은 적은 없다. 학교 미술 시간에 풍경화를 그리라는 선생님 말씀을 듣고 이발소 그림을 떠올리며 흉내 내 그렸던 기억도 있다.

어느 날 친구 집에서 동물이나 사물의 다양한 형상을 쉽게 따라 그릴 수 있도록 모아 놓은 약화略畵사전을 발견했다. 한동안 이 약화사전 속의 그림들을 따라 그리며 멋진 화가의 꿈을 키운 적도 있다.

그림에 대한 동경을 갖게 해 준 또 하나의 대상은 극장 간판이다. 당시 모든 극장은 커다란 그림을 간판으로 내걸어 관객들을 유혹했다. 크고 좋은 극장일수록 간판의 수준도 높았다. 싸구려 삼류 극장의 경우에는 도무지 배우 얼굴을 구분할 수 없는 간판도 많았고, 심지어 똑같은 간판에 제목만 바꾸고 일부 그림만 덧씌워 걸어놓는 극장도 있었다.

개봉관의 잘 그려진 신성일이나 엘리자베스 테일러의 간판 그림을 보며 어떻게 저렇게 똑같이 그릴 수 있을까 감탄하곤 했다. 언젠가 춘천의 한 재개봉관 옆을 지나다가 간판 아저씨가 배우 얼굴을 그리는 모습을 본 적이 있다. 페인트 통을 들고 내 키보다 더 큰 나무 판에 배우의 얼굴을 그리는 간판장이당시에는 이렇게 불렀다. 아저씨의 모습을 한참이나 넋 놓고 바라보던 기억이 난다.

   그렇다고 간판 그리는 사람이 되고 싶었던 적은 없다. 다만 그림을 잘 그
리면 좋겠다는 생각을 늘 했다. 이발소 그림이나 극장 간판 그림은 싸구려
모조품 혹은 진정성은 제거된 채 겉모습만 흉내 낸 짝퉁이라는 의미의 키치
Kitsch의 대명사지만, 당시 내 눈에 그 그림들은 정말 잘 그린 멋있는 그림으
로 보였고 그렇게 그리고 싶었다. 물론 내가 그 방면에 별 재주가 없음을 깨
닫는데 그리 오랜 시간이 걸리지는 않았다.

영화 포스터로 익힌 한자

   조금 다른 의미에서 영화는 실제로 내게 교과서 같은 구실을 했다. 어린
시절 영화는 내 꿈이었다. 그것이 꿈인 이유는 영화를 보는 일이 무엇보다 행
복했지만 현실에서 결코 자주 일어나지 않았기 때문이다. 영화 보는 일은 돈
이 필요했고 내겐 대체로 돈이 없었다. 등하교 길에 벽에 붙은 포스터를 한참
씩이나 들여다보면서 영화 보고 싶은 욕구를 달래며 온갖 상상을 하곤 했다.
   그 시절엔 벽마다 영화 포스터들이 잔뜩 붙어 있었다. 영화 포스터는 잘
생긴 남자와 예쁜 여자를 보여주었고 그것만으로도 들여다 볼 가치가 있었다. 멋진 로
맨스와 스펙터클한 모험을 상상하게 했다. 영화 포스터에는 영화에 관한 상

〈우리의 팔도강산〉 포스터

〈피서지에서 생긴 일〉 포스터

상을 이끌어낼 온갖 정보들이 담겨 있었다.

제목은 갖가지 형태의 캘리그래피로 크게 적혀 있고 주연배우들의 얼굴이 크게 들어갔다. 대개 남녀 한 쌍의 주인공이 가장 크게 나왔고 조연급 배우들은 조금 작게 그려져 있었다. 영화의 한 장면이 그려져 있는 경우도 많았다. 감독의 이름은 거장이니 명장이니 하는 수식어와 함께 크게 적혀 있고 그 아래에는 배우들의 이름이 나열되어 있었다. 주연일수록 위에, 가로로 써 있을 때는 왼쪽에, 세로로 써 있을 때는 오른쪽에 가장 큰 글씨로 적혀 있었다. 한국 영화의 경우는 주연부터 조연, 심지어 한두 컷 얼굴을 보여주고 사라지는 단역들의 이름까지 줄줄이 나열해 놓는 경우도 많았다.

내가 한자를 익힌 건 거의 영화 포스터를 통해서였다. 당시 영화 포스터에는 제목, 감독과 배우 이름, 광고 문안을 한자로 적는 경우가 많았다. 이를 읽다 보면 모르는 글자도 대충 짐작으로 때려 맞히게 된다. 박朴자와 식植자를 알면 노魯자를 몰라도 박노식朴魯植을 읽을 수 있다. 그러다 보면 차츰 모르던 한자도 눈에 익기 마련이었다.

지금도 내게 奎규자는 다름 아닌 김진규의 '규'자다. 巖암자의 뜻이 '바위'란 걸 알게 된 건 나중이고, 그 시절 그건 박암의 '암'이었다. 鶯앵자 같이 제법 어려운 한자를 쓸 줄은 몰라도 읽을 줄은 알게 된 건 물론 엄앵란 덕분이다.

그 시절 영화 포스터에는 申星一신성일, 申榮均신영균, 朴魯植박노식, 張東輝장동휘, 金振奎김진규, 崔戊龍최무룡, 黃海황해, 李大燁이대엽, 朴巖박암, 金芝美김지미, 嚴鶯蘭엄앵란, 文姬문희, 尹靜姬윤정희, 南貞任남정임, 許長江허장강, 獨孤聲독고성, 南宮遠남궁원 등의 이름이 늘 올라 있었다. 그런가 하면 '애틋한 離別이별과 再會재회의 벅찬 歡喜환희', '눈물 없이는 볼 수 없는 感動감동의 名作명작', '기대하시라 開封迫頭개봉박두', '總天然色총천연색 시네마스코프' 따위의 문장들이 박혀 있었다. 한자 익히기에는 안성맞춤의 교과서였던 셈이다.

물론 이렇게 눈으로 익힌 한자가 내 것이 되지는 않는다. 문장 속에 있을 때 앞뒤 맥락에 따라 대충 읽는 건 어렵지 않으나 막상 이 글자들을 안 보고 쓸 수는 없으니 당연히 제대로 된 한자 공부는 아니다. 그래도 영화 포스터를 보면서 많은 한자들이 눈에 익숙해진 건 틀림이 없다. 영화 포스터는 영화의 줄거리와 분위기, 배우들의 매력을 한껏 드러내는 최고의 홍보물이었고, 그 자체로 대단히 재미있는 볼거리였으며 뜻밖의 배움을 주는 참고서기도 했다.

〈별들의 고향〉 포스터

〈맨발의 청춘〉 포스터

의리의 사나이 외팔이

〈의리의 사나이 외팔이〉 광고

어린 시절 또래 꼬마들의 로망 가운데 하나가 멋진 검객이었다. 골목길에선 미취학부터 국민학교에 이르는 아이들이 장난감 칼을 들고 검객 놀이를 하며 노는 풍경을 흔하게 만날 수 있었다. 플라스틱으로 제법 모양 있게 만들어진 칼을 든 친구도 있고 집에서 대충 곽 종이 따위를 오려서 만든 칼을 든 친구도 있었다. 그 중 최고는 나무를 번듯하게 깎고 다듬어 손잡이까지 그럴 듯하게 장식한 수제품 칼이었다. 언젠가 그런 칼을 가지고 나온 친구가 있었다. 한참이나 그 친구의 칼을 만지며 바라보던 기억이 난다. 그 친구는 아버지가 만들어주셨다고 했고, 나는 아버지에게서 그런 멋진 선물을 받을 수 있는 그 친구가 몹시 부러웠다.

당시 어린이 잡지에는 아동용으로 순화된 무협 소설도 간간이 실렸다. 김광주의 《비취검》이란 소설이 《어깨동무》엔가 연재되었던 게 기억난다. 물론 최고의 검객은 무협 영화 속에 있었다. 67년경에 나온 〈의리의 사나이 외팔이〉는 그 중에서도 압권이었다. 이 영화를 본 게 아마도 국민학교 3, 4학년 때인 68, 69년경이었을 게다. 주연배우 '왕우'는

〈의리의 사나이 외팔이〉의 장면

이 영화로 한국에서 엄청난 스타가 됐는데 골목길에서 칼싸움을 하며 노는 꼬마들이 저마다 왕우를 자처하며 한쪽 팔을 빼서 옷 안에 집어넣고 외팔이 흉내를 내곤 했을 정도다. 〈의리의 사나이 외팔이〉는 처음 본 무협 영화였고 워낙 강렬한 인상을 받았기에 대강의 줄거리를 지금도 기억한다.

무림의 고수 제여봉이 배역을 맡은 전풍이란 배우는 이후 많은 홍콩 무협 영화에서 조연급으로 만난 바 있다.이 악당의 마취제에 의해 목숨이 위태로울 때 하인이던 방성에 의해 목숨을 구한다. 주인을 구하고 칼에 찔린 방성이 제여봉에게 자신의 아들을 부탁하고 숨을 거두자 제여봉은 방성의 아들 방강을 수하에 들여 제자로 삼아 정성들여 키운다.

제여봉의 제자로 장성한 방강이 왕우다. 제여봉의 딸 제패는 내심 방강을 좋아하지만 겉으로는 쌀쌀맞게 굴며 학대하고 다른 동문들은 방강을 하인 출신이라 업신여기며 무시한다. 방강이 스승의 문하를 떠나기로 결심한

〈의리의 사나이 외팔이〉 비디오 재킷

어느 날, 제패의 강요에 못 이겨 맨손 대련을 하게 되고 방강이 제패를 제압하자 투정이 난 제패가 무심코 휘두른 칼에 방강의 오른팔이 잘려나간다. 잘린 팔을 잡고 비틀거리던 방강이 다리에서 정신을 잃는데 마침 다리 밑을 지나던 소만초교라는 배우다. 당시 내 눈에 이 배우는 절세의 미녀 그 자체였다.의 배에 떨어져 목숨을 건지게 된다.

소만은 무술의 고수였던 아버지가 남긴 무술교본을 방강에게 전하고 방강은 이 책을 보며 무술을 연마하게 된다. 제여봉을 노리던 악당들이 그의 집을 급습하고 제여봉이 속수무책으로 당하게 되었을 때, 홀연 방강이 나타나 악당들을 무찌르면서 부친의 원수도 갚고 스승도 구하게 된다. 결투의 마지막 장면에서 악당의 칼창이었나?이 방강을 찌른다. 순간적으로 주인공이 당하는가 싶었지만, 악당이 찌른 것은 방강의 잘려나가 비어있는 오른팔이었다. 방강은 자신에게 미안함과 고마움을 표하는 사문의 식구들을 뒤로하고 소만에게로 간다.

이 영화에서 내 인상에 깊게 남은 건 화려한 칼싸움이 아니었다. 마지막 부분에서 목숨을 걸고 싸워 스승을 구한 다음 홀연히 떠나는 외팔이 검객 방강, 즉 왕우의 멋진 뒷모습이었다. 방강을 좋아했으면서도 제대로 마음을 표현하지 못하며 늘 그를 괴롭히고 결국 팔까지 잃게 했던 스승의 딸 제패가 떠나는 방강을 안타까운 눈으로 바라보지만, 방강은 미련 없이 등을 돌리며 자신을 진정으로 사랑하는 소만과 함께 떠난다.

이 영화의 제목이 〈의리의 사나이 외팔이〉인 것은 주인공의 행동이 판에 박은 복수가 아니라 스승에 대한 의리에 기반을 두었기 때문일 것이다. 하지만 그가 스승과 사문을 구한 행동은 그를 학대하고 비웃었던 동문들에 대한 통쾌한 복수이기도 했다. 무엇보다도 그를 좋아하면서도 괴롭혔던 스승의 딸에 대한 복수였다. 멋지지 않은가 말이다.

이 영화가 큰 인기를 모은 데에는 물론 줄거리와 액션 신의 재미, 주연배우 왕우의 매력 등 여러 요인이 있겠지만, 주인공이 외팔이라는 설정이 역시 중요하게 작용했을 것이다. 사람들은 기본적으로 약자가 강자를 이기는 드라마를 좋아한다. 외팔이라는 장애를 가진 주인공이 강호 고수들을 제압하고 특별히 제작된 암기까지 극복하며 승리하는 이야기라면 당연히 열광하지 않을 수 없다. 게다가 이 영화는 천덕꾸러기 하인 출신이 귀족 출신들의 질시를 이겨낸 인간 승리의 스토리기도 하다. 마치 《미운 오리 새끼》와도 유사한 플롯이 들어있는 것이다. 많은 사람들이 약자가 강자를 이기는 스토리에 열광하는 이유는, 그것이 실제 현실에서는 일어나기 어려운 일이기 때문일 게다. 현실에서 보기 어려운 일이 스크린 속에서 일어날 때 사람들은 일종의 해방감을 느끼게 된다. 따지고 보면 영화란 현실의 억압이 스크린이라는 공간에서 상징적으로 해방되는 즐거움을 제공하는 기제다.

알랭 들롱과 찰스 브론슨

영화를 보는 건 마치 꿈을 꾸는 것과 비슷했다. 영화가 시작해 끝날 때까지 내 시선은 주인공에게 가 있었고 마치 주인공의 모험을 내가 겪는 것처럼 느꼈다. 이런 걸 전문용어로 '동일시'라고 한다는 건 당시엔 알지 못했다. 주인공이 악당에게 마지막 한방을 먹일 때는 나도 모르게 주먹에 힘이 들어갔고 다리가 움찔거렸다. 그 마지막 한방으로 악당이 거꾸러질 때는 통쾌한 환호가 절로 나왔다.

뭐니 뭐니 해도 주인공은 예쁜 여자들에게 사랑받는 존재였다. 영화 속 주인공을 통해 수많은 로맨스를 꿈꿀 수 있었다. 주인공은 사랑을 구걸하는 법이 없었다. 언제나 쿨하게 제 갈 길을 가면 여자들이 알아서 그를 따랐다. 정말 그렇게만 될 수 있다면 얼마나 좋을까. 영화를 볼 때마다 그런 꿈을 꾸었다. 물론 영화가 끝나고 극장 문을 나서면 언제나 비루한 현실이 눈앞에 있었다. 영화와 현실이 얼마나 다른지 절감하면서 말이다.

〈아듀 라미〉 포스터

알랭 들롱 Alain Delon과 **찰스 브론슨**Charles Bronson은 당시 소년들에게 두 명의 이상적인 남성상이었다. 두 사람이 함께 나온 〈아듀 라미Adieu L'Ami〉1968는 어린 시절의 영화 추억에서 가장 강렬한 기억으로 남아 있는 것 가운데 하나

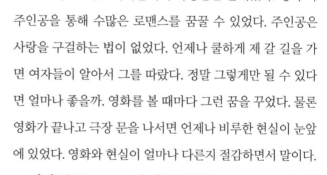

다. 역시 춘천의 변두리 극장에서 혼자 봤다. 국민학교 시절이었으니 영화가 구체적으로 어떤 플롯으로 진행되는지 제대로 이해했던 것 같지는 않다.

그렇지만 두 남자는 감탄사가 나올 만큼 멋졌고, 그들의 행동 하나 하나 손짓 하나 하나가 나를 매료시켰다. 알랭 들롱은 내가 보기에도 세기의 미남으로 불릴만 했다. 그의 얼굴은 잘 깎은 조각상 같았다. 몸짓이나 행동은 그만큼 단아했고 댄디했다.당시엔 이런 표현을 몰랐지만. 반면 찰스 브론슨은 달랐다. 미남이 아니었지만 묘하게 매력적이었다. 마치 능구렁이처럼 능수능란했고 터프하면서 박력이 있었다.

이 영화에서 잊지 못하는 장면이 있다. 찰스 브론슨이 찰랑찰랑 꽉 차 있는 와인 잔에 동전 다섯 개를 집어넣는 장면이다. 찰스 브론슨은 이 행위를 여러 번 반복하는데, 가득 찬 술잔에 동전이 다섯 개나 들어가도 술이 넘치지 않는다. 멋진 와인글라스에 동전이 들어가면 표면 장력으로 와인이 살짝 부풀어 오르는데, 이 클로즈업 장면이 기가 막히게 아름다웠다. 얼마나 인상 깊었는지 나도 꼭 해보고 싶었다.

〈아듀 라미〉 광고

하지만 우리집 찬장엔 영화에 나오는 멋진 와인글라스 같은 건 없었고, 있는 거라곤 오직 커다란 스테인리스 밥그릇뿐이었다. 물론 글라스를 채울 와인도 없었다. 나는 밥그릇에 물을 가득 담아 놓고 10원짜리 동전을 집어넣어 보았다. 아무리 해도 찰스 브론슨 같은 간지가 나지 않았고, 결국 몇 번 시도한 끝에 포기할 수밖에 없었다. 밥그릇에 물을 채워 넣고 동전을 집어넣던 내 모습이라니, 지금 생각해도 웃기는 장면이다. 완벽한 영화와 비루한 현실의 차이는 정말 큰 것이었다.

백발의 처녀

나는 천성적으로 겁이 많고 비위가 약한 사람이라 공포 영화나 TV의 납량 특집물은 일부러라도 피하는 편이다. 공포스러운 상황이나 잔인한 장면을 태연하게 견딜 만큼 심장이 튼튼하지 못한 까닭이다. 어쩔 수 없이 무서운 장면이나 끔찍한 광경을 마주할 경우에는 애써 눈을 감고 외면하거나 귀를 틀어막는다.

그런 나에게도 몇몇 공포 영화의 기억이 남아 있다. 그런 영화들을 내가 왜 보게 됐는지는 알 수 없다. 어렸을 때는 어쩌다 어른들 틈에 끼어 봤을 테고, 좀 커서는 친구들이 함께 가는데 '무서워서 못 본다'고 하기엔 자존심이 상해 아무 소리 못하고 따라갔을 가능성이 높다. 공포 영화를 많이 보지 않아서 오히려 그렇게 본 소수의 영화들은 기억에 꽤나 선명하게 남아 있다.

〈백발의 처녀〉 포스터

어린 시절의 기억에 또렷이 남아 있는 공포물은 〈백발의 처녀〉박윤교 감독, 1967란 영화다. 영화의 줄거리는 기억에 없지만 나로선 너무나 끔찍하고 무서웠던 장면이 있었다. 하얀 소복을 입은 귀신이 등장하던 장면 그리고 얼굴에 흉악한 혹이 달린 괴녀가 등장하던 장면이다.

이 괴녀에 관해선 또 하나의 기억이 있다. 아마 69년 무렵이었을 게다. 춘천에서 '만국박람회'란 이름의 행사가 열렸다.어쩌면 만국박람회가 아니라 산업박람회였는지도 모르겠다. 아무튼 박람회란 이름이 붙은 행사였다. 아마도 1968년 일본에서 열린 만국박람회를 모방한 짝퉁 박람회였겠지만, 막상 춘천 공지 천변에 천막들이 줄지어 서 있던 것 외에 이 행사에 대해 기억나는 건 없다. 중요한 건 그 천막 가운데 서커스와 마술 공연을 하는 천막이 있었다는 거다.

어느 날 공연을 볼 수 있는 기회가 생겼다. 어머니에게 관람비를 받아 낸 것이다. 마술을 볼까 서커스를 볼까 한참을 고민해야 했다. 마음은 서커스보다 마술 쪽에 훨씬 더 끌렸지만 선뜻 들어가기를 망설인 건 다른 이유 때문이었다. 바로 그 마술 공연에 〈백발의 처녀〉에 나왔던 '지리산 괴녀'가 출연한다고 되어 있었던 것이다. 이 영화에서 느꼈던 공포의 기억이 선명했던 나로선 한참을 망설이지 않을 수 없었다. 하지만 마술을 보고 싶은 욕망은 마침내 지리산 괴녀의 공포를 이겨냈고, 나는 입장료를 내고 마술 공연장에 들어갔다.

생전 처음 보는 마술 공연은 정말 환상적이었다. 내가 가장 신기하게 느꼈던 건 상자 속에 들어간 인물과 상자 밖의 마술사가 한 순간에 바뀌는 순간 이동 마술이었다.이 마술은 지금도 자주 볼 수 있는데 여전히 신비하게 느껴진다.

그리고 마침내 내가 그토록 무서워서 보고 싶지 않았던 지리산 괴녀가 무대 위에 나타났다. 영화에서처럼 하얀 소복을 입은 그녀가 어두컴컴한 무대에서 갑자기 괴성을 지르며 나타날 때, 미리 손으로 눈을 가리고 외면할 준비를 하고 있었다.

그런데 무대 위에 나타난 그녀는 뜻밖에도 조금도 무섭지 않았다. 그때 비로소 깨달았다. 그녀는 얼굴에 커다란 혹이 달린 안면 장애인이었을 뿐이다. 나중에 우연히 읽게 된 주간지의 기사에 따르면, 그녀는 안면에 큰 혹이 달린 장애인으로 사람들과 어울리지 못하고 지리산에 숨어 살았는데, 우연히 사람들 눈에 띄어 '지리산 괴녀'로 불리게 되었고, 마침내 영화에 출연하고 이런 무대에까지 나오게 되었다는 것이다.

서양에서도 기형동물이나 흉한 용모를 가진 장애인, 아프리카 원주민 같은 이들을 구경거리로 보여주는 프릭쇼Freak Show° 같은 것이 한동안 유행했던 적이 있는데, '지리산 괴녀' 역시 그런 프릭쇼의 전시물 같은 존재였던 셈이다. 영화 속에서 그토록 무서운 괴물처럼 느껴졌던 그녀가 측은해지기 시작했다. 그런 사람을 굳이 불러 내 구경거리로 내세우는 사람들에게 화가 났다. 물론 국민학생인 내가 할 수 있는 일은 아무 것도 없었다.

● 생물학적으로 희귀한 존재를 전시하거나 구경거리로 삼는 흥행 산업으로, 19세기 영국과 미국에서 상업적으로 큰 인기를 끌었다. 20세기 들어 인권 의식이 강화되고 법적인 규제가 생기면서 차츰 퇴조했다.

월하의 공동묘지

공포 영화 얘기가 나온 김에 이 영화 얘길 안 할 수 없다. 바로 〈**월하의 공동묘지**〉권철휘 감독, 1967 60년대 한국 공포 영화의 대명사는 단연 이 영화다. 이 영화의 포스터는 그것만으로도 충분히 공포스러웠다. 황량한 달빛 아래 공동묘지에 해골이 놓여있다. 게다가 그 해골에는 하얗고 긴 머리털이 달려있고 입에는 피가 고여 있다. '月下월하의 共同墓地공동묘지'라고 붓으로 시뻘겋게 휘갈겨 쓴 제목도 공포스러운 분위기를 한층 더했다.

포스터만 봤을 때는 당연히 조선 시대쯤을 배경으로 원한 품은 여인이 귀신이 되어 복수하는 내용이려니 생각했다. 그 시절엔 그런 유의 공포 영화가 많았다. 이런 영화들에는 으레 소복을 입고 머리를 풀어헤친 채 입에서 피를 뚝뚝 흘리는 처녀 귀신이 등장했다. 우리 세대가 갖고 있는 귀신의 원형적인 이미지는 바로 이런 영화들을 통해 만들어졌다.

〈월하의 공동묘지〉 포스터

그런데 막상 〈월하의 공동묘지〉는 조선시대가 아니라 일제 강점기를 배경으로 했다. 주인공 박노식은 독립운동을 하다가 옥에 갇히는데, 친구인 황해가 대신 죄를 뒤집어쓰는 바람에 옥에서 나와 황해의 동생인 강미애와 결혼을 한다. 장사로 큰돈을 번 박노식이 찬모 도금봉의 꼬임에 넘어가 자신 때문에 기생 노

〈월하의 공동묘지〉의 장면

릇까지 했던 처에게 못되게 굴고 마침내 자살에 이르게 한다. 억울하게 죽은 조강지처는 무덤에서 나와 귀신이 되어 복수를 하고 박노식이 그녀의 무덤 앞에서 참회한다.

물론 영화의 배경이 일제 강점기이고 박노식과 황해가 독립운동을 했다는 건 내게 별 의미가 없었다. 영화에서 가장 기억에 남아 있는 건 그 기분 나쁜 배경 음악이다. 영화에서 공포를 자아내는 가장 강력한 기제는 배경 음악이다. 이 시절 영화들은 배경 음악이 러닝 타임 내내 징징대며 깔리는

경우가 많았는데, 특히 공포 영화의 경우에는 기괴한 불협화음을 통해 공포심을 배가시키곤 했다. 또 상황이 주는 공포보다 느닷없는 존재의 출현 같은 장치를 통해 관객을 놀라게 하는 수법을 자주 썼다. 공포보다 경악인 셈인데, 어느 편이든 불쾌하기는 마찬가지다.

이 영화의 압권은 무덤이 갈라지면서 귀신이 등장하는 장면이다. 무덤이 글자그대로 쩍 갈라지면서 귀신이 튀어 나오는 장면은 정말 공포 그 자체였다. 나는 이런 영화를 볼 때 무섭거나 잔인한 장면이 나오면 고개를 돌리거나 눈을 감고 외면하곤 했는데, 이 장면만큼은 고개를 돌릴 새도 없이 생생히 지켜봤다.

오랜 세월이 흐른 뒤 TV를 통해 이 영화를 다시 보게 됐다. 어린 시절 숨죽인 채 몸서리 쳐지는 공포를 느끼며 봤던 영화를 어른이 되어 보는 느낌은 완전히 달랐다. 그건 공포 영화가 아니었다. 차라리 난센스 코미디였다. 같은 텍스트도 그것이 놓인 시공간의 맥락에 따라 전혀 다른 의미를 갖게 된다는 걸 보여주는 전형적인 사례다. 허술하기 짝이 없는 내러티브는 끊임없이 실소를 자아냈고, 무덤이 갈라지며 귀신이 튀어나오는 장면에서는 아예 배를 잡고 웃지 않을 수 없었다. 그 시절에 그토록 공포스럽게 느꼈다는 게 신기할 정도였다. 단지 내가 어른이 되었기 때문일까. 그렇다면 그 시절의 어른들은 어떻게 이 영화를 그토록 몰입하며 볼 수 있었을까. 그저 그 시절 사람들의 촌스러운 감성 정도로 치부할 수 있을까. 요즘 내가 자주 떠올리는 질문이다.

성난 송아지

또래 친구들과 어린 시절의 문화 경험을 얘기하다 보면, 비슷한 영화를 보고 비슷한 노래를 듣고 비슷한 책을 읽으며 자랐다는 걸 확인하곤 한다. 서로의 존재를 전혀 모른 채 다른 공간에서 살았던 친구가 알고 보니 똑같은 영화를 보고 똑같은 책을 읽으며 비슷한 감동을 받았다는 사실은, 생각해 보면 너무나 당연한 일일 수 있음에도 묘한 신비로움을 느끼게 한다. 그렇게 공유된 경험을 확인하면서 친구가 더 좋아지고 우정도 더 깊어지는 법이다.

가끔은 내게 특별히 감동적인 경험으로 남아 있는데, 다른 친구들은 아무도 기억하지 못하는 경우를 종종 만나기도 한다. 내겐 〈성난 송아지〉이규웅 감독, 1967란 영화가 그런 경우다.

〈성난 송아지〉 광고

〈성난 송아지〉는 내 기억에 남아 있는, 가장 오래 전에 본 영화 가운데 하나다. 1967년 개봉작이니 아마도 국민학교 2, 3학년 무렵에 봤을 게다. 제목은 물론이고 대강의 스토리, 일부 장면의 디테일까지 선명하게 기억에 남아 있는 걸 보면 이 영화가 어린 내게 준 감동과 재미가 대단히 컸던 게 분명하다.

주인공 정남은 어머니김지미와 함께 산다. 그들에게는 가족과 다름없는 바우라는 이름의 송아지가 한 마리 있다. 정남은 공부나 달리기 등 모든 면에서 1등인데, 이런 정남에게 밀려 2등을 하는 장구라는 친구는, 그 동네의 부유한 고리대금업자 윤주사(허장강)의 아들이다. 그리고 정남을 좋아하고 도와주고 싶어 하는 영희라는 여자 친구가 있다.

정남네 집은 윤주사에게 큰 빚을 지고 있고, 윤주사는 이걸 빌미삼아 정남의 어머니를 넘보기도 하고 온갖 구박과 수모를 준다. 전국체육대회 달리기 대표를 뽑게 되는데 윤주사는 어머니를 찾아와 정남이가 장구를 이기면 송아지를 끌고 가겠다고 협박한다. 정남은 처음엔 포기하려 하지만 영희의 응원에 힘을 내고 결국 1등을 한다. 화가 난 윤주사가 송아지를 끌고 가고 정남과 어머니는 절망한다. 이를 알게 된 담임선생(남정임)과 같은 반 아이들이 윤주사에게 찾아가 항의를 하고, 잘못을 뉘우친 윤주사가 아이들과 함께 소를 찾으려 하지만 이미 소는 서울로 팔려 간 뒤다. 정남은 교장 선생님(박암)의 도움으로 서울로 올라가 대통령(김진규)을 찾아가 사정을 호소하고, 마침내 대통령의 도움으로 도살장에 끌려갔던 송아지를 되찾게 된다.

이 영화에서 특히 기억나는 몇 장면이 있다. 하나는 정남과 장구가 달리기 연습을 하는 장면이다. 부잣집 아들 장구는 여러 똘마니 같은 친구들의 도움을 받으며 스톱워치를 들고 기록을 잰다. 반면 정남의 연습은 영희가 손가락으로 초를 세며 도와준다. 빈부와 계급의 대조가 선명히 드러나는 장면이다.

주인공 정남이 밭을 열심히 갈고 씨를 뿌리던 장면도 기억난다. 그날 밤 빗소리를 들으며 정남은 씨앗이 무럭무럭 자랄 거라는 희망에 부풀어 잠자리에 든다. 하지만 다음 날 나가보니 밤새 큰 비가 내려 밭이 완전히 망가져 버렸고, 절망한 정남은 어머니와 함께 눈물을 흘린다.

정남이가 대통령을 찾아간 장면도 생생하다. 대통령은 인자한 모습으로 정남의 얘기를 듣고 경호실 요원을 보내 송아지를 구하라고 지시한다. 도살장에서 송아지 바우의 머리에 막 쇠망치가 떨어지기 직전, 경호 요원이 도착해 소리를 질러 바우를 구한다. "멈추시오!" 했는지 "잠깐만!" 했는지는 기억에 없다. 이 장면에서 객석의 박수가 터져 나왔다.

〈성난 송아지〉 포스터

이 영화는 부자 악당 대 가난한 주인공이라는, 당대의 수많은 동화와 소설, 영화와 만화에서 되풀이되는 대립 관계의 전형을 보여준다. 아마도 내게 그런 식의 고정 관념을 심어준 최초의 텍스트 가운데 하나가 아닐까 싶다. 하지만 그런 대립은 늘 아주 간단한 계기로 쉽게 해소된다. 시종 악역을 도맡아 하던 윤주사는 담임선생과 아이들의 호소 몇 마디에 쉽게 회개한다. 이 역시 당시 많은 영화와 드라마에서 흔히 볼 수 있는 설정이다. 흔히 하는 말로 구조의 문제가 그저 개인의 감정 문제로 치환되는 방식이다. 지금 시각으로 보면 도무지 개연성이라곤 없는 설정이지만, 당대의 대중은 그런 식의 이야기를 자연스럽게 받아들였다.

가장 인상적인 지점은 바로 대통령이 등장한다는 것이다. 대통령은 부재하는 아버지를 대신해 문제를 해결해 주는 존재다. 그 시절 대통령이 극중 인물로 등장해 스토리에 개입하는 경우를 이 영화 외에는 본 적이 없다. 물론 당시의 나는 영화 속 대통령의 모습에 일말의 의심도 가지지 않았다. 우리의 대통령은 이렇게 인자한 분이고 가난하고 어려운 처지에 놓인 국민의 입장을 이해하고 얼마든지 도와주시는 아버지 같은 분이라는 사실을 철석같이 믿고 있었다. 안 그러면 이 영화를 어떻게 재미있게 보고 감동까지 받았겠는가.

그 시절의 대통령이 결코 그렇게 인자한 사람이 아니었다는 사실을 알게 된 건 한참이나 지난 후의 일이다.

대한뉴스와 문화영화

70년대 극장에서는 영화 상영 전에 애국가를 틀었다. 애국가가 나오는 동안 모든 관객은 자리에서 일어나 가슴에 손을 얹어야 했다. 귀찮은 일이었지만, 거부할 수는 없었다. 가끔 자리에 그대로 앉아 있거나 일어나도 가슴에 손 얹기를 거부하는 사람들이 있었지만, 극소수에 불과했다.

물론 애국 소년인 나는 단 한 번도 그걸 거부해 본 적이 없다. 오히려 애국가가 나오는 데도 자리에서 일어서지 않는 일부 극소수의 사람을 보며 그들의 비애국적인 태도를 경멸의 눈으로 바라보곤 했다. 다른 사람들이 다 함께 애국가와 국기에 대해 애정과 존경을 표하는 자리에 함께 동참하지 않는 비애국적인 인간들이 소수나마 존재한다는 게 걱정스럽기까지 했다.

바야흐로 국민총화의 시대였다. '국민총화'. 그 시절 가장 많이 들었던 단어 가운데 하나다. 학교에서 매스컴에서 하루에도 수십 번씩 들거나 봐야했다. 정확한 문자적 의미는 몰라도 이 단어가 무얼 뜻하는지 모를 수는 없었다. 극장에서 애국가를 들으며 가슴에 손을 얹는 것도, 조회 시간마다 애국가를 4절씩 불러야 하는 것도, 국기 하강식 사이렌이 울리면 가던 길을 멈춰 서 가슴에 손을 얹어야 하는 것도 국민총화를 위한 당연한 행동이었다.

극장에서의 애국가 상영은 1971년부터 문화공보부의 지침에 의해 시행되었다. 72년 국기에 대한 맹세가 제정되었고, 76년부터 정부기관, 지자체, 학교에서 국기 하강식이 시작되었다. 77년부터 국기 하강식 때 거리에서 부동자세를 취하는 시민들이 생겨났고, 78년부터 의무적으로 실시하는 지침이 시행되었다.

물론 참으로 성가신 일이긴 했다. 극장에 앉아 친구들과 떠들고 군것질을 하며 바야흐로 전개될 판타지를 가슴 떨리게 기다리고 있을 때, 애국가의 그 웅장하고 엄숙한 멜로디와 화면을 꽉 메운 태극기는 그때까지의 설렘과 기대를 한 번에 썰렁하게 가라앉혔다. 그 순간, 영화 속 판타지의 세계로 뛰어들고 싶은 내 욕망에는 갑작스러운 단절이 빚어져

〈대한뉴스〉의 장면

야 했다. 그런 일은 빛나는 애국심에도 불구하고 엄청나게 귀찮은 일이었다.

극장에서는 본 영화를 상영하기 전에 〈대한뉴스〉라는 이름의 국정홍보물을 먼저 보여주었다. 〈대한뉴스〉의 가장 중요한 내용은 대통령의 동정과 정부의 업적을 선전하는 것이었다. 정부가 주관하는 이런저런 행사를 소개하고, 그 자리에 참석한 대통령이 축사를 하거나 누군가에게 훈장을 주는 따위의 장면들, 새마을 운동의 성공 사례, 반공 궐기대회, 외국 손님의 방문, 외국에서 좋은 성적을 거둔 스포츠 선수들의 카퍼레이드 등을 보여주는 장면들이 이어졌다.

나를 포함해 〈대한뉴스〉를 자발적으로 보고 싶어 할 사람은 거의 없을 게 분명했다. 애국가에 대해선 아무리 귀찮더라도 당연히 감내해야한다고 믿었던 나도, 〈대한뉴스〉는 정말 보기 싫었다.

참기 어려운 건 또 있었다. 〈대한뉴스〉 다음에 상영되던 〈문화영화〉들이다. 〈문화영화〉는 저축 장려, 간첩 신고, 새마을 운동, 대마초에 대한 경고, 독도 지키기 등 국가 시책에 해당하는 주제들을 다룬 다큐멘터리나 재

〈문화영화〉의 장면들

현드라마 형식의 것들이었는데, 전달하는 메시지가 너무나 노골적이고 생경해서 도무지 지루해 못 볼 지경인 경우가 대부분이었다. 적어도 내가 보기에 그런 〈문화영화〉들을 통해 '열심히 저축해야 잘 산다', '간첩을 색출하고 잡아야만 우리 사회가 안전하다'는 식의 생각을 새롭게 갖게 된 사람은 없었다. 그건 이미 알고 있는 일이었고, 〈문화영화〉들은 그 알고 있는 얘기를 지루하게 반복하고 있을 뿐이었다. 재미없고 지루하긴 했지만, 극장에서 영화 상영 전에 〈대한뉴스〉와 〈문화영화〉를 보아야 한다는 사실 자체에 대해서 의문을 가져본 적은 없다. 정부가 하는 일이라면 이유가 있을 테고, 그렇다면 옳은 일이라고 철썩 같이 믿었기 때문이다.

개봉관에서는 예외 없이 〈대한뉴스〉와 〈문화영화〉를 보아야 했지만 재개봉관이나 동시상영관에서는 〈대한뉴스〉와 〈문화영화〉를 상영하지 않는 경우도 많았다. 그러니 〈대한뉴스〉와 〈문화영화〉를 참아내는 것은 개봉관에서 온전한 영화를 제때에 보기 위해 감수해야할 어쩔 수 없는 댓가였던 셈이다.

일찍 눈뜬
유행가의 세계

동요의 시대

어린 시절 우리집에 전축이 하나 있었다. 유행가의 맛을 알기 전, 내게 전축은 음악을 듣는 도구라기보다는 어린이 방송과 드라마를 들을 수 있는 라디오였다. 주로 들었던 것은 "꽃과 같이 곱게 나비 같이 춤추며..." 하는 시그널 송과 함께 시작하던 〈어린이 시간〉이다. 이 시그널 송을 거의 매일 들었지만, 나는 이 노래를 결국 끝까지 배우지 못했다.

시그널 송이란 게 전곡이 다 나오는 법이 없어서 같은 부분만 반복해 듣게 되기 때문이다. 이 노래의 고운 선율이 무척이나 마음에 들었지만, 이상하게도 이 노래는 교과서에 실려 있지 않았다. 지금처럼 인터넷 검색을 이용할 수도 없던 시절이니 결국 늘 반복되던 앞부분만 선명하게 기억에 남아 있다. 최근에야 유튜브를 통해 이 노래의 제목이 〈어린이 왈츠〉란 사실을 알게 됐다. 이 멜로디가 귀에 익은 후 근 50년만의 일이다.

라디오 어린이 시간에서 특히 기억에 남는 이는 하모니카 할아버지 '이해창'이란 사람이다. 그는 당시 어린이 시간에 고정으로 나와 하모니카를 불며 옛날이야기를 들려주었다. "안녕하세요. 하모니카 할아버지 이해창입니다."로 시작되는 그의 구연은 별다른 놀이도 없고 아직 책 읽는 재미도 알기 전인 내게 가장 재미있는 이야기의 소스였다.

그로부터 몇 년쯤 지난 언젠가 잡지에 실린 인터뷰 기사에서 그가 고작 40대 초반의 젊은 사람이었다는 사실에 약간 배신감을 가졌던 기억이 있다. 하긴 그 시절에 40대는 결코 적은 나이가 아니다. 하모니카 할아버지 이해창은 초창기 구연동화의 선구자 가운데 한 사람이다. 내 어린 시절에는 꼬마들 사이에서 누구도 부럽지 않은 인기를 누렸는데 어느 순간 시야에서 사라졌다. 아니 그 보다는 어느 순간 내가 그런 동화적 세계를 훌쩍 떠나버린 것일 게다.●

동화와 동요의 세상을 채 벗어나기 전 내 감성 깊숙한 곳을 두드리는 노래들이 있었다. 〈섬집 아기〉, 〈나뭇잎 배〉, 〈반달〉, 〈오빠 생각〉 같은, 하나 같이 어딘가 슬프고 애처로운 느낌이 나는 노래들이다. 교과서에는 이 노래들 외에도 밝고 경쾌한 노래들이 적지 않았지만, 왠지 그런 노래들은 마음에 닿지 않았다.

● 자료를 찾아보니 그는 1995년 한국 동화구연학회를 창립하는 과정에 참여했다고 하고, 불교계에서 어린이를 대상으로 노래로 포교하는 일에 기여했다고 한다.

어린 시절 나 자신이 그리 행복하다는 생각을 하지 못했던 것과도 관련이 있겠지만, 동 시대를 함께 겪은 내 또래들 대부분이 비슷한 얘기를 하는 걸 보면, 그게 단지 나의 개인사적 취향만은 아닌 듯하다. 그렇다고 그 시절은 너나없이 어렵고 곤궁한 시절이었다는 식의 일반론으로 해석될 문제도 아닌 것 같다. 이런 노래들이 대체로 일제 강점기에 지어진 것이어서 식민지 백성들의 설움이 담겨 있다는 식의 설명도 부족하긴 마찬가지다.

이 노래들의 공통점을 찾는다면, 3박자 계열이라는 게 제일 먼저 눈에 띈다. 그러고 보면 기억에 남아 있는 많은 동요들이 3박자 계열이다. 3박자의 리듬감은 우리 민요의 굿거리나 중모리 장단과 유사하다. 초기 근대 가요의 상당수가 3박자 계열인 것은 분명 민요 전통에 익숙한 당대의 대중에게 좀 더 쉽게 접근할 수 있었던 것과 무관하지 않을 게다. 흔히 민요의 정서를 '한'이라는 개념과 연결시키곤 하는데, 이렇게 민요에 배어 있는 '한'이 3박자의 동요와 일정하게 친연성을 갖는다는 건 그리 무리한 해석이 아니다.

물론 이 노래들의 슬픔은 리듬도 리듬이지만, 가사가 주는 처연한 느낌에서 비롯된 게 더 많다. 엄마 없이 홀로 잠든 아기, 냇가에 두고 온 나뭇잎 배, 은하수를 떠가는 반달, 서울로 떠난 오빠 등 노래들을 공통적으로 감싸고 있는 건 외로움이다. 그 외로움은 나를 채워줄 무언가와의 이별, 그로 인한 결핍에서 온다. 아기는 엄마와 떨어져 혼자 자고 있고, 아이는 나뭇잎 배를 냇가에 두고 왔으며, 서쪽 나라는 한 없이 멀고, 서울 간 오빠는 돌아오지 않는다. 결국 이 노래들의 외로움은 유토피아로부터의 이별이며 추방에서 비롯된다. 우리가 노래를 부를 때 느끼는 처연함은 엄마가 끝내 아기를 만나지 못하고, 아이는 결국 나뭇잎 배를 잃어버리고, 하얀 쪽배는 서쪽 나라에 결코 도달하지 못하며, 오빠가 마침내 돌아오지 못할 것 같은 절망감에서 비롯된다.

교과서에서 배운 동요는 아니었지만, 가장 좋아했던 노래는 〈엄마야 누나야〉**다. 아주 짧고 단순한 이 노래를 부를 때마다 왠지 눈물이 한 방울 뚝 떨어질 것만 같은 슬픔이 저며오곤 했다.

●●
김소월의 시에 안성현이 곡을 붙였다. 안성현은 목포의 항도여자중학교(목포여자고등학교의 전신) 교사로 근무하던 1948년, 동료 교사 박기동이 죽은 누이를 그리워하며 노랫말을 쓴 〈부용산〉에 곡을 붙인 작곡자로 유명하다. 한국전쟁 중 월북한 안성현은 북한에서 공훈예술가 칭호를 받았으며 2006년 사망한 것으로 알려졌다.

엄마야 누나야 강변 살자
뜰에는 반짝이는 금 모랫빛
뒷문 밖에는 갈잎의 노래
엄마야 누나야 강변 살자

이 노래가 '엄마'와 '누나'가 아니라 '아빠'와 '형님'을 부르는 노래였다면 결코 슬픈 감정을 느낄 수 없었을 게다. 이 노래가 슬픈 건 화자가 부르는 대상이 '엄마'고 '누나'기 때문이다. 내게 엄마는 늘 어딘가 아픈 사람, 그래서 늘 연민을 품게 한 사람이었고, 누나는 갖고 싶지만 없는 사람이었다.

결핍에 대한 그리움, 이 노래의 슬픔은 말하자면 그런 것이다. 엄마와 누나와 함께 사는 강변의 삶이란 내 모든 그리움이 충족된 유토피아의 세계다. 이 노래의 슬픔은 그런 유토피아가 결코 내게 존재하지 않을 것이라는 걸 내가 이미 알고 있다는 데서 비롯된다. 물론 어린 시절의 나는 그저 이 노래를 부를 때마다 느껴지는 그 정체 모를 슬픔과 그리움이 좋았을 뿐이다.

나는 강원도의 행정공무원이셨던 아버지를 따라 다니느라 국민학교 6년 동안 세 도시의 다섯 군데 학교를 다녔다. 그 가운데 2학년 1년을 양구에서 다녔는데, 그때 처음 무대에서 노래 부르는 경험을 했다. 당시 다니던 국민학교의 학예회가 읍내의 극장에서 열렸는데, 시골 국민학교의 학예회나 운동회는 어른, 아이 할 것 없이 온 동네가 함께 하는 마을 행사였다. 이 학예회에서 독창을 했으니 어린 시절부터 제법 동네 가수로 인정을 받았던 셈이다.

그때 불렀던 노래가 〈꽃밭에서〉*다. '아빠하고 나하고 만

● 어효선 작사, 권길상 작곡의 동요. 6.25전쟁이 끝난 직후의 작품으로 아버지를 그리워하는 마음을 나타내는 노래다.

한인현 작사, 이흥렬 작곡의 동요. 〈섬집 아기〉는 한인현이 1946년에 발간한 동시집 《민들레》에 수록된 동시다.

든 꽃밭에...' 하는 이 노래는 선생님이 정해서 가르쳐준 노래였는데, 나로서는 〈엄마야 누나야〉나 〈섬집 아기〉°° 같은 노래만큼 감흥을 받진 못했다. 무엇보다도 아버지나는 한 번도 '아빠'라는 호칭으로 아버지를 불러본 적이 없다. 그 시절 가끔 자기 아버지를 '아빠'라 부르는 아이들을 보면 좀 유치하다는 생각을 했고, 한편으로는 부럽기도 했다.와 내가 함께 꽃밭을 가꾸는 정겨운 풍경은 나로서는 도저히 상상하기 어려운 것이었다.

내게 아버지는 늘 어렵고 무서운 존재였고, 가급적 마주치기 싫은 사람이었다. 우리 세대의 아버지들이 대체로 그렇긴 하지만 이런저런 이유로 내겐 특히 그랬다. 아버지는 자식들에게 다정다감한 사람이 아니었고, 적어도 그 당시 내게는 뭐든 당신의 뜻대로 되어야만 하는 폭군으로 보였다. 대개의 자식들이 그렇듯 나 역시 세월이 한참이나 흘러서야 그 무서운 모습 뒤에 자식에 대한 그 분 방식의 사랑이 있었다는 걸 깨달았다.

〈꽃밭에서〉란 노래 자체에 대한 감흥은 없었지만 많은 사람 앞에서 노래 부르는 첫 경험은 대단히 특별한 것이었다. 무대에 올라 홀로 조명을 받으며 많은 관객들의 박수를 받는 경험은, 떨리고 불안한 것이었을 뿐 아니라 나 자신이 대단히 특별한 존재가 된 듯한 즐거움과 흥분을 안겨주었다. 어른들이 내게 노래 잘 부른다며 칭찬하는 것도 즐거운 일이었다. 무대에 대한 공포보다 그에 따른 즐거움이 더 컸다.

춘천으로 옮겨와 국민학교 3, 4학년 때는 현악부에서 바이올린을 배웠다. 당시 악기를 배우는 일은 드문 일이었고, 특히 남자 아이가 악기를 배우는 경우는 많지 않았는데, 무슨 이유에선지 어머니는 내게 바이올린 레슨을 시켰다. 언젠가 내 바이올린 레슨을 위해 반지를 팔았다는 말씀을 들은 적이 있으니 우리집이 자식에게 악기를 가르칠 만큼 경제적으로 여유 있는 형편이 아니었던 건 분명하다.

아마 어머니는 내가 음악에 특별한 재질이 있다고 생각하신 듯하다. 바이올린은 내게 몇 차례의 무대 경험을 더 선사했다. 전교생 앞에서 독주를 한 적도 있고, 이모 결혼식에서 축가를 연주했던 기억도 있다. 이런 경험들이 쌓이면서 차츰 남들로부터 박수를 받는 일이 대단히 즐거운 것이라는 걸 알게 되었다. 바이올린 레슨은 2년 만에 끝났지만, 이를 통해 악보를 읽고 이해하는 능력을 갖게 되었으니 내게는 대단히 중요한 경험이었던 셈이다.

이승복 찬가와 맹호부대 찬가

60년대 후반부터 70년대 초까지 베트남 전쟁에 많은 군인들이 파병되어 피를 흘렸다. 어린 우리들이야 그저 자유를 지키기 위한 숭고한 전쟁이라는 사실을 믿어 의심치 않았고 나라를 위해 목숨을 걸고 전쟁에 나가는 군인 아저씨들이 고맙고 자랑스러울 뿐이었다.

파월 장병께 보내는 위문편지도 자주 썼다. 사실 위문편지 쓰는 건 귀찮고 하기 싫은 일 중 하나였다. '고마우신 파월 장병 아저씨께'라고 첫 머리를 쓰고 나면 할 말이 없었다. 이 편지가 누구에게 전달되는지 한 번도 궁금하지 않았고, 물론 답장을 받아본 적도 없다. 하지만 베트남 전쟁은 내 감수성에 분명한 흔적을 남겼다. 바로 파월 군가들이다.

베트남 파병 부대였던 맹호, 백마, 청룡 부대는 각기 주제가가 있었다. 〈맹호는 간다〉, 〈백마는 간다〉, 〈우리는 청룡이다〉 같은 노래들이 라디오 방송을 통해 수시로 흘러나왔고 영화관의 〈대한뉴스〉 시간에도 자주 들을 수 있었다. 학교에서 배운 기억은 없지만 우리 또래 꼬마들 가운데 이 노래들을 모르는 아이는 없었다. 나 역시 이 노래들을 좋아했다. 특히 〈맹호부대 찬가〉를 좋아했는데, 지금도 거의 틀리지 않고 부를 수 있을 정도다.

자유 통일 위해서 조국을 지키시다
조국의 이름으로 님들은 뽑혔으니
그 이름 맹호 부대 맹호부대 용사들아
가시는 곳 월남땅 하늘은 멀더라도
한결 같은 겨레 마음 님의 뒤를 따르리라
한결 같은 겨레 마음 님의 뒤를 따르리라

베트남 참전의 애국적 의미를 의심한 적도 없고 참전 용사들을 자랑스러워한 것도 틀림없지만, 이 노래들이 좋았던 건 그런 애국적 동기 때문이 아니었다. 멜로디가 가진 단조의 느낌이 좋았기 때문이다. 당시 교과서에서 배우는 동요들은 대부분 장조의 밝고 명랑한 노래들이었다. 반면 파월 군가들은 모두 단조의 다소 비장한 느낌을 주는 행진곡들이다.

단조의 선율은 동요와는 다른 성숙한 느낌 같은 것이 있었는데 바로 그런 느낌이 좋았다. 이는 비슷한 시기에 나왔던 또 다른 반공 가요들에서 받은 느낌과도 연결된다. 예를 들면 '아아 잊으랴 어찌 우리 이 날을...' 하는 〈6.25의 노래〉나 '구름도 울고 가는 운두령 고개...'로 시작해 '공산당이 싫어요'로 끝나는 〈이승복 어린이의 노래〉 같은 것들이다. 어린 시절 파월 군가와 이승복 노래에서 받았던 단조의 비장미에 대한 감성은 이후 오랫동안 이어졌다.•

최희준의 노래들

내 문화적 감수성에 흔적을 남기고 있는 가장 오래된 기억 가운데 하나가 어린 시절 언제쯤인가부터 우리집에 있던 구식 전축이다. 어떤 브랜드였는지는 기억에 없고 턴테이블과 라디오가 있고 양쪽에 제법 큰 스피커가 달린 일체형이었다. 물론 하이파이니 하이엔드니 하는 단어와는 상관이 없고, 그저 옛날식 전축 정도로 보면 된다. 앞문을 열면 턴테이블 옆에 레코드를 세워둘 수 있는 공간이 있었는데, 거기에는 대략 열 장을 넘지 않는 LP 레코드가 꽂혀 있었다.

최희준의 〈하숙생〉 수록 앨범

집에 혼자 있을 때면 그 몇 장 되지 않는 음반을 번갈아
가며 듣곤 했는데, 거기서 특히 자주 들었던 건 네댓 장의 음
반이었다. 〈하숙생〉과 〈길 잃은 철새〉, 〈종점〉 같은 노래들
이 있던 **최희준**의 음반이 두 장쯤 있었고, 〈동백아가씨〉와
〈황포돛대〉가 있던 **이미자**의 음반, 〈고향무정〉과 〈영등포의
밤〉이 있던 **오기택**의 음반 그리고 장소팔과 고춘자, 서영춘
과 백금녀의 만담 앨범 같은 것들이다.

최희준, 이미자, 오기택은 모두 60년대를 대표하는 인기
가수다. 전축을 가진 웬만한 집이라면 그들의 음반이 다 있
었을 시절이니, 우리집에 그것들이 있던 것도 전혀 이상한
일이 아니다. 국민학교 시절이니 그런 노래들이 가슴에 꽂

힐 나이는 당연히 아니었지만 레코드를 반복해 듣는 동안 나도 모르게 조금
씩 젖어들었다. 집에 나 혼자 있을 때면 레코드를 틀어놓고 앨범 재킷 뒷면

최희준의 〈길잃은 철새〉 수록 앨범

의 가사를 읽으며 따라 부르곤 했다. 집에 다른 식구
들이 있을 때는 전축을 틀지 못했다. 우리집은 음악
이 흘러나오는 풍경과는 그다지 어울리지 않는 집
이었다. 나는 집에 아무도 없을 때만 안방에 숨어 들
어가 전축을 틀어놓곤 했다.

생각해 보면 레코드판으로 듣던 유행가들은 단지
음악적 감성만을 자극했던 건 아니다. 그들은 새로운
단어를 알게 해주고, 어른들의 사고와 정서를 이해하
게 해주는 또 다른 교과서였다.

예컨대 최희준의 〈하숙생〉에는 처음 보는 단어가 있었다. '정처 없이 흘러서간다'는 부분의 '정처'란 단어다. 이 노래를 들을 때마다 그때까지 다른 데서 들어보지 못한 이 단어의 뜻이 무엇인지 생각했고 어렴풋이나마 그 뜻을 이해할 수 있었다. 나는 왠지 이 부분이 좋았다. '정처 없이 흘러서' 가는 외로운 남자의 모습이 뭔지 모르게 멋있게 느껴졌다. 최희준의 목소리는 그런 느낌과 기가 막히게 어울렸다. 그의 목소리는 흔히 듣는 남자들 목소리처럼 맑고 힘 있게 끊어 치는 게 아니라 낮게 깔리면서 듣는 사람의 마음을 한없이 빨아들이는 부드러움이 있었다. 모든 외로움과 상처와 고통을 그저 안으로 받아들이면서 담담히 바라보는 듯한 느낌이랄까. 그러면서도 가끔은 경쾌하게 내 지르는 소리도 가지고 있었다.

'으하하하' 하는 웃음소리로 시작하는 '나는 곰이다'의 호탕함도 그가 가진 목소리의 또 다른 면이다. 그의 노래 중에는 소시민적인 해학과 웃음이 담긴 노래들도 적지 않은데, 이 역시 그의 목소리와 잘 어울렸다. 그렇지만 이상하게도 그런 노래들보다는 애조 띤 노래들이 더 좋았다. 〈하숙생〉, 〈길 잃은 철새〉, 〈빛과 그림자〉, 〈종점〉 같은 노래들이다.

아버지는 한밤중에 친구들을 데리고 와 술을 마시곤 했다. 어느 날 함께 술을 마시던 아버지 친구 분이 내게 노래를 시켰다. 이때 부른 노래가 〈하숙생〉이다. 국민학교 3, 4학년짜리 꼬마가 '인생은 나그네길 / 어디서 왔다가 어디로 가는가...'를 부르니 어른들이 어이없어 한 것도 당연하다.

"어, 이 놈 봐라. 조그만 놈이 그런 노랜 언제 배웠어. 야, 하나 더 해 봐라."

앙코르 곡으로 부른 게 〈종점〉•이다. 나로선 그 당시 가장 좋아하던 노래를 부른 셈인데 아무리 그래도 국민학생짜리가 〈종점〉은 좀 심했다는 생각이 든다.

어른들은 심각한 표정으로 '한 많은 내 청춘'을 부르는 꼬마를 어이없다는 표정으로 보더니 두둑한 용돈을 상으로 주었다. 난 아버지 눈치를 살폈는데 웬일인지 별말씀이 없었다. 그때까지 아버지 앞에서 유행가를 부른 적이 없었고, 혹시라도 혼나면 어떡하나 하는 불안이 있었다. 그 후 언젠가 라디오에서 최희준의 노래가 나올 때, 아버지가 말씀하셨다. "저 사람이 서울법대 나온 사람이다." 그제야 내가 최희준 노래를 불렀을 때 아버지가 별말씀 없었던 이유를 알 수 있었다. 그는 '서울대', 그것도 '서울법대'를 나온 사람이었던 것이다.

당시 최희준은 **김상희** 등과 함께 '학사 가수'라는 별명으로 불렸다. 대학 나온 사람이 많지 않은 시절 오랫동안 딴따라로 천시 받던 가수들이 대학을 나왔다는 건 충분히 주목받을 일이었다. 당시 팝 스타일의 노래를 부르며 트로트 일색의 한국 가요계에 새로운 주류를 형성했던 이른바 미8군 무대 출신 가수들 가운데는 대졸자가 많았고, 이들을 학사 가수라 부르곤 했다. 그 중에서도 예나 지금이나 최고의 학부라 일컬어지는 서울대 법대를 나온 최희준은 그만큼 더 특별한 존재였다.

그로부터 30년이 넘는 세월이 흐른 97년경, 어릴 적 우상 최희준 선생을 직접 만나게 되었다. 당시 그는 국회의원 신분이었는데, 어린 시절 상상한 대로 지적이고 점잖은 신사였다. 그 분과 함께 식사를 하는 동안 이게 꿈이 아닐까 수도 없이 속으로 반문하고 있었다. 그 분이 내가 쓴 책을 읽고 있다고 말씀하실 때는, 정말 하늘이라도 날고 싶은 기분이었다. 내가 어린 시절 당신의 팬이었고, 국민학교 때 〈길 잃은 철새〉와 〈하숙생〉, 〈종점〉 같은 노래를 즐겨 불렀다고 하

● 노래의 가사는 다음과 같다.

너를 사랑할 땐 한없이 즐거웠고
버림을 받았을 땐 끝없이 서러웠다
아련한 추억 속에 미련도 없다마는
너무도 빨리 온 인생의 종점에서
싸늘하게 싸늘하게 식어만 가는
아아아아 아아아아 내 청춘 꺼져가네
너를 사랑할 땐 목숨을 걸었었고
버림을 받았을 땐 죽음을 생각했다
지나간 내 한 평생 미련도 없다마는
너무도 짧았던 내 청춘 종점에서
속절없이 속절없이 꺼져만 가는
아아아아 아아아아 한 많은 내 청춘
– 〈종점〉 유호 작사, 이봉조 작곡, 1966

자 최 선생은 '허허' 하고 웃더니 "거 참 조숙하셨군요." 하셨다. 최희준 선
생과는 그 후로도 몇 번 뵐 기회가 있었고 그때마다 반갑게 인사해 주시곤
했는데, 최근엔 뵙지를 못했다. 언젠가 기회가 있다면 그 분과 함께 노래방
이라도 가서 〈종점〉을 들려드리고 싶다.

학사 가수

1960년대 최희준, 김상희, 유주용, 한상일 등 대학을 나온 가수들을 일컫는 '학사 가수'라는 용어는 대학 진학률이 낮았고, 연예인의 사회적 지위도 결코 높지 않았던 시대의 산물이다. 대학을 나온 딴따라는 그만큼 특이하고 진귀한 존재였던 까닭이다. 대학 출신 가수가 더 이상 화제 거리가 되지 않게 된 건 1970년대 초반 청년문화 시대를 거치면서다. 청년문화 선풍을 주도한 가수, 개그맨, 영화인들은 대부분 대학생 신분이거나 대학을 중퇴했거나 졸업한 사람들이었다. (송창식만이 거의 유일한 예외라고 할 수 있다.) 70년대 청소년기를 보낸 우리 세대에게 60년대 가수들이 아저씨라면 70년대 통기타 가수들은 형 같은 존재였다. 60년대 학사 가수들의 공연 방식은 기존의 트로트 가수들과 크게 다르지 않아서 오케스트라 연주를 배경으로 정장을 입고 노래하는 스타일이었다. 반면 통기타 가수들은 대부분 대학생들과 다르지 않은 수수한 청바지 차림으로 기타를 치며 노래를 불렀다. 이런 모습은 나 같은 세대에게 대학과 대학생에 대한 하나의 로망을 심어준 것이기도 했다. 나도 대학에 가면 저렇게 기타를 치고 노래 부르며 놀 수 있겠지, 이건 중고등학교 시절 내가 열심히 공부해 대학에 가야만 하는 이유 가운데 하나였다. 70년대 중반 대마초 파동과 금지곡 사태를 거쳐 청년문화가 강제 퇴출되면서 대학생 가수의 시대도 끝난다. 70년대 말에 시작된 〈대학가요제〉는 다시 대학생들을 문화 생산의 중심으로 끌어당기려는 방송 매체의 전략 속에서 등장했다. 이후 80년대에서 90년대 초까지 대학은 대중문화권, 민중문화권 모두에서 중요한 문화 생산 기지의 역할을 했다. 하지만 이런 시대는 90년대 중반 이후 청소년층이 문화 시장을 주도하게 되면서 끝났다. 대학 진학률이 80%에 달하는 요즘 더 이상 '학사 가수'라는 명칭은 존재하지 않는다. 주류 시장을 장악한 아이돌 팝은 대학생 아닌 청소년의 문화가 되었고 주류 문화권이건 인디 문화권이건 서울대 등 세칭 일류대 출신이 간혹 화제에 오를 뿐 더 이상 대학이란 간판이 관심의 대상이 되지는 않는다.

오기택의 노래들

최희준과는 전혀 다른 이미지로 다가온 가수가 오기택이다. 언젠가 친척 아저씨 한 분이 오기택 레코드를 가리키며 '호텔 보이 출신으로 가수가 된 사람'이라 말하는 걸 들은 적이 있는데 물론 사실인지는 확인해 보지 못했다. 어쨌거나 내게 그는 빈한한 노동 계급 출신으로 운 좋게 가수가 되어 크게 성공한 사람이라는 이미지가 박혔다. 그런 이미지 탓인가 오기택의 음악은 최희준의 노래들과는 사뭇 다른 느낌이었다.

오기택의 〈고향무정〉 수록 앨범

그 시절 많이 들었던 오기택의 노래 가운데 기억나는 건 〈고향무정〉, 〈영등포의 밤〉, 〈우중의 여인〉, 〈아빠의 청춘〉, 〈마도로스 박〉 같은 노래들이다. 〈마도로스 박〉은 1964년에 개봉된 박노식 주연의 영화 〈마도로스 박〉의 주제곡이다. '마도로스'라는 말의 정확한 어원이나 의미를 알 리는 만무했지만, 선원복을 입고 파이프 담배를 문 박노식의 이미지는 곳곳에 붙어있는 극장 쇼 포스터에서 흔하게 볼 수 있었으니 그 말의 뜻을 짐작하기는 어렵지 않았다. 당시 박노식은 '마도로스 박'이라는 이미지를 내세우며 극장 쇼를 다니곤 했다.●

●
2012년 방송된 MBC TV 드라마 〈빛과 그림자〉에서 박노식의 아들 박준규가 마도로스 복장을 하고 아버지 역을 하는 장면을 보며 잠시 그 시절의 기억을 떠올린 일이 있다.

뭐니 뭐니 해도 오기택 최고의 노래는 〈고향무정〉이다.

구름도 울고 넘는 울고 넘는 저 산 아래
그 옛날 내가 살던 故鄕(고향)이 있었건만
지금은 어느 누가 살고 있는지
지금은 어느 누가 살고 있는지
산골짝엔 물이 마르고
기름진 문전옥답 雜草(잡초)에 묻혀있네

새들도 집을 찾는 집을 찾는 저 산 아래
그 옛날 내가 살던 故鄕(고향)이 있었건만
지금은 어느 누가 살고 있는지
지금은 어느 누가 살고 있는지
바다에는 배만 떠 있고
漁夫(어부)들 노랫소리 멎은 지 오래일세
- 〈고향무정〉 무인도 작사, 서영은 작곡, 1968

이 노래에서 가장 어려웠던 건 '문전옥답'이란 한자어였다. 아무리 생각
해도 정확한 뜻을 알 길이 없어 어느 날 아버지에게 문전옥답이 무슨 뜻이
냐고 물었다. '집 문 앞에 있는 기름진 논'이란 대답을 해 주신 후 그 말은 어
디서 봤냐고 물으셨다. 노래 가사에서 봤다는 말을 하기는 좀 켕겨서 책에
서 봤다고 적당히 둘러댔다.

사실 어린이가 대중가요를 듣는 일이 뭐 대수겠
는가. 하지만 당시 나는 그런 일도 아버지에게 혼이
날 수 있다는 생각을 할 만큼 아버지를 두려워했다.
그 당시 나에게 아버지는, 주말마다 한 번씩 나타나
굳은 표정으로 한 주일 미루어진 일들, 이를테면 닭
장을 짓는다든가, 온 집안 창문의 창호를 새로 붙인
다든가 하는 일들을 하시다가 한 번씩 나를 불러 술
심부름을 시키는 사람이었다. 그렇지 않으면 술에
취한 채 어머니에게 주정을 하거나 자식들을 불러

오기택의 앨범

앉혀놓고 벌써 몇 번이나 들었던 당신의 어린 시절, 젊은 시절 얘기를 하고
또 하시는 분이었다. 술을 안 마신 날은 더러 말을 붙일 만큼 다정한 느낌을
줄 때도 있었지만 그런 날이 많지는 않았다. 당시 내가 느끼기에 아버지는
교과서에 나오는 아버지처럼 인자하거나 다정다감한 분이 아니었다. 시간
이 흘러 나이가 들었을 때 비로소 아버지가 그리 무서운 사람이 아니었고,
그처럼 두려워할 필요가 없었다는 생각을 하게 됐지만, 인생의 비극은 그런
각성이 언제나 한참 뒤늦게 찾아온다는 데 있다.

각설하고, 오기택의 〈고향무정〉에서 인상적으로 박힌 구절은 '구름도 울
고 넘는'이라는 가사다. 구름이 울면서 넘을 만큼 높고 가파른 산이라는 이
표현은 곧 상투어처럼 쓰이게 됐지만, 당시 나로서는 퍽이나 신선한 느낌으로
다가온 비유다. 한 동안 친구들과의 대화에서 이 비유를 써 먹곤 했다. "야, 저
산 봐라. 구름도 울고 넘게 생겼다." 나름 잘난 척을 한 셈이지만, 여기에 대
해 별다른 반응을 보인 친구는 아무도 없었다.

〈마도로스 박〉 OST 앨범

●
그리스어로 '흩어진 사람들'이란 뜻을 갖고 있다. 고국 혹은 삶의 터전을 떠나 이산의 삶을 살아야 하는 사람들의 처지를 의미한다.

〈고향무정〉의 작곡가 서영은이 코미디언 서영춘의 형이란 사실도 특별하게 여겨졌다. 코미디언 동생을 둔 형서영춘의 두 동생, 서영수와 서영환도 한동안 코미디언으로 TV를 누볐다.이 작곡가라니 좀 안 어울린다는 생각을 했던 것 같다. 아마도 작곡가는 코미디언에 비해 더 지적이고 수준 높은 사람일 거라는 선입견이 작용했던 것일 게다.

〈고향무정〉은 그 시절 유행가의 어떤 전형 가운데 하나다. 바로 고향에 대한 노래라는 점에서 그렇다. 고향에 대한 그리움, 고향 상실의 비애는 우리 대중문화의 역사에서 그 뿌리가 깊다. 특히 대중가요에서 그러한데, 일제 강점기의 많은 노래들이 고향을 잃고 그리워하며 사는 뿌리 뽑힌 삶에 대한 것들이다. 요즘 유행하는 표현으로 하면 디아스포라diaspora●인 셈이다. 일제 강점기의 디아스포라가 식민지의 현실로부터 그 연원을 찾을 수 있다면, 60년대의 그것은 근대화와 산업화로 인한 이농과 농촌 파괴의 현실에 닿아 있다.

〈고향무정〉에서 노래하듯 잡초만 무성한 예전의 문전옥답은 곧 개발로 인해 사라질 것이었다. 그렇게 고향을 떠나 도시 변두리에 둥지를 틀고 근대화의 풍파를 겪으며 살다 상처 받고 절망한 채 문득 고향을 떠올리지만, 그 고향이 사라져 더 이상 돌아갈 곳이 없는 사람들이 최희준의 〈하숙생〉이 말하는 '정처 없이 흘러서 가는' 사람들인 셈이다. 어린 내가 이런 식의 사유를 했을 리는 없다. 그렇지만 아주 막연하게 그 시절 노래에 고향 상실과 정처 없는 삶에 대한 이야기가 많다는 건 느낄 수 있었다.

우중의 여인

오기택의 노래 〈우중의 여인〉과 관련해서는 최근의 재밌는 일화가 있다. 내가 좋아하는 선배 가운데 치과 의사면서 시민운동과 환경운동에 오래 동안 관여하고 있는 송학선씨가 있다. 이 분은 사진전을 몇 번 열었을 정도로 사진에 조예가 깊고 한시에도 해박할 뿐 아니라 노래도 잘 부르는 멋쟁이다. 옛 가요도 모르는 게 없다 싶을 만큼 레퍼토리가 다양해서 나름 그 방면에 좀 안다고 자처하는 나를 기죽게 만들곤 한다. 2006년 함께 바이칼 여행을 하며 이 분 내외와 다른 친구들 몇몇과 신나게 논 적이 있다. 술잔을 돌리며 번갈아 노래 부르며 노는 중에 송 선배가 재밌는 노래를 하나 들려주겠다며 나섰다. "이 노래 들어봐요. 아주 웃기는 남자 얘기지. 두 남녀가 사랑을 한 거야. 근데 여자가 잠시 맘이 변했는지 어쨌는지 다른 남자를 만난 거야. 장대같이 밤비가 쏟아지는 날 여자가 남자를 찾아 와. 근데 남자가 문을 안 열어주는 거야. 우리 더 이상 만나지 말자고 하지 않았느냐, 당신의 입술에는 때가 묻었다, 때 묻은 그 입술을 보이지 말고 빨리 가라, 이거야. 여자가 잠시 딴 남자를 만났다고 때가 묻었다니, 이거 아주 웃기는 놈 아니냐고."
그러면서 노래 부르기 시작했다.

장대같이 쏟아지는 밤비를 헤치고
나의 창문을 뚜드리며 흐느끼는 여인아
만나지 말자고 맹세한 말 잊었는가
그대로 울지 말고 돌아 가다오
그대로 돌아 가다오
'때 묻은' 그 입술을 보이지를 말고서

이 노래는 반야월 작사, 박시춘 작곡 〈우중의 여인〉 1절이다. 처음엔 하도 오래만이라 이게 뭐지? 했지만 곧 오기택의 〈우중의 여인〉이란 걸 기억할 수 있었다. 이때 난 송선배가 부른 가사의 마지막 부분이 '때 묻은'이 아니라 '깨무는'이란 걸 말해줘야 할까 말까 순간적으로 고민하지 않을 수 없었다. 이 노래에 관한 송 선배 나름의 해석은 이 가사가 '때 묻은'이란 데서 시작된 것이었기 때문이다. 난 결국 아는 체를 하고 말았다.

"저, 그거 '때 묻은'이 아니고 '깨무는'인데요."

"어? '때 묻은'이 아니야?"

"네, '깨무는'이 맞습니다. '깨무는 그 입술을 보이지를 말고서'지요."

이 순간, 성석제의 짧은 소설 한 편이 생각났다. 그 소설에서 주인공은 〈처녀 뱃사공〉을 즐겨 부르는데, '군인 간 오라버니'라는 부분을 '꿈인가 놀아보니'로 알고 있다. 그리고 이 노래를 부를 때 마다 가사의 시적인 의미에 대해 장광설을 늘어놓는다. "햐, 꿈인가 놀아보니 소식이 오네. 정말 시적이지 않은가 말이야. 허무한 인생의 진리를 기가 막히게 담았다고나 할까."

그에게 누군가가 사실은 '꿈인가 놀아보니'가 아니라 '군인 간 오라버니'라는 사실을 알려줬을 때 그의 표정이 굳었고 다시는 그 노래를 부르지 않았다고 소설은 끝맺는다.

이미자의 노래들

어린 시절 음악적 감수성에 흔적을 남긴 가수로 이미자를 빼 놓을 수 없다. 〈동백아가씨〉와 〈황포돛대〉가 들어있던 이미자의 음반을 수도 없이 들으며 따라 불렀으니까. 이미자의 많은 노래들은 가난한 시골에서 도시를 동경하며 사는 예쁜 시골 처녀를 떠올리게 했다. 무슨 처녀, 무슨 아가씨 등의 제목이 유난히 많은 것도 그렇거니와 그녀 특유의 애조 띤 목소리와 꾀꼬리 같은 미성의 전통적인 창법, 쿵작 쿵작 하는 트로트 리듬은 도시보다는 고향 이미지를 가진 농촌이나 어촌이 더 어울렸다. 특히 이미자의 노래에는 도시에 의해 상처입고 버림받은 농촌의 처지가 물씬 배어 있다. 그녀의 대표적인 노래인 〈동백아가씨〉는 도시와 농촌 관계의 한 전형을 보여준다.

〈동백아가씨〉 OST 앨범

이미자의 〈섬마을 선생님〉 수록 앨범

헤일 수 없이 수많은 밤을
내 가슴 도려내는 아픔에 겨워
얼마나 울었던가 동백아가씨

148   나의 문화편력기

그리움에 지쳐서 울다 지쳐서

꽃잎은 빨갛게 멍이 들었소

- 〈동백아가씨〉 1절, 한산도 작사, 백영호 작곡, 1964

이 노래는 1964년 김기 감독의 영화 〈동백아가씨〉의 주제가다. 영화 〈동백아가씨〉는 그 시절 흔하디흔한 통속 멜로물의 전형적인 스토리를 갖고 있다. 순박한 섬 처녀가 서울서 내려온 대학생과 사랑에 빠진다. 임신을 한 그녀가 서울로 올라가 남자를 찾지만 그는 이미 외국 유학을 떠난 뒤다. 절망에 빠진 그녀는 결국 술집 여자가 되고, 나중에 남자를 다시 만나지만 이미 그는 유부남이 된 후다. 결국 아이를 넘겨주고 다시 섬으로 돌아간다. 〈동백아가씨〉라는 제목은 그녀가 다닌 술집 이름이 '동백빠'라는 데서 연유한다.

이미자의 또 다른 노래 〈섬마을 선생님〉도 유사한 플롯을 갖고 있다.

해당화 피고 지는 섬마을에

철새 따라 찾아온 총각 선생님

열 아홉살 섬 색시가 순정을 바쳐

사랑한 그 이름은 총각 선생님

서울엘랑 가지를 마오 가지를 마오

- 〈섬마을 선생님〉 1절, 이경재 작사, 박춘석 작곡, 1967

서울서 온 잘생긴 총각 선생님이 시골 처녀와 사랑에 빠지지만 결국 떠난다. 서울서 온 총각 선생님을 '순정을 바쳐' 사랑했던 시골 처녀는 결국 눈물과 절망에 빠지지 않을 수 없다. 이미자는 그런 슬픔을 표현하기에 매우 적절한 미성과 애조를 갖추고 있었다. 당시 이미자는 노래 잘 부르는 가수의 대명사였고, 특히 슬픈 정서를 표현하는 데 탁월해 비가를 뜻하는 '엘레지elegy의 여왕'이라는 별명으로 불렸다. 이미자의 목소리가 너무나 희귀해서 그녀 사후에 과학자들이 성대를 분석할 수 있도록 기증되었다는 얘기가 떠돌기도 했다.

〈동백아가씨〉는 잘 알려진 대로 박정희 정권에 의해 금지곡이 되는 수난을 겪었다. 한일수교를 추진하던 군사정권이 이에 대한 저항과 비난에 부딪히자 이 노래를 '왜색'이란 이유로 금지시키면서 자신들이 결코 친일파가 아니라는 사실을 드러내기 위한 희생양으로 삼았다고 알려졌다. 〈섬마을 선생님〉의 경우는 별다른 근거 없이 표절을 이유로 금지곡이 됐다. 이 노래보다 늦게 나온 일본곡과 닮았다는 이유였다. 어린 시절의 내가 이런 사연들을 알 수는 없었다. 다만 레코드판에 있는, 어른들이 다 좋아하는 노래들이 왜 방송에는 잘 나오지 않을까하는 궁금증을 느꼈던 기억은 있다.

이미자의 노래로 특별히 기억나는 것 중 하나는 〈기러기 아빠〉●다. 어린 시절의 우리집 레코드판에는 없었지만 라디오를 통해 자주 들었는데, 안 그래도 애조 띤 이미자의 음색은 이 노래에서 더욱 그 슬픈 느낌을 더해주었다.

● 1970년에 제작된 영화의 주제가로, 영화 〈기러기 아빠〉는 권혁진 감독이 각본과 감독을 맡았다. 신영균, 윤정희, 김진영이 출연하였다. 전쟁이 한창인 시절에 우연히 재회하게 된 연인의 이야기를 그린 멜로드라마 영화다. 제7회 백상예술대상에서 영화부문 주제가상과 제7회 한국연극영화예술상의 주제가상을 받았다.

이미자의 〈기러기 아빠〉 수록 앨범

산에는 진달래 들엔 개나리

산새도 슬피 우는 노을 진 산골에

엄마구름 애기구름 정답게 가는데

아빠는 어디 갔나 어디서 살고 있나

아아아 아아아아아 아아아

우리는 외로운 형제 길 잃은 기러기

- 〈기러기 아빠〉 1절, 김중회 작사, 박춘석 작곡, 1970

1970년에 방송된 TBC 드라마를 영화화한 작품의 주제곡이다. 나는 이 드라마도 영화도 보지 못했다. 다만 노래를 들을 때마다 아빠 엄마를 잃고 외롭게 사는 형제의 모습이 떠올라 마음이 슬퍼지면서 눈물이 나곤 했다. 생각해 보면 노래를 들으며 눈물을 질금거릴 줄 알던 나는 제법 감수성이 예민한 소년이었던 것 같다.

이미자의 〈흑산도 아가씨〉 수록 앨범

노래에서 '엄마구름 애기구름 정답게 가는데' 하는 부분을 은방울자매와 이미자가 함께 부르는데, 정말 구름이 멀리 떠가는 애처러운 느낌 같은 게 있었다. 이 노래가 지나친 비탄조를 이유로 금지곡이 된 건 웃기고 황당한 일이지만, 적어도 내게 가슴 저미는 슬픔을 느끼게 한 노래인 건 부정할 수 없다.

이미자 노래가 갖고 있는 슬픔은 어머니에 대한 기억과 연결된다. 어머니는 이미자의 노래만 나오면 하던 일 다 젖혀 놓고 귀 기울여 듣곤 하셨다. "노래 참 잘 부르지 않니?" 난 어머니가 자신의 가슴 속 슬픔을 이미자의 노래를 통해 대신 말하고 싶어 한다고 느꼈다. 하긴 그런 사람이 어디 우리 어머니뿐이었을까.

변치 않는 감수성

최희준, 오기택, 이미자, 배호 등 60년대 가수들의 많은 노래는 라디오드라마나 영화의 주제가인 경우가 많다. 그래서 대체로 가사에 스토리가 있고 선율 진행도 기승전결이 분명해 매우 드라마틱한 감정을 느끼게 한다. 살면서 어느 순간 이 시대의 노래에 마음을 뺏겨본 사람들(우리 세대를 포함해 약 10년 정도 앞서거나 뒤 선 세대들이 대체로 그러하다.) 이 노래를 부를 때면 가사와 선율에 푹 빠져 눈을 지그시 감은 채 감정을 담아 부르는 모습을 보이곤 하는데 바로 이런 특성과 무관하지 않을 것이다. 조금 머리가 커진 중고생 시절에는 송창식과 양희은, 장현과 김정호에 빠지기도 했고 대학생 시절에는 민중가요 운동에 투신하기도 했지만, 여전히 내 감성의 근저에는 이 시절의 노래들이 자리 잡고 있다. 험악했던 80년대에도 술 한 잔 하면서 노래 부르며 노는 자리가 되면 나는 늘 이 시절의 노래를 부르곤 했다. 눈을 지그시 감고 잔뜩 감정을 넣으며 〈길 잃은 철새〉나 〈빛과 그림자〉, 〈우중의 여인〉과 〈고향무정〉, 〈동백아가씨〉와 〈황혼의 부르스〉, 〈돌아가는 삼각지〉와 〈누가 울어〉 같은 노래를 부를 때면 비로소 나 자신의 어떤 본성을 되찾은 느낌이랄까 고향에 돌아온 느낌 같은 것을 가졌다. 가파른 사회과학적 인식에 투철한 친구들 가운데는 이런 '퇴폐적'인 분위기를 못 견뎌 하는 친구들도 더러 있었다. 민중의 비판의식을 마비시키는 퇴폐적이고 향락적인 노래라고 맨날 비판하면서 정작 술 먹고 그런 노래 부르는 건 자기 모순이 아니냐는 거였다. 그런 친구들은 술자리에서 내내 불만스러운 표정으로 앉아 있다가 혼자 나가 버리거나 짐짓 분위기를 바꾸려는 듯 열심히 민중가요를 목청껏 부르곤 했다. 개중에는 '우리가 이래서야 되겠는가' 하며 진지한 장광설을 늘어놓거나 심하면 재떨이를 집어 던지고 욕을 내뱉으며 뛰쳐나가 분위기를 썰렁하게 만들어 놓는 친구들도 있었다. 그럴 때면 '퇴폐적'인 대중가요에 한껏 빠져 있던 우리들은 한편으로는 분위기 망친 친구들을 원망하면서도 다른 한편으로는 그들의 견결한 태도에 열등감을 느끼기도 했다. 당시 우리의 사고체계에서 그들의 얘기는 적어도 논리적으로는 백번 옳은 것으로 여겨졌기 때문이다.

그런데 세월이 한참 지나면서 내가 느낀 것은 그토록 견결한 논리와 태도를 고수하던 친구들이 어느 순간 그 '퇴폐적'인 다른 친구들보다 훨씬 먼저 입장을 바꾸고 자리를 바꿔 앉는 경우가 많더라는 것이다. 스스로 보다 확고한 신념과 견결한 이념을 가지지 못한 걸 부끄러워하며 자책하던 사람들은 대체로 지금도 스스로를 부끄러워하며 자리를 지키고 있는 반면, 그 시절 누구보다 강한 어조로 이념과 논리와 견결한 태도를 강조하던 친구들은 어느 결엔가 그 자리를 떠나 엉뚱한 곳에, 심지어는 그 시절 자기가 그토록 증오하며 싸웠던 반대편 자리에 떡 하니 앉아있는 모습을 적지 않게 보게 된다. 내가 이념과 논리에 강한 친구들을 그다지 신뢰하지 못하는 까닭이다. 예나 지금이나 나는 이념보다는 감성, 논리보다는 연민에 충실한 친구들을 더 믿고 더 좋아한다.

혼혈가수 샌디김

　이미자의 〈기러기 아빠〉를 들을 때마다 느꼈던 슬픔에는 당시 우리 주변에 흔하게 보이던 고아 친구들에 대한 연민도 포함되어 있다. 당시 우리 집에서 멀지 않은 곳에 고아원이 있었고 내가 다니던 국민학교에도 고아원 아이들이 다니고 있었다. 우리 반에도 한 명 있었다. 그의 이름과 모습을 지금도 선명히 기억한다. 빡빡 깎은 머리에는 늘 버짐이 피어 있고 언제나 지저분한 차림으로 콧물을 흘리고 다니던 이 친구를 볼 때마다 불쌍하다는 생각을 했지만, 특별히 그 친구를 위해 뭔가를 하거나 도왔던 기억은 없다. 그저 가끔 일부러 말을 붙이려고 했던 기억은 있다. 당시 우리들에게 '고아원 아이'들은 연민의 대상이자 공포의 대상이기도 했다.

　아이들 사이에는 고아원 아이들의 패싸움에 얽힌 이야기나 그 중에서도 특히 싸움 잘하고 깡다구 좋은 형들에 대한 신화가 떠돌고 있었다. 절대 고아원 아이는 건드리지 말라는 얘기도 많이 들었다. 한 명과 시비가 붙으면 그 고아원 출신들이 떼로 달려들어 덤빈다는 이야기였는데, 실제 그런 장면을 본 일도 있었다. 학교 운동장 한편에서 고아 하나와 좀 덩치 큰 중학생 하나가 시비가 붙었고, 중학생이 고아를 몇 대 때렸다. 그런데 잠시 후 어떻게 알았는지 한 떼의 고아원 소년들이 손마다 작대기를 들고 우르르 몰려와 중학생을 둘러쌌다. 주변 어른들이 나서고 겁에 질린 중학생이 사과하면서

나의 문화편력기

샌디 킴의 〈잃어버린 고향〉 수록 앨범

●

71년 무렵에 나온 이 노래의 가사는
이렇다.

고향이 어디냐고 묻지를 말아다오
서럽게 태어난 몸이라서 할 말도
못 하겠네
날 낳아주신 우리 부모 어디에
계시 온지
가슴엔 슬픔만 쌓여 가는데
모두가 날 버리고 차갑게 외면해도
입술을 깨물며 참아가며
한 평생 살으리라

큰 충돌 없이 마무리됐지만, 나로서는 충격적인 경험이었다.

고아원 아이들 얘기를 하다 보니 떠오르는 노래가 하나
더 있다. 정확한 시점은 기억나지 않지만 국민학교 6학년에
서 중학교 1학년 무렵에 자주 들리던 노래다. '고향이 어디
냐고 묻지를 말아다오' 하는 노래였는데, 방송에서 들었던
기억은 없고 또래들 사이에 구전으로 들어 익숙해진 노래다.
이 〈잃어버린 고향〉*이란 노래를 부른 사람은 '샌디김'이라
는 혹인 혼혈 가수라 했다.

그가 춘천에 살았고 중고교 당시 유명한 주먹이었다는
얘기들이 꼬마들 사이에 전설처럼 돌았다. 나중에 확인한 바로 그
는 양구에 살았다 한다. 혼혈이라 놀리는 친구들 여러 명을 동시
에 패주었다는 얘기나, 친구가 깜둥이라 놀리자 그 자리에
서 병조각으로 팔을 그어 피를 보이며 그래도 피는 너처럼
빨갛다고 소리쳤다는 이야기 같은 것이었다. 이 노래가 특
별히 좋다고 느끼진 않았지만 그런 전설들은 이 노래에 묘한
분위기를 만들어주었다. 어린 마음에도 이 노래에서 그 혹
인 혼혈가수의 깊은 슬픔이 느껴져 오랫동안 기억에 남았다.

배호의 노래들

어린 시절 내 음악적 감성에 흔적을 남긴 최희준이나 오기택, 이미자에 대해서는 이미 얘기한 바 있지만 이들과는 좀 다른 차원에서 나를 사로잡은 가수는 배호다. 그의 음반은 우리집에 없었다. 아마 라디오를 통해 처음 접했겠지만, 그의 노래를 한꺼번에 집중해서 들어본 건 방학 때 외가가 있는 원주에 갔다가 큰 이모 댁에 있는 배호의 음반을 발견했을 때였다.

배호의 〈돌아가는 삼각지〉 수록 앨범

71년이나 72년, 그러니까 국민학교 6학년이거나 중학교 1학년 무렵이었을 게다. 이 음반을 들으면서 배호의 절절한 목소리에 반하지 않을 수 없었다. 낮은 음에서는 굵은 저음이 호소력 있게 깔리고 높은 음에서는 강하면서도 간드러진 기교가 넘쳤다. 그때 이후로 나는 가장 노래 잘 부르는 남자 가수로 배호를 꼽아왔는데, 그 생각은 지금도 변하지 않았다.

당시 다른 가수들이나 코미디언들 가운데는 방송에서 배호 흉내 내기를 개인기 삼아 보여주는 사람들이 적지 않았다. 그만큼 그의 노래는 개성적이

배호의 〈누가 울어〉 수록 앨범

고 독특한 컬러를 가지고 있었고, 후배 남자 가수들에게 큰 영향을 미쳤다. 나 역시 낮은 음에서 굵게 깔고 절정의 높은 음에서 노랑 목에 가까운 소리를 내는 그의 노래 스타일을 흉내 내며 따라 부르곤 했다.

배호의 목소리는 어딘지 도시 뒷골목을 연상시키는 데가 있었다. 최희준으로 대표되는 팝스타일의 노래가 도시, 이미자로 대표되는 트로트가 시골이라는 식의 이분법이 배호에게는 적용되지 않았다.

〈돌아가는 삼각지〉, 〈안개 낀 장충단 공원〉, 〈누가 울어〉 등 그가 부른 많은 노래들이 트로트였지만, 묘하게도 도시적인 느낌이 강했다. 농촌을 떠나 도시로 왔지만 그 삭막한 도시의 삶에 적응하지 못한 채 변두리 뒷골목을 헤매는 부랑자의 느낌, 말하자면 이미자의 세계를 떠나 최희준의 세계로 왔지만 결코 그 세계에 성공적으로 진입할 수 없었던 낙오자들, 도시 변두리에 진을 치며 각박한 삶을 살 수밖에 없었던 사람들의 진한 살 냄새 같은 게 그의 노래 속에 있었다. 그가 밴드에서 드럼을 치던 사람이란 사실이 오버랩 된 탓도 있겠고, 어느 영화에선가 그가 드럼을 치는 장면이 나오는 걸 본 적이 있는데 제목이 기억나지 않는다. 잘생긴 얼굴에 깍듯한 양복을 입고 중절모를 쓴 그의 외모가 도시적인 분위기를 강하게 풍긴 탓도 있을 것 같다.

막 변성기를 거칠 무렵 알게 된 배호의 노래를 좋아하게 되면서 당시 최고의 인기를 구가했던 남진이나 나훈아의 노래는 도무지 성에 차지 않았다. 내가 보기에 남진은 그저 잘생긴 얼굴로 한 몫 보는 가수였고, 나훈아는 남진에 비해 노래는 잘 부르지만 배호의 느끼한 아류 정도로 보였다.

당시 남진과 나훈아는 최고의 인기를 다투는 라이벌이었다. 남진의 〈님과 함께〉, 〈그대여 변치 마오〉, 나훈아의 〈고향역〉, 〈물레방아 도는데〉 같은 노래는 하루에도 몇 번씩 방송을 통해 들어야 했다. 연말에 방송되던 MBC 10대 가수 가요제에서 두 사람은 늘 가장 강력한 가수왕 후보였다. 나는 남진보다는 나훈아 쪽이었는데, 그의 노래가 청승맞은 내 감성에 더 맞았기 때문이다. 하지만 그의 노래를 내 레퍼토리로 삼아 본 적은 없다. 내겐 배호의 노래가 있었으니까.

딱 한 번 배호의 모습을 TV로 본 기억이 있다. 1971년, 친구 집에 놀러 가 우연히 보게 된 TV에 그가 나왔다. 정확히 기억나지는 않지만, 무슨 명절 특집으로 연예인들이 나와 게임을 하는 프로그램이었던 것 같다. 사회자의 지명을 받고 나온 배호가 잠시 뭔가를 흉내 내는 몸짓을 하고는 들어갔다. 요즘 말로 하면 개인기를 보여 준 건데 당시 그의 몸 상태로는 그 이상의 퍼포먼스를 보여주긴 어려웠을 게다. 친구가 귓속말로 내게 말했다. "배호, 불쌍하다. 그치?" "그러게. 아픈 사람을 굳이 이런 데 불러내냐." 그로부터 몇 달 후 배호 사망 소식이 전해졌다. 스물아홉의 나이였다. 내가 연예인의 죽음에 대해 슬픔 비슷한 감정을 느낀 건 그게 처음이었다.●●

●●
배호는 1942년 만주에서 독립운동가의 아들로 태어났다고 한다. 독립운동가의 자손이 대개 그러하듯 가난하고 어려운 삶을 살다 21세의 나이로 가수가 되어 8년간 가수 생활을 했다. 스물네 살인 66년에 신장염이 발병했으니 그가 건강하게 가수 생활을 한 건 채 몇 년 되지 않는 셈이다. 시중에 나와 있는 배호 음반 대부분이 모창가수가 부른 가짜라는 설도 들은 적이 있다.

2부

유신시대의
사춘기

1972년 중학교에 입학해 고등학교를 졸업할 때까지, 그러니까 나의 사춘기, 청소년기는 이른바 유신시대에 해당한다. 우리 대부분은 '유신'이란 말이 무슨 뜻인지도 몰랐지만, 유신만이 살 길이고 대통령은 오직 구국의 영도자 박정희뿐이며 박 대통령을 중심으로 단결하여 북괴의 위협으로부터 나라를 지키고 조국 근대화를 이루어야 한다는 사실을 조금도 의심하지 않았다.

방송에서는 매일 박정희가 지었다는 〈새마을노래〉와 〈나의 조국〉 같은 노래가 흘러나왔다. 거리에서는 장발족 대학생 형들이 경찰의 단속을 피해 도망 다니고, 경찰관이 아가씨의 미니스커트 길이를 재는 풍경을 수시로 목격할 수 있었다. 극장에서는 본 영화를 상영하기 전에 애국가가 흘러나왔고, 저녁 시간에는 국기 하강식이 열렸다. 고등학생들도 교련 교육을 받았고 전방 입소 훈련도 받았다. 모든 고등학교가 전방입소훈련을 받은 것 같지는 않다. 하지만 내가 다닌 학교는 1학년 때 1박 2일의 병영체험을 했다. "무찌르자 공산당, 때려잡자 김일성,

이룩하자 유신과업" 이런 구호가 거리 곳곳에 붙어 있었고, 우리 학생들 역시 수시로 외쳐야 했다.

통기타 가요가 유행하고 기타 배우는 청소년들이 부쩍 늘어난 게 이 시절이다. 나 역시 중학교 졸업 무렵부터 그 대열에 합류해 조금씩 기타에 맛을 들여갔다. 유원지에 가면 모닥불을 피워놓고 기타를 치며 함께 노래를 부르는 10대 청소년들의 모습을 쉽게 볼 수 있었다. 조그만 개인용 트랜지스터라디오가 널리 유행한 것도 이 즈음이다. 지방 소도시에 살았던 나는 서울과 지방의 문화적 격차를 실감해야 했다. 지방에는 FM 방송이 잡히지 않았고, TV 채널 역시 제한되어 있었다.

중고등학교 시절은 사춘기를 겪으며 남자라는 정체성을 확실히 형성해 가는 시기였다. 그 무렵 우리가 볼 수 있던 수많은 영화와 드라마, 소설과 주간지들이 이성에 대해 알게 해 주었고, 남자다움의 의미에 대해 가르쳐주었다. 여자에 대해 관심을 깆고 남자의 의미에 대해 눈을 뜨게 되면서 애국이니 반공이니 하는 주제는 더 이상 흥미로운 대상이 아니게 되었다. 그런 얘기를 듣는 것보다는 여자 얘기를 듣는 게 훨씬 흥미로웠다. 물론 진짜 여자를 만나거나 사귀는 경우는 거의 없었다. 우리는 모두 남자들만 득시글거리는 남중, 남고를 다녔고, 아마도 교회를 다니지 않는 한 여학생을 만날 기회란 좀처럼 없었다. 우리 머릿속에 자리 잡은 여자들이란, 영화와 드라마, 소설과 주간지 등을 통해 형성된 환상의 이미지에 가까웠다.

읽지 말라는 게
더 재밌다

이언 플레밍의 007 시리즈

007 시리즈 박스 커버

그 시절 많은 집들이 그랬듯 우리집에도 안방에 다락이 딸려 있었다. 어두컴컴한 다락에 올라가서 거기 쌓여 있는 이런저런 물건들을 들추어보는 것도 내 즐거움 중 하나였다. 거기엔 아버지가 읽던 책들이 먼지를 품은 채 쌓여 있었다. 임어당의 《생활의 발견》, 존 번연의 《천로역정》, 토마스 무어의 《유토피아》, C.W.밀즈의 《들어라, 양키들아》 같은 책들이 거기 있었다.

그 속에 눈에 번쩍 뜨이는 게 있었다. 이언 플레밍Ian Lancaster Fleming의 007 소설 박스 세트. 다섯 권인가 여섯 권인가 들어 있는 하드커버 박스였다. 박스 커버에는 **숀 코너리**Thomas Sean Connery가 권총을 들고 있는 멋진 실루엣이 그려져 있었다. 어른들의 책을 대 놓고 읽는 건 어려운 일이었다. 나는 집에 아무도 없을 때, 어두컴컴한 다락방에 기어 올라가 이 책들을 읽었다. 어린이용 책과 달리 글씨가 아래로 인쇄되어 있었고 어려운 단어들이 많이 나와 처음엔 읽기 쉽지 않았지만 차츰 그 책의 재미에 흠뻑 빠져들었다.

007의 세계는 어린이용 동화나 세계 명작 따위와는 비교할 수 없을 만큼 흥미진진했다. 숨 막히는 첩보전과 아슬아슬한 모험, 통쾌한 액션, 무엇보다도 아름다운 여자들과의 로맨스가 있었다. 이 책을 처음 읽을 당시는 《골드핑거》 정도만 영화로 본 상태였는데, 사실 너무 어렸을 때라 그 영화의 스토리도 충분히 이해하지 못했고, 그만큼 충분히 재미를 느끼지는 못했었다.

소설 《007 골드핑거》

영화는 한 번 지나가면 그만이었다. 뒷 장면에서 이해 안 되는 부분을 알기 위해서는 옆에 앉은 어머니에게 물어야 했다. 하지만 극장에서 뭔가를 묻는다는 건 눈총을 받을 일이었고 결국 자세한 내용은 이해도 못하면서 그냥 넘어가곤 했다.

하지만 책으로 읽는 건 달랐다. 책은 앞뒤를 뒤적이며 이해 안 되는 부분을 다시 찾아볼 수 있다. 이 시리즈에 있던 《골드핑거》를 읽으면서 비로소 내가 봤던 영화의 내용을 제대로 이해할 수 있었다. 책에는 어린 나로서는 이해하기 어려운 부

〈007 골드핑거〉 포스터

분도 적지 않았다. 골프에 관한 대화라든지 소련의 첩보기관에 관한 내용은 다소 지루하게 느껴지기도 했다.

소설 속에서 제임스 본드는 영화와 다른 점이 많다. 영화 속의 본드는 시

소설 《007 문레이커》

종 여유 있고 유머러스하며 어떤 상황에서도 당황하지 않지만, 소설 속의 본드는 위급한 상황에서 두려움을 느끼기도 하고, 순간적으로 화를 참지 못하기도 하는 보통 사람에 가깝다. 물론 미남에 싸움 잘하고 여자에게 인기 있다는 점에서는 다르지 않지만.

007 시리즈를 읽은 게 아마도 국민학교 6학년에서 중학교 1, 2학년 무렵쯤이었을 게다. 이제 막 사춘기에 접어들기 시작할 무렵 읽은 007 소설은 나에게 동화의 세계에서 좀 더 성숙한 소설의 세계로 넘어가는 하나의 분수령이 된 셈이다.

한참 세월이 흐른 80년대 초 대학원 석사 과정에 진학해 공부할 때 기호학 수업 시간에 **움베르토 에코**Umberto Eco가 쓴 〈이언 플레밍의 007의 서사구조〉란 논문을 읽게 됐다. 이 논문은 007 영화가 아니라 소설을 분석한 글인데, 구조주의 텍스트 분석을 보여주는 사례로 자주 인용된다. 어린 시절 007 소설 전집을 읽은 나로서는 정말 흥미로운 논문이 아닐 수 없었다. 함께 공부하던 동료들이 내가 어린 시절 007 소설을 읽었다는 얘기를 듣고 놀라던 기억이 난다.

선데이 서울

어린 시절의 독서 체험에서 빼 놓을 수 없는 것이 바로 《**선데이 서울**》[*]이
다. 1968년 9월부터 1991년 12월까지 발간된 이 주간지는 우리나라 잡지사
상 가장 유명하고 가장 큰 인기를 끌었으며 그만큼 가장 많
은 비난을 받았던 대표적 대중잡지다. 《주간경향》, 《주간여
성》 등 비슷한 성격의 잡지들이 적지 않았지만, 대중의 뇌리
에 가장 강력하게 남아 있는 대중주간지의 대명사는 역시 《선
데이 서울》이다. 물론 이 잡지는 '성인용'이었지만, 70, 80년

● 《선데이 서울》은 1968년부터 1991년
까지 나왔던 성인용 주간지다. 라면이
10원, 짜장면이 50원이던 1968년에
《선데이 서울》은 20원이었다. 1991
년엔 1500원이었다.

대를 청소년으로 살았던 세대에게도 잊을 수 없는 추억의 잡지로 남아 있다.

성인용 잡지를 대 놓고 보기 어려웠던 내가 가장 자주 이 잡지를 만날 수
있던 건 이발소라는 공간에서다. 당시 웬만한 이발소에는 손님들이 순서를
기다리는 무료한 시간을 때울 수 있도록 성인잡지나 만화책들을 비치해 두고
있었다. 나 역시 이발소에서 이 책들을 읽었다. 이발소 주인아저씨는 미성년자
인 내가 성인잡지를 뒤적이는 걸 보면서도 뭐라 하지는 않았다. 어쨌든 나도
단골손님이었으니까. 이발소를 갈 때마다 일부러 사람들이 많은 시간을 택했
고, 거기서 영원히 내 순서가 오지 않기를 바라며 《선데이 서울》을 탐독했다.

《선데이 서울》하면 황색지의 대표격으로 남아있지만, 사실 초창기 《선데
이 서울》은 생각보다 점잖은 잡지였다. 황당하고 선정적인 기사도 있었지만,

《선데이 서울》

나름 점잖은 기사도 있었다. 서울대 수석 졸업자 인터뷰 같은 것도 자주 실렸고, **이청준**이나 **이호철** 같이 문학사의 정전에 오른 작가들도 작품을 실었다. 《플레이보이》가 **사르트르**Jean Paul Sartre나 **버트란트 러셀**Bertrand Arthur William Russell 같은 사람을 인터뷰하고 **알렉스 헤일리**Alex Haley의 작품을 실었던 것과도 비슷하다.

초창기에는 연예인이 아닌 일반 직장여성들이 표지 모델을 했다. 물론 우리가 이 작품을 읽는 건 그런 점잖은 기사들을 읽기 위해서는 아니었다. 그 시절 《선데이 서울》이 버젓이 표지가 보이도록 들고 다니기에 적합한 책은 분명 아니었다. 그걸 읽는 대부분의 사람들도 그걸 알고 있었다.

《선데이 서울》에서 가장 기억에 남는 기사는 〈벌거벗고 온 손님〉이란 제목으로 연재된 번역 소설 《Naked Came The Stranger》다. 여주인공의 불륜행각을 다룬 에로물이었는데, 요즘 기준으로 보면 싱겁기 짝이 없는 수준이지만 당시로서는, 더욱이 온몸으로 성적 호기심이 스멀거리던 소년들에게는 놀라운 비경이 담긴 파격적인 내용의 도색 소설이었다.

《선데이 서울》에 두 페이지 정도에 걸쳐 연재되던 이 소설을 찔끔찔끔 보면서 감질나 하던 내가 아예 책으로 나온 이 소설을 보게 된 게 정확히 언제 어디서였는지 기억나지 않는다. 아마 중학교 3학년 무렵이거나 고등학교 시절이었을 게다. 어떤 경로였는지 모르지만 《벌거벗고 온 손님》이란 소설책이 내 손에 들어온 것이다. 이 소설은 패넬로프 애시Penelope Ashe라는 가정주부의 작품으로 소개되었지만, 실제로는 《뉴스데이Newsday》라는 잡지의 기자 25명이 돌아가며 쓴 공동창작품으로 알려져 있다.

《벌거벗고 온 손님》이란 소설이 보여주듯 《선데이 서울》의 가장 핵심적인 코드는 다름 아닌 '성'이었다. 창간 당시 《선데이 서울》은 "대중의 구미에 맞는 '넘치는 멋'과 '풍부한 화제' 그리고 '감미로운 내용'을 담은" 대중잡지라는 기치를 내걸었지만 이는 결국 '야한 사진'과 '가십과 스캔들' 그리고 '선정적인 내용'을 의미하는 것이었다.

성에 관해 공개적으로 거론하는 것이 금기시되던 당시 《선데이 서울》은 가장 첨단을 달리는 대중적 성 담론 매체였다. 학교서건 어디서건 제대로 된 성교육을 받을 수 없었던 당대의 청소년들은 어른들이 보는 이 수상한 잡지를 통해 은밀히 성에 관한 지식을 습득했다. 삼촌이나 형이 보던 잡지를 몰래 훔쳐보거나 이발소 등에 비치되어 있는 잡지를 눈치 봐가며 들춰보던 기억, 이 시대에 소년기를 보낸 세대라면 누구나 갖고 있을 것이다.

《선데이 서울》에서 가장 인기 있는 지면은 아무래도 여성들의 수영복 화보였다. 당대의 웬만한 여배우들치고 수영복 화보에 등장하지 않은 경우는 드물다. 잡지의 맨 뒤편에는 주로 해외의 수영복 사진이 실렸는데, 이를 보며 8등신 백인 미녀들에 대한 관음증적 판타지가 본격적으로 싹트는 경험을 한 게 나뿐만은 아닐 게다.

특히 압권은 잡지 한가운데 보통 지면의 세 배 크기로 실리던 대형 브로마이드 사진이었다. 이른바 센터폴드centerfold● 다. 이 압도적인 육체의 스펙터클은 당대 청년세대는 물론이고 성적 호기심이 충만했던 10대 청소년들에게 가장 자극적인 볼거리가 아닐 수 없었다. 물론 이발소에서 보는 잡지들에서 이런 화보는 누군가

● 잡지의 중간에 그림, 사진 따위를 접어서 넣은 페이지를 말한다.

나의 문화편력기

《주간경향》

《주간여성》

이미 떼어가고 없는 경우가 대부분이었다.

《선데이 서울》은 이른바 연예저널리즘의 전형을 만들어낸 잡지이기도 하다. 오늘날 주로 인터넷을 매개로 한 연예저널리즘이 연예인에 대한 파파라치적 취재나 사생활 침해, 낚시 기사, 가십과 스캔들 양산으로 논란을 낳기도 하지만, 이런 연예저널리즘의 원형은 단연 《선데이 서울》에서 찾아져야 한다.

《선데이 서울》의 연예 기사는 수영복 화보와 함께 신인 연예인들이 얼굴을 알리고 유명해지게 만드는 역할을 했다. 《선데이 서울》이 기록한 최고 판매부수가 23만부였고, 1200호 가까이 내면서 평균 부수가 10만이라고 하니 그 위력은 지금의 인터넷 연예저널리즘보다 덜하지 않았을 터다.

《선데이 서울》은 온갖 황당무계한 이야기 거리나 추잡한 뉴스, 엉뚱한 사건 사고를 전하는 정보 매체이기도 했다. 실제 있었던 일인지 지어낸 일인지조차 알 수 없는 황당하고 자극적인 사건들, 신문과 방송의 점잖은 뉴스로는 절대 다루어지지 않을 시시콜콜하고 낯 뜨거운 이야기들이 온갖 가명과 이니셜로 포장되어 다루어졌다. 이를테면 〈70대 나이에 아직도 젊은 여성들과 잠자리를 하는 노인의 비결〉, 〈영화 구경하는 체 엉뚱한 짓 하다 경찰에 끌려간 청년〉, 〈애인과 잠자리했다고 화대 요구한 포주와 맞서 싸운 윤락녀의 순정〉 같은 것들이다.

《선데이 서울》 같은 주간지들이 한창 인기를 끌 때 《야담과 실화》, 《명랑》, 《아리랑》 같은 성인 월간지도 덩달아 전성기를 누렸다. 이런 유의 성인 잡지는 드러내 놓고 성교육과 순결 교육 매체를 자임하기도 했다. 이런 잡지들에는 전국 각지에서 보내온 '고민남', '고민녀'들의 성 상담을 해주는 이른바 〈Q&A〉 코너가 빠지지 않았다. "지난여름 휴가 갔다가 그만 넘지 말아야 할 선을 넘고 말았습니다." 따위의 고민에 제법 진지한 포즈로 답해주는 이 코너는 사실상 그 자체가 은밀하게 성적 판타지를 부추기는 섹스 기사나 다름없었다.

《선데이 서울》과 관련하여 또 하나 빠트릴 수 없는 것은 늘 지면의 한편을 장식했던 만화들이다. 《선데이 서울》은 어른들을 위한 만화를 지속적으로 연재했다. 《선데이 서울》의 지면을 장식한 만화 가운데는 **박수동**의 〈고인돌〉, **방학기**의 〈임꺽정〉 등 우리 만화사의 걸작들도 적지 않다. 이 잡지가 내 손에 놓일 때마다 가장 애착을 갖고 탐독한 것도 이 만화들이다.

성에 대한 관심, 가십과 오락에 대한 흥미는 대중의 보편적인 욕구에 해당한다. 어느 사회건 그런 욕망과 관심을 대변하는 문화는 일정하게 존재하기 마련이다. 정치적 억압과 급속한 경제 성장의 와중에서 질식할 듯한 삶을 살았던 당대의 대중에게 《선데이 서울》은 최소한의 욕망을 분출시킬 수 있는 통로가 되어주었다. 《선데이 서울》이 떳떳하고 자랑스럽게 들고 볼 수 있었던 잡지는 결코 아니었지만, 나를 포함해 그 시절 청소년기를 보낸 사람들에게 아련한 추억과 향수의 대상이 되어 있다.

《선데이 서울》이 성공하면서 그와 유사한 잡지들이 쏟아져 나왔다. 중앙일간지들이 자매지로 발행하는 《주간경향》, 《주간여성》 같은 잡지들은 《선데이 서울》이 나온 지 얼마 되지 않아 나왔고, 70년대 후반에는 지방일간지들인 부산일보와 국제신문 같은 데서 만드는 《주간부산》, 《주간국제》 같은 타블로이드 주간지들이 등장했다. 버스나 기차를 타고 여행할 때 이런 주간지들은 여행 시간의 지루함을 덜어줄 수 있는 가장 손쉬운 동반자였다. 당시에는 고속버스마다 안내양들이 타고 있었는데, 손에는 타블로이드를 들고 읽다가 늘씬한 안내양의 뒷모습을 흘끔흘끔 훔쳐보는 남자들의 모습은 대부분의 고속버스에서 흔히 볼 수 있었다.

이 잡지들은 80년 신군부가 정권을 잡으면서 이른바 사회정화 사업의 일환으로 대부분 폐간되었다. 《창작과비평》과 《문학과지성》, 《뿌리깊은 나무》, 《씨올의 소리》 같은 비판적 지성지들을 폐간시키면서 선정적 주간지들을 구색으로 끼어 넣은 것이었다. 그런 가운데서도 《선데이 서울》은 의연히 살아남았다. 《선데이 서울》은 당시 정부가 실질 소유자였던 관영신문 서울신문사가 발행했다.

선데이 서울과 딴지일보

세월이 지난 후 오랫동안 잊고 있던 《선데이 서울》의 기억을 강력하게 환기시킨 건 다름 아닌 《딴지일보》다. 《딴지일보》는 창간사를 통해 스스로를 '초절정 하이코미디 씨니컬 패러디 황색 싸이비 싸이버 루머 저널'을 지향한다고 선언하며 자신의 라이벌은 오직 《선데이 서울》 뿐이라고 천명했다. 《딴지일보》가 창간호(1998.7.6.)를 낸지 얼마 되지 않은 시점에 우연치 않게 이 사이트를 발견한 나는 단박에 《딴지일보》 광팬이 되었고 어린 시절 《선데이 서울》에 빠져들었던 만큼이나 열심히 찾아 읽었다. 이후 《한겨레》 등 몇몇 일간지와 주간지에 《딴지일보》를 소개하는 칼럼을 쓰기도 했고 그 인연으로 김어준 총수와도 가까운 사이가 됐다.

물론 《딴지일보》는 《선데이 서울》과 많이 다르다. 《딴지일보》는 B급 황색지를 표방하는 그 위악적 표정 뒤에 우리 시대의 건전한 상식을 대변하는 통렬한 비판정신을 분명히 보여주고 있기 때문이다. 1999년 6월 17일자 《한겨레》에 실렸던 내 칼럼의 마지막 부분을 옮겨 본다.

"사실 《딴지일보》를 그저 뒤틀린 세상에 대한 뒤틀린 반응 정도로 보는 것은 잘못이다. 《딴지일보》는 그 좌충우돌하는 풍자와 웃음 아래 나름대로 사회를 보는 분명한 안목과 비전을 갖추고 있다. 굳이 이야기하자면 '허위의식과 권위주의가 존재하지 않는 사회', '장애인이든 누구든 인간답게 살 권리를 보장받는 사회', '다양한 사람들의 다양한 문화가 평화롭게 공존하는 사회'가 《딴지일보》가 지향하는 명랑사회의 내용이다. 그리고 그것이야말로 지금 우리 사회의 많은 사람들이 갈망하는 바이며 공감해야 할 바이기도 하다. 그런 의미에서 나는 오히려 《딴지일보》야 말로 우리 시대에 필요한 건강한 상식을 대변한다고 믿는다. 아직 '우끼고 자빠진' 비리의 주인공들이 여전히 목에 힘주고 있는 상황에서 《딴지일보》는 좀 더 세게, 좀 더 오래 잘 나가도 좋다고 생각한다."

김내성의 청춘극장

중학교 독서 체험에서 가장 인상 깊게 남아 있는 건 학교에서 빌려본 **김 내성**의 《청춘극장》이다. 중학교 1학년 때 담임이었던 국어 선생님이 수업 중 언급하셔서 알게 된 책이다. 그보다 몇 년 전쯤 영화 《청춘극장》●강대진 감독, 1967이 개봉한 바 있다. 이 영화를 보진 못했지만 신성일과 윤정희가 나오는 포스터를 흥미롭게 본 기억이 있었기에 이 책에 대한 호기심이 생겼다. 학교 도서관에는 3권짜리 판본이 있었는데 첫 권을 빌려 읽은 《청춘극장》은 정말 환상적으로 재미있었다. 3일 연속으로 대출해 한꺼번에 다 읽었다. 당시 친하게 지내던 같은 반 친구에게 이 책을 추천했고, 친구 역시 이 책을 단숨에 다 읽었다. 둘이서 이 작품의 재미에 대해 감탄하며 토론(?)한 기억도 난다.

《청춘극장》은 지주의 아들로 태어나 일본 유학을 하고 학병으로 끌려갔다 오는 백영민, 그와 혼인하지만 생이별하고 나중에 백영민을 찾아 만주까지 가 그를 구하는 순애보의 허운옥, 백영민의 사랑을 받아 아이까지 낳는 신식 여성 오유경 등 세 사람의 삼각관계를 중심으로 독립 운동가들과 친일파들이 얽히고설키면서 복잡한 이야기들이 이어지

●
〈청춘극장〉은 홍성기(1959), 강대진 (1967), 변장호(1975) 감독에 의해 세 번 영화로 만들어졌다. 내가 본 포스터는 강대진 감독의 1967년 작품인데, 신성일, 고은아, 윤정희가 나왔다. 특히 윤정희의 데뷔작으로 유명하다.

김내성의 《청춘극장》, 세창출판사, 1973년판

는 소설이다. 등장인물이 하도 많아 이름을 노트에 적고 관계도를 그려가며 읽어야 했다.

《청춘극장》은 그 시절 영화나 소설 같은 대중적 장르가 가진 서사적 특성을 전형적으로 보여주는 작품이다. 주인공들은 모두 빼어난 미남 미녀거나 매력적인 인물로 주변 사람들의 사랑과 질투를 동시에 받는다. 여자들은 한 남자를 위해 목숨을 거는 순애보를 보여주고, 남자들은 조국의 독립을 위해 싸우거나 여자를 위해 헌신한다. 악한 남자들은 처음부터 끝까지 악독하고 비굴하며 음모와 배신을 밥 먹듯하다 결국은 응분의 대가를 치른다.

〈청춘극장〉 광고

이 소설에 등장하는 수많은 남녀 등장인물들 사이에는 복잡하고 중층적인 삼각관계가 형성된다. 또 남자들 사이의 관계에서는 의리와 배신, 복수와 탈출 등 그야말로 전형적인 서사 속에 다양한 액션 장면이 등장된다. 이후 수많은 소설이나 영화 등에서 만난 이야기들, 플롯들이《청춘극장》이라는 소설 속에 거의 대부분 담겨 있었다 해도 과언이 아니다.

단언컨대《청춘극장》은 사춘기를 지나는 내가 가장 완벽하게 몰입해 가장 재미있게 읽으며 감동받았던 소설이다. 그 이전에도, 이후에도 그만큼 날 몰입시켰던 책이 있었나 싶을 정도다. 그 시절 나는 김내성이란 사람이 한국문학사에서 가장 위대한 작가라는 사실을 의심하지 않았다. 이광수, 김유정, 김동인, 현진건 등 그 어떤 작가의 작품도 나를 그 정도로 몰입시

〈청춘극장〉 광고

나의 문화편력기

〈청춘극장〉의 장면

키지는 못했으니까. 그런데 이상하게도 '김내성'이란 이름은 한국 문학전집 같은 데에 들어있지 않았다. 어떤 문학사 책이나 비평에서도《청춘극장》이 혹은 '김내성'이라는 이름이 언급된 걸 본 적이 없다. 문학사적 정전에 오르는 이른바 본격 문학과 대중적 사랑을 받는 베스트셀러 유의 통속 문학이 속한 세계가 그렇게 다르다는 걸 김내성을 통해 알게 됐다.

김내성의 《쌍무지개 뜨는 언덕》, 아리랑사, 1978년판

김내성은 30년대부터 작품 활동을 시작해 50년대에 최고의 인기를 누린 작가다. 그의 작품은 연애 소설에서 추리 소설 그리고《쌍무지개 뜨는 언덕》같은 아동물에 이르기까지 다양하게 걸쳐 있는데, 특히 '유불란'이라는 탐정 캐릭터이 이름은 모리스 르블랑에 대한 오마주다.를 등장시킨 추리 소설의 개척자로 잘 알려져 있다.

《청춘극장》은 49년부터 52년에 걸쳐 다섯 권으로 출간되었고, 전쟁 전후의 피폐한 상황에서 무려 15만 질이나 팔린 대형 베스트셀러다. 한 시대를 풍미한 인기 작가지만 세월이 흘러 더 이상 기억되지도 읽히지도 않는 건 어쩌면 통속적 대중작가의 숙명인지 모른다. 책방에도 영화관에도 TV에도 온갖 대중적 서사가 널려 있는데 누가 수십 년 전 베스트셀러를 찾아 읽겠는가.

소설가 전상국 선생님

중학교에는 국민학교 때와 비교할 수 없을 만큼 큰 도서관이 있었고 많은 책들이 있었다. 중학생이 되면서 이 도서관의 책들을 읽는 재미를 알게 됐다. 《한국문학전집》에 있는 이광수, 김동인, 김유정, 황순원 등의 소설집을 읽었다. 괴테의 《파우스트》를 도서관에서 빌려 읽은 기억도 있다. 중학교 1학년 때 담임선생님은 국어 교사였고 그 학교에서 몇 안 되는 여자 선생님 중 한 분이었는데 나를 특별히 아껴주셨다. 어느 날 선생님이 나를 불러 책 한 권을 선물하셨다. 솔제니친의 《이반데니소비치의 하루》였다. 선생님이 내 지적 능력을 과대평가하신 게 틀림없었다. 몇 페이지를 넘기며 읽어보았지만 어렵게만 느껴졌고 도무지 흥미가 생기지 않았다. 책장에 고이 모셔두고 언젠가 좀 더 크면 읽어야지 했지만 끝내 읽지 못했다. 한 가지 더 기억나는 게 있다. 중학교에 입학하고 첫 날 국어 시간이었다. 당연히 국어 담당이던 담임선생이 들어오셔야 했는데 그날 몸이 아파 결근하신 선생님 대신 다른 분이 들어왔다. 그 분은 1학년이 아니라 3학년 국어 담당이었다. 점잖은 남자 선생님이었다. "누구, 중학생이 된 소감을 한번 말해 봐." 아무도 손을 들지 않자 그 분이 "그럼 내가 지명하는 사람이 말해 봐." 하시며 몇 사람을 손가락으로 가리켜 불러냈다. 내가 두 번째로 불려 나갔다. 내가 뭐라고 했었는지는 기억에 없다. 다만 그 선생님이 내 얘기를 다 듣고는 "좋은 얘기다. 꼭 그렇게 하길 바란다."며 격려해주신 건 분명히 기억에 남아 있다. 그 선생님은 이후 다시 교실에서 뵌 적이 없다. 내가 2학년으로 올라갈 때쯤 서울로 전근을 가셨다고 했다. 그 선생님 이름이 '전상국'이었다. 그 분이 《아베의 가족》이나 《우상의 눈물》 같은 걸작을 쓰신 유명 소설가라는 걸 그때 내가 알 리는 없었다.

노란 책과 빨간 책

어린 시절 우리 식구는 안방에 모여 살고 나머지 방은 세를 놓을 때가 많았다. 이런저런 뜨내기 식구들이 거쳐 가다 보니 임자를 알 수 없는 책들이 꽤 있었다. 우리집에 굴러다니던 책들 가운데에는 누런 갱지에 조악하게 인쇄되어 척 보기에도 저질스러워 보이는 것들도 있었다. 소위 딱지본 서적이다.

그 가운데 하나가 《동경의 0시》라는 책이다. 노란 색 표지에 중절모를 쓰고 가죽장갑을 낀 채 주먹을 부르쥐고 있는 남자의 얼굴이 그려져 있었

《동경의 0시-푸른 하늘에 침을 뱉어라》, 한림문화원, 1986년판(《동경의 0시》는 80년대에도 출판된 기록이 있다.)

다. '김종수'라는 사람이 쓴 수기였고, 제목 옆에는 〈푸른 하늘에 침을 뱉어라〉는 부제가 쓰여 있었다. 《동경의 호랑이》도 있었는데 여기엔 〈속 푸른 하늘에 침을 뱉어라〉란 부제가 달려 있었다. 필자는 야쿠자의 세계에 들어가 '우에노의 호랑이'라는 별명을 얻으며 꽤 높은 서열에까지 올랐던 재일교포라 했다.

주인공은 의대를 중퇴하고 야쿠자가 된 후 수많은 모험을 겪고 상대를 거꾸러트리며 중간 보스의 지위에까지 오른다. 이후 은행을 터는 등 범죄 행각을 벌이다 체포되고 감옥에 가지만 거기서 탈옥을 하고... 뭐 그런 식의 이야기였다. 실화라고 믿기엔 좀 황당한 얘기가 많았지만, 중요한 건 스

토리가 아니라 그 과정에 등장하는 숱한 싸움 장면과 수많은 여자들과의 섹스 장면이었다. 지금 생각해 보면 조잡하기 짝이 없는 문장으로 점철된 깡패 이야기였는데, 이제 막 10대로 접어든 내게는 그야말로 멋진 사나이들의 흥미진진한 세계가 아닐 수 없었다.

이런 책 속에서 깡패들의 세계는 사나이다운 의리와 담대한 용기라는 표현보다는 '깡다구'라는 표현이 어울리겠지만, 음모와 배신, 끈끈한 우정과 달콤한 로맨스가 어우러진 영화 같은 세계였다. 현실 속에서는 내가 절대 경험할 수 없을, 뭔가 근사하고 멋진 남자들의 세계, 소년소녀명작 소설 같은 데서는 결코 느낄 수 없는, 적나라한 욕망을 날 것 그대로 뻔뻔스럽게 밀고 나가는 동물적인 세계였다.

그 시절 한국 영화의 주요 장르 가운데 하나가 깡패들을 주인공으로 한 액션 영화였다. 장동휘가 보스로 나오는 〈팔도 사나이〉 시리즈와 박노식이 만든 〈용팔이〉 시리즈 그리고 명동이나 남포동 같은 지명을 제목으로 삼은 많은 영화들이 있었지만, 당시의 나는 이 영화들을 대부분 볼 수 없었다. 미성년자불가였던 탓이다.

대신 《동경의 0시》 같은 책을 통해 액션 영화의 즐거움을 간접 경험하고 있던 셈이다. 아무리 허접한 책이라도 배우는 건 있는 법이다. 우선 이 책을 통해 '오야붕親分'이란 말을 처음 알게 됐다. 정확한 의미야 알지 못했지만 문맥상 '두목' 정도의 의미일 거라 짐작할 수 있었다.

이 책에서 인상적으로 남아 있는 건 주인공이 감옥에서 탈출하기 위해 결핵 환자를 가장하는 부분이다. 그는 목구멍을 찔러 피를 내고 쇳가루를 만들어 가슴에 바른 다음 X레이 사진을 찍어 결핵 환자 판정을 받는다. 연필

깎는 칼로 손가락만 슬쩍 베어도 엄청난 고통을 느끼는데 목구멍을 찌르다
니, 난 스스로 자기 목구멍에 상처를 내는 주인공의 모습을 상상하면서 몸
서리를 쳐야 했다. 나는 감옥에 갈 일도, 탈옥할 일도 없고 따라서 목구멍을
찌를 일도 없으니 얼마나 다행인가, 하는 안도감이 있었다. 소설이나 영화를
보며 갖게 되는 간접경험의 즐거움에는 주인공이 겪는 곤궁하고 위험한 처
지로부터 벗어나 있음을 확인하는 데서 오는 안도감도 포함되는 것일 게다.

우리집 안팎에서 굴러다니던 딱지본 책 가운데는 무협지도 있었다. 정협
지, 군협지 그리고 제목이 생각 안 나는 낡은 책들... 무협지를 많이 보지는
않았지만 몇 개를 읽으면서 그 플롯이 너무 뻔하다는 생각을 했다.

악당의 습격으로 부모나 스승을 잃고 부상당한 주인공이 동굴에 갇히거
나 낭떠러지에 떨어진다. 거기엔 반드시 그를 구해주고 절세의 무공을 훈련
시켜 줄 스승이 있기 마련이다. 결국 고수가 된 주인공은 그를 따르는 여자
들과 함께 복수에 성공한다. 이런 소설들에서는 주인공이 위기에 몰리다 낭
떠러지에 떨어지면 오히려 안심이 됐다. 그는 틀림없이 살아날 테니까. 무
협지는 한 번 잡으면 끝까지 읽게 만드는 흡인력이 있었다. 친구들 가운데
는 어느 결에 무협지에 빠져 다른 일을 작파하고 무협지만 들여다보는 경우
도 있었다. 하지만 다행스럽게도 나는 더 이상 무협지에 빠지지는 않았다.
적당히 맛만 보고 손을 뗀 셈이다.

그 시절 접한 정체불명의 책들 가운데 빨간 책이라는 게 있었다. 간단히
말하면 포르노 소설이다. 조악한 갱지에 불법으로 인쇄된 책들이다. 통상 이
런 책들은 성에 대한 호기심으로 온 몸이 스멀거리는 중학생이나 고등학생
시절 학교에서 친구들을 통해 접하게 되기 마련이다.

하지만 내가 이런 책들을 알게 된 건 학교가 아니었다. 학교에서 나는 대체로 공부 잘하는 모범생이었고, 내 주변의 친구들도 대부분 그랬다. 물론 그 때문에 의도적으로 빨간 책의 세계를 멀리했다는 뜻은 아니다. 우연치 않게 내가 중고등학생이었던 시절에 그런 책들이 적어도 내 눈에 그다지 띄지 않았다는 의미일 뿐이다. 대신 《플레이보이》, 《허슬러》 같은 미군부대를 통해 흘러나온 도색 잡지들이 돌아다녔다. 춘천에는 대규모의 미군기지가 있었다. 그것도 학교에서 그리 멀지 않은 곳에, 헌책방마다 쉽게 들춰 볼 수 있을 만큼 쌓여 있었다.

중학교 1학년에 입학한 지 얼마 되지 않았을 때 옆 자리의 짝이 《플레이보이》에서 오려낸 몇 페이지를 내게 보여주었던 게 그런 그림을 본 첫 경험이다. 그 친구는 입학하고 만난 첫 날부터 줄곧 그 방면에 대한 관심을 쏟아냈다. 어느 날 그가 말했다. "야, 너 체육 교과서 봤니? 그거 되게 재밌다. 여자들이 중학생이 되면 보지에서 피나고 뭐 그런 거 다 나와." 난, 설마 이게 무슨 소리인가 싶었다. 나중에 찾아본 체육 교과서에는, "여성들은 10대 초중반에 월경이 시작되고" 하는 구절이 들어 있었다.

그 친구가 어느 날 수업 시간에 조심스럽게 몇 장의 종잇조각을 건넸다. 거기엔 알몸의 여자들이, 심지어 음모까지 드러낸 여자들이 있었다. 나로서는 평생 처음 본 사진들이었고 당연히 충격적이었다. 며칠 동안 그 모습이 머리를 떠나지 않아 잠을 설칠 지경이었다. 물론 그런 충격이 오래 가지는 않았다. 중학교 교실에는 시도 때도 없이 도색잡지에서 뜯어낸 사진들이 돌아다녔으니까.

그보다 충격이었던 게 바로 빨간 책들이다. 이 책들을 알게 된 건 학교가 아니라 동네 형들을 통해서였다. 우리집에는 세를 들어 살거나 하숙을 하는 형들이 여럿 거쳐 갔고, 그들이 간 자리에는 이런저런 잡동사니들이 남게 마련이었는데, 그 안에 그런 책들도 있었다. 아니면 좀 '노는' 동네 형들에게 빌린 것일 수도 있다.

《女女女》란 책은 섹스와 관련된 실화라고 표지에 쓰여 있었다.들을 모은 것이었다. 하숙집 여주인이 밤마다 하숙생 방을 찾아간다든가 뭐 그런 유의 이야기들이었다. 섹스 묘사가 그리 노골적이지는 않았지만, 그게 실화라는 상상을 하게 되니 그만큼 더 야한 느낌이 드는 책이었다. 그밖에 《밤을 즐기는 아이디어》인가 하는 책은 섹스에 관한 이런저런 정보들, 이를테면 섹스의 체위, 자위의 방법 등을 친절하게 적어 놓은 지침서일종의 자기계발서랄까? 였던 걸로 기억한다.

뭐니 뭐니 해도 빨간 책의 대명사는 《꿀단지》였다. 이 책은 그다지 친하지도 않았던 동네 형에게서 전달받았다. 어느 날 우연히 동네서 만난 형이 나를 구석으로 끌고 가더니 음흉한 눈빛으로, 그러면서 마치 내게 대단한 은혜라도 베푼다는 듯한 어조로 "너, 이것 읽어봤냐?"고 했다. "내가 금방 갖다 줘야 하니까 그 사이에 읽어 봐." 이 책이 내 손에 있던 건 고작 두세 시간이 전부였다. 나는 집 근처 사람들이 별로 다니지 않는 언덕배기 나무 아래에 앉아 정신없이 이 책을 다 읽었다.

대개 이런 종류의 책은 그 나이 소년들에게 자위용 환상을 제공하는 텍스트가 되기 마련이지만 그렇게 써먹을 틈도 없었다. 나중에 보니 《꿀단지》는 거의 전국적인 베스트셀러였다. 다른 지역에서 학교를 다닌 친구들도 그 제목을 알고 있었다. 그리고 버전도 여러 가지였다. 제목은 같은 《꿀단지》인데

서로 얘기하다 보면 내용이 다른 경우도 많았다.

《꿀단지》이후 어찌어찌 내 손에 들어온 빨간
책들을 몇 읽었던 기억이 있다. 조잡한 문장과 개
연성 없는 줄거리, 거기에 '졸졸', '질퍽질퍽' 따위
의 생경한 의성어와 의태어들이 난무했다. 그런
책들은 그야말로 그 순간 자위용 환상을 제공하
는 것 외에 어떤 의미도 없었다. 물론 그런 책을
읽었다고 나쁜 아이가 되지도 않았다.

당시 여러 판본의 《꿀단지》들이 존재했다.

열 살 안팎의 나이에 이런 유의 책을 읽는 게 보편적인 일은 아닐 것 같
다. 내가 좀 조숙한 소년이었던 점도 있지만, 무엇보다도 60년대 말에서
70년대 초에 이르는 시기 우리집 울타리를 드나드는 사람이 워낙 많아 온
갖 잡다한 물건들을 접할 수 있었던 까닭이다.

《선데이 서울》같은 주간지, B급 딱지본 소설, 무협지, 서지 사항을 알 수
없는 정체불명의 책들 등 읽을거리에 굶주렸던 나는 손에 잡히는 것들을 닥
치는 대로 읽어댔다. 덕분에 건전한 상식을 가진 부모라면 그 나이의 자식이
읽기를 결코 바라지 않을 책들을 많이 접한 셈이다. 덕분에 교과서와 학교가
결코 가르쳐 주지 않는 세계에 대해 또래들 보다 먼저 눈을 뜬 셈이니 지금
생각하면 내 어린 시절의 환경이 선사한 행운이 아닐 수 없다.

나의 문화편력기

조영남과 이외수

중고등학교시절 우리집에 굴러다니던 책들 중에는 《월간 세대》라는 잡지도 있었다. 한동안 아버지가 그 잡지를 구독하셨던 것 같다. 주로 집에 있는 공휴일 같은 때 그런 잡지들을 찾아 읽곤 했다. 《월간 세대》는 성인 시사 잡지였고 한자가 많이 섞이긴 했지만 더러 나 같은 중고딩 수준에서도 재미있는 읽을거리들이 있었다. 거기서 본 두 개의 글이 기억에 남아 있다. 하나는 가수 조영남이 쓴 〈나의 반(反) 인기가수론〉이란 글이다. 당시 조영남은 최고의 인기를 누리던 전성기는 아니었지만 여전히 대중적인 인기 가수였고 방송에도 곧잘 나왔다. 나는 그의 노래를 좋아해서 즐겨 부르곤 했는데 그런 스타가 글을 썼다는 게 신기하게 느껴졌다. 게다가 '반 인기가수론'이라니. 내용이 자세히 기억나지는 않는다. 다만 당시의 가요계 풍토와 연예계 문화에 대해 다소 냉소적인 비판을 담은 내용이었던 것 같다. 중요한 건 가수가 이렇게 장문의 글을 잡지에 실을 수 있다는 사실이었다. 알려진 연예인이 글을 쓴 걸 본 건 그게 처음이었다. 나중에 80년대 중반 조영남 씨를 처음 만났을 때 그 이야기를 했다. 그는 그 글을 기억하고 있었고 내가 그걸 읽었다는 데 대해 크게 놀라워했다. 내게 '글 쓰는 연예인'의 이미지를 처음 보여 준 조영남은 70세가 넘은 지금도 여전히 잘 나가는 현역으로 활동하고 있다.

세대 잡지에서 가장 인상적으로 읽은 또 하나의 글이 이외수 작가의 데뷔작인 중편 소설 《훈장》이다. 그 소설은 당시까지 내가 읽었던 세계 명작 유들이나 식민시대 작가들의 작품들과는 상당히 달랐다. 그 작가가 바로 내가 사는 춘천에 살고 있다는 사실도 각별하게 느껴졌다.

내 고등학교 시절 알만한 친구들 사이에서 이외수는 전설이었다. 그가 엄청나게 술을 많이 마시며 줄담배를 피우는 골초라거나 4년마다 올림픽을 기념해 목욕을 한 번씩 할 정도로 지저분하게 살지만 냄새가 전혀 안 난다는 얘기, 나무젓가락으로 파리를 잡고 젓가락을 던져 벽에다 꽂는 무예의 고수라는 얘기 같은 게 떠돌아다녔다. 지나치게 일찌감치 문학의 세례를 받은 고딩 문청 가운데 이외수의 매력에 빠져 학교를 작파하고 그를 쫓아다니는 친구들도 있다는 얘기도 들었다.

춘천과 서울을 자주 오가던 대학 시절, 기차에서 이외수의 모습을 이따금 볼 수 있었다. 예나 지금이나 긴 머리에 덥수룩한 수염의 도인 아니면 거지꼴이었는데, 그의 소설을 재미있게 읽은 나로서는 한번쯤

다가가 인사를 하고 싶었지만 그러지 못했다. 아직까지 그와는 정식 인사를 나누지 못했다.

이외수의 작품은 대학 시절에도 읽었다. 대학에 와서 의식화 과정을 겪으며 창비나 문지 계열의 대표 작가들 작품을 많이 읽었는데, 이 와중에도 이외수에 대해서는 여전히 관심이 있었다. 대학 1학년 때 읽은 《꿈꾸는 식물》이나 이후에 읽은 《장수하늘소》 등의 작품은 특유의 감각적인 문장으로 내게 깊은 인상을 주었다. 그의 글은 재미있었고 사회성이 주는 무게가 없어 읽기 편했다. 당시 대학생들이 즐겨 읽던 진보 문학계나 지식인 문학계에서 이외수는 그리 높게 평가받지 못하는 작가였다. 그의 작품을 읽는 건 내게 일종의 길티 플레저와 같았다. 요즘 이외수 작가가 사회적 발언을 주저하지 않으며 SNS 시대의 스타가 된 것을 보며 내심 재미있다는 생각을 했다. 그 시절 한국 문단을 주름잡으며 문학사의 정전에 올랐던 작가들은 거의 보이지 않는데 그저 대중적 베스트셀러 작가 정도로 치부되던 이외수는 젊은 세대까지 아우르는 팬덤을 거느리며 나름 의미 있는 사회적 역할을 하고 있으니 말이다. 우리 사회에서 지식과 지식인이 생산되고 지식인의 사회적 힘과 권위가 조직되는 방식이 그만큼 달라졌음을 보여주는 것 아닌가 싶다.

성인만화

70년대 초반부터 성인만화 붐이 일었다. 고우영의 《임꺽정》, 《수호지》 등이 일간스포츠에 연재되면서 시작된 성인만화 붐은 한동안 엄청난 분량의 온갖 만화를 쏟아내며 이어졌다. 중딩, 고딩들은 볼 수 없는 '성인용'이었지만, 이 만화의 가장 중요한 독자는 역시 중고딩이었다.

나 역시 성인만화의 팬이었다. 돈 내고 사서 본 경우는 거의 없지만, 성인만화는 이발소에도 있었고 학교에서도 은밀히 나돌았다. 대놓고 가방에 성인만화를 몇 권씩 싸 갖고 다니는 친구들도 있었다. 성인만화는 대부분 여자의 헐벗은 그림을 표지로 내세워 한창 성에 달뜬 사춘기 소년들의 눈을 자극했다. 어린 시절 만화가 주로 스토리를 들려주는 매체였다면, 중고딩 시절의 만화에서 중요한 건 그림이었다.

《세기의 여간첩 마타하리》

고우영을 비롯해 손의성, 향수, 강철수, 이근철 등 어린이 대상 만화를 그리던 작가들이 속속 성인만화를 내놓았다. 대부분의 만화는 그저 눈에 띄는 그림 위주로 휙휙 읽어 가면 그만이었다. 중요한 건 스토리가 아니었으니까.

투견 만화를 많이 그렸던 향수는 《세기의 여간첩 마타하리》나 《유지광의 혈서》 같은 만화로 인기를 끌었다. 《...마타하리》는 잘 알려진 1차 대전 시기의 실제 인물 '마타하리'의

일대기였고, 《유지광...》은 자유당 시기 정치 깡패들의 이야기
다. 당시 정치 깡패들을 영웅처럼 묘사한 수기류나 만화들이
적지 않게 나돌았던 탓에 우리 세대의 소년들 가운데는 이정
재, 임화수, 이화룡, 류지광, 스라소니, 김두한 등 정치 깡패
들의 족보를 대강 주워섬길 수 있는 아이들이 적지 않았다.

《유지광의 혈서》

《마타하리》는 그 야시시한 표지 때문에 호기심을 끌었
지만, 막상 만화는 그리 야하지 않아 실망했던 기억이 난다.
사실 우리로서야 1차 대전 당시의 정세가 어땠는지 마타하
리가 어떤 히스토리를 가지고 있는지가 뭐 중요했겠는가. 적
당한 간격으로 한 번씩 벗어주면 그걸로 족했는데, 마타하리
는 생각보다 자주 벗지 않았다.

성인만화는 야한 그림과 선정적인 내용으로 눈길을 끌었지만, 막상 이
야기의 결론은 대단히 도덕적인 경우가 많았다. 전혀 도덕적이지 않은 그림
과 이야기를 엮으면서 결론은 도덕성의 회복을 부르짖는 식이었다. 이근의
《제 이름을 돌려주세요》 같은 만화가 그랬다. 인신매매를 소재로 한 만화였
는데, 애인이 인신매매단에 잡혀가자 남자가 인신매매단에 들어가 애인을
찾는 얘기다. 그 과정에서 온갖 폭력과 강간이 난무한다.

성인만화의 압권은 《김일성의 침실》이었다. 제목에서 짐작할 수 있듯이
반공이라는 이데올로기로 포장된 엽색 만화다. 내가 이 만화를 보며 특별히
김일성에 대해 적대감을 더 느꼈던 것 같지는 않다. '때려잡자 김일성'이라
는 구호를 교련 시간마다 외치던 때였으니 이미 김일성은 우리에게 충분히
나쁜 놈이었다. 이 만화는 말하자면 나쁜 놈 김일성이 여자들에게까지 못되

《사랑의 낙서》

《김일성의 침실》

게 굴고 강간을 일삼는 정말 나쁜 놈이라는 얘기였는데, 솔직히 이 만화의 내용을 그대로 믿지는 않았다. 우리에게 중요한 건 그게 김일성이든 누구든 끊임없이 벌거벗은 여자의 몸을 보여준다는 거였다.

성인만화 가운데 내가 가장 '감동적으로' 본 건 강철수의 《사랑의 낙서》 시리즈였다. 대부분의 성인만화는 그림을 보기 위한 것이었지만, 이 만화는 이야기를 읽기 위한 만화였다. 지문도 많았고 야한 장면도 없었지만, 이야기는 야한 상상력을 발동시키기에 충분했다. 《주간여성》에 연재되고 있었는데, 매 에피소드는 대체로 찌질한 남자가 어떻게든 여자를 넘어뜨려보려 애쓰다 마침내 목표를 이룬다거나 좌절한다는 투의 이야기였다. 생각해 보면 철저히 마초적이고 여성비하적인 내용이 대부분이다.

《사랑의 낙서》에는 요즘 표현으로 하면 스토커에 해당하는 남자 얘기도 있었다. 어떤 젊은 남자가 여자를 짝사랑해 스토킹을 한다. 여자는 이 남자가 몸서리나도록 귀찮고 싫어서 갖은 방법으로 떨쳐내려 한다. 그런데 어느 날 갑자기 남자가 사라진다. 처음에 속이 시원하다고 느꼈던 여자가 좀 더 시간이 지나자 그 남자를 그리워하기 시작한다는 식의 얘기였다. 이런 얘기도 있었다. 꽃집 아가씨를 짝사랑한 남자가 매일 그 꽃집에서 꽃을 산다. 온 집안이 꽃으로 쌓일 때까지 고백을 못하고 끙끙 앓다가 마지막으로 꽃집으로 가서 온갖 꽃을 산 뒤 아가씨에게 준다. 감동한 아가씨가 마음을 열고 마침내 사랑이 맺어진다. 지금 생각하면 말도 안 되는 마초적 스토리고 게다가 유치하기 짝이 없지만, 당시 나는 그런 이야기들에서 묘한 페이소스를 느꼈다.

《사랑의 낙서》는 다른 성인만화들과 달리 사랑과 연애에 대한 에세이 같았다. 그 시절 내가 가진 사랑과 연애에 대해 생각은 딱 그 수준이었다. 나는 그 유치찬란한 연애 담론에 감동하고 있었다. 아직 여자를 사귄 적도 없고, 국민학교 동창들 외에는 이름을 아는 또래 여자도 없던 시절, 이 만화는 연애와 사랑, 섹스에 대한 내 초기의 원형적 관념을 형성하는데 적지 않은 영향을 미쳤다.

0시의 햇불

어린 시절 우리집 안팎으로 굴러다니던 책 중 기억나는 것 하나가 《0시의 햇불》이라는 책이다. 제목이 뭔가 가슴을 두근거리게 하는 데가 있었다. 통행금지가 시작되는 0시에 햇불을 들다니. 이 책은 당시 부산일보 기자였다가 나중에 청와대 비서관이 되는 '김종신'이란 사람이 쓴 박정희 예찬론이다. '0시의 햇불'이란 박정희를 앞세운 군인들이 한밤중에 한강을 건너 정권을 장악하는 모습을 미화하는 제목이다. 이 책은 어린 내가 보기에도 나

나의 문화편력기

름 흥미진진했다.

군대 내의 부정부패한 문화에 적응하지 못한 한 개성 강한 군인이 나라의 혼란과 위기를 구하기 위해 홀연히 몸을 세워 권력을 장악한 후 평화와 번영의 길로 인도하는 지도자로 거듭나는 이야기다.

말귀를 알아들을 무렵부터 박정희는 나라를 위기에서 구한 영웅이라는 얘기를 귀에 못이 박히도록 들어온 나로서는, 이 책의 이야기를 그대로 믿지 않을 도리가 없었다. 그저 막연히 위대한 대통령 정도로만 생각해 온 박정희의 인간적인 면모와 리더십에 대해 알게 해 준 일종의 위인전이었던 셈이다. 멀쩡하게 살아있는 권력자를 주인공으로 한 위인전을 읽은 것이다. 이 책이 왜 우리집에 있었는지는 알 수 없다. 우리 아버지가 공무원이셨던 걸 생각해 보면, 그 무렵 웬만한 공무원 집에는 이 책이 한 권씩 있어야 했는지도 모른다. 아니면 우리집을 거쳐 간 문간방, 건넌방 누군가에게서 나왔는지도 모를 일이다.

《0시의 횃불》

이 책의 디테일은 전혀 기억나지 않지만 처음부터 끝까지 박정희가 얼마나 위대한 인물인가를 강조하는 에피소드들로 채워져 있던 건 분명하다. 이 책을 읽고 나서 친구들에게 자랑삼아 이 책에 실린 박정희의 에피소드들을 들려주곤 했던 기억도 난다.

우리가 아는 박정희에 관한 정보는 책이 아니라 주로 교사와 어른들의 이야기 아니면 방송이나 대한뉴스 같은데서 본 것이었으니, 내가 이 책에서 본 이야기들은 다른 아이들에게 매우 신기한 얘기로 들렸을 게다. 그런데 주변에서 이 책을 알거나 읽었다는 친구를 본 적이 없다. 이런 책을 읽은 내가 좀 이상한 경우긴 했다. 기껏 열 두어 살의 소년들에게 이런 책이 눈에 띌 리도 흥미로울 리도 없을 테니까.

이 책을 다시 접하게 된 건 대학 1학년, 입주 가정교사를 몇 달 할 때다. 내가 가정교사로 들어간 집은 장교로 퇴역한 육사출신의 집이었는데, 그 집 서재 한가운데 이 책이 꽂혀 있었다. 이 책 말고도 5.16과 박정희의 혁명 동지들에 관련된 책들이 여럿 꽂혀 있었는데, 거기에는 《대지의 가교》라는 책도 있었다. 이 책의 저자는 놀랍게도 '**김형욱**'이었다. 박정희의 충견이었다가 나중에 배신하고 실종된 그 '김형욱'이다. 이런 자도 책을 쓰는구나, 물론 누군가 대필했겠지만, 싶었다. 물론 그 책들을 읽어볼 마음은 전혀 생기지 않았다. 《0시의 횃불》을 처음 읽을 때의 나와 대학생이 되어 다시 이 책을 마주한 나는 전혀 다른 사람이었다.

분노는 포도처럼

대체로 교과서, 참고서 외에는 독서에 시간을 투자하기 어려웠던 고교시절에도 몇몇 중요한 독서 체험이 남아 있다. 70년대에는 집집을 방문하여 책을 파는 외판원들이 많았다. 책 외판원들은 주부들이나 노인들에게 썩

강봉식 번역의 《분노는 포도처럼》, 을유
문화사, 1965년판

●
1939년 작. 존 스타인벡은 이 작품으
로 퓰리처상을 수상했고, 1962년 노벨
문학상도 받았다.

●●
지금 생각해 보면 그 번역자(자료를
찾아보니 번역자는 강봉식이고, 출판
사는 을유문화사로 보인다.)의 생각이
옳았던 것 같다. 이 소설에 포도는 나
오지 않는다. 분노의 포도는 마치 포도
송이처럼 민중의 분노가 영그는 모습
을 비유한 것이다.

훌륭한 말동무가 되어줄 만큼 넉살과 화술이 좋았다. 이들과 어
찌어찌 마주 앉아 얘기 나누다 보면 자기도 모르게 전집류 구매
서류에 사인을 하게 되니 아예 집에 발을 붙이지 못하게 해야
한다는 말이 돌 정도였다. 그러니 웬만한 집에는 외판원들에 의
해 어쩔 수 없이 사게 된 이런 저런 전집류들이 하나 둘씩은 있
기 마련이었다.

우리집에도 아마 그런 방식으로 들어오게 된 것으로 보이는
전집류들이 몇 있었다. 유주현의 역사 소설 《조선총독부》나 《한
국야담설화전집》, 《김동리문학전집》 같은 것들이다. 이 책들 가
운데 어떤 것들은 국민학교 때, 어떤 건 중학교, 또 어떤 건 고
등학교 때 읽었다. 그 가운데 아마 《세계문학걸작선집》 정도에
속해 있을 몇 권의 소설이 있었다. 전집 가운데 낱권만 몇 개 남
아 있었는데, 그 가운데 가장 기억나는 건 **존 스타인벡**John Ernst
Steinbeck Jr.의 《분노는 포도처럼》●이다.

두꺼운 외국 소설 번역본들은 어딘지 좀 지루하기 마련이고
그래서 도입 부분을 좀 보다가 포기하는 경우가 많았는데, 이 책
은 끝까지 단숨에 읽었다. 〈분노의 포도〉란 제목으로 잘 알려진
작품이지만, 내가 읽었던 판본은 《분노는 포도처럼》이라고 제목
이 달려 있었다. 번역자가 서문에 '흔히 《분노의 포도》라 번역하
지만, 나는 좀 다르게 《분노는 포도처럼》이라고 제목을 붙였다'고 했던 기
억이 난다.●● 이 작품이 어떤 의미를 갖는지 스타인벡이 어떤 작가인지는
물론 알지 못한 채였다.

《분노의 포도처럼》은 미국 대공황기 가난한 노동자 가족이 고통스러운 삶 속에서 인간다움을 잃지 않으며 살아가는 모습을 보여준다. 주인공 톰 조드는 살인 사건으로 복역하다 가석방되어 고향에 돌아온다. 하지만 고향에서 더 이상 살 수 없게 된 가족들은 생존을 위해 캘리포니아로 떠난다. 캘리포니아로 향하는 여정에서 할머니와 할아버지가 죽고 형은 가족을 떠난다.

그래도 캘리포니아에 가면 일자리를 찾을 수 있으리라는 희망이 있었지만, 천신만고 끝에 도착한 캘리포니아는 그들이 생각했던 희망의 땅이 아니다. 자본가들은 저임금으로 농장을 운영하며 노동자들을 착취하고 노동자들은 생계를 잇기 위해 절망 속에서 하루하루를 살아가야 한다. 노동자들이 몰려들수록 임금은 줄어들고 노동자의 삶은 어려워진다. 톰 조드의 친구인 노동운동가 케이시가 파업을 주도하다 농장주의 끄나풀에게 살해되자 톰 조드는 그 살인자를 죽이게 된다. 결국 톰은 노동자들을 위해 투쟁하는 삶을 살겠다는 결심과 함께 가족을 떠난다. 이 소설은 톰 조드의 누이동생이 아이를 사산한 후, 굶주림으로 죽어가는 남자에게 자신의 젖을 물리는 장면으로 끝난다.

소설 마지막 장을 넘긴 후 가슴 먹먹한 느낌으로 한동안 멍하니 앉아 있어야 했다. 그런 느낌은 정말 오랜만이었다. 고등학교에 입학한 뒤로는 입시 공부가 다른 모든 삶을 압도했다. 소설은 영화나 TV에 비해 시간이 필요했으니 늘 입시 공부에 쫓기는 기분으로 살면서 장편 소설을 맘 편히 손에 잡고 읽기란 쉽지 않았다.

《분노는 포도처럼》은 고등학교 시절 몰입해 읽은 많지 않은 장편 소설 가운데 하나다. 가난한 자들의 삶을 핍진한 스토리로 엮어낸 이 작품을 읽

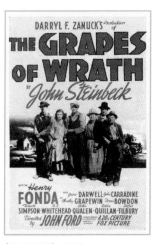

〈분노의 포도〉 포스터

으며 느낀 감동의 정확한 의미가 무엇인지 지금 설명하기는
어렵다. 다만 이 작품을 통해 문학이란 것이 그저 재미있는
이야기를 전달하는 것만이 아니라 사회의 모순이나 가난한
자들의 고통을 생생하게 묘사함으로써 사회에 대해 비판적
인 시선을 갖게 하는 것이기도 하다는 사실을 어렴풋하게나
마 느끼지 않았나 싶다.

그로부터 몇 년이 지나 1982년 여름 TV 주말영화에서
헨리 폰다 Henry Jaynes Fonda가 나오는 〈분노의 포도〉[•]1940를
보게 되었다. 영화는 대체로 원작 소설의 스토리를 따라가
지만, 나를 감동시켰던 마지막 장면은 영화에서 재연되지
않았다. 영화는 원작 소설과는 달리 남은 가족이 새로운 일
자리를 찾아 떠나는 것으로 끝난다. 군사 정권의 언론 통제
가 극에 달해있던 당시에 누가 봐도 좌파적인 관점이 분명
한 이 영화가 방송을 탈 수 있다는 데 놀랐던 기억이 난다.[••]

이후 오랫동안 잊고 있던 이 작품을 다시 기억나게 한
건 1995년에 발표된 브루스 스프링스틴의 〈Ghost of Tom
Joad〉란 노래다. 제목에서 드러나듯 이 노래는 〈분노의 포
도〉가 형상화하고 있는 노동자들의 고단한 여정과 삶을 담
고 있다. 이 노래가 담긴 CD를 처음 만났을 때 온 몸을 싸하
고 지나가는 전율을 느꼈다. 10대에 소설로 읽고, 20대에 영
화로 본 작품을 30대에 음악으로 다시 만난 것이다. 이 노래
의 마지막 절은 바로 톰 조드가 경찰의 추적을 피해 가족을 떠나면서 어머

니에게 남긴 말을 그대로 담고 있다.

"경찰이 누군가를 때리고 있는 곳이라면, 배고픈 갓난아이가 울고 있는 곳, 피와 증오에 맞선 싸움이 있는 곳이라면, 어머니, 난 거기에 있을 겁니다. 누군가 살 곳을 찾아, 일을 찾아, 도움의 손길을 찾아 싸우는 곳이라면, 누군가 자유를 위해 투쟁하는 곳이라면, 거기가 어디든 내가 함께 있을 겁니다."

이 작품이 발표된 지 70여 년의 세월이 흘렀지만, 이 말은 지금 들어도 감동적이다. 포도처럼 영근 분노는 여전히 사라지지 않고 있다.

한 권으로 읽는 세계문학전집

초중고 시절 읽은 책들 가운데에는 한 권의 책에 여러 편의 이야기들을 묶어 간편하게 요점만 정리할 수 있는 책들도 많았다. 국민학교 저학년 시절에는 《빛나는 얼굴들》이란 위인전을 읽은 기억이 난다. 100명 정도의 위인들을 각 2, 3페이지 분량으로 소개한 다이제스트 위인전이다. 이 책에는 다른 위인전에서는 보기 어려운 인물들, 이를테면 여성 자선사업가 백선행, 실학자 홍대용, 독립 운동가이자 부통령을 지낸 이시영이나 함태영 같은 사람들이 소개되어 있었다. 중딩 시절에 읽은 책 중에는 세계 문학작품을 다이제스트로 줄여서 한 권에 몰아넣은 책도 있었다. 책 제목은 기억이 안 나지만 그 안에는 토마스 하디의 《테스》, 모파상의 《목걸이》, 세르반테스의 《돈키호테》, 심지어 도스토예프스키의 《죄와 벌》, 제임스 조이스의 《율리시즈》까지 있었다. 이 책을 읽고 나서는 마치 이 명작들을 다 읽은 것 같은 착각이 들어 정작 제대로 된 정본을 봐도 이미 읽은 책이라며 던져 버리곤 했다. 덕분에 《죄와 벌》을 완역본으로 읽은 건 대학생이 되고난 후다. 이런 다이제스트 세계 명작은 그저 줄거리만 앙상하게 전달할 뿐이었지만 그래도 작가의 이름과 대표작을 연결시키는 단편적 지식을 늘이는 데는 도움이 됐다. 내 주변 중학생들 가운데는 그런 정도의 단편적인 지식을 가진 아이들도 많지 않았으니 나는 자연히 아는 것 많고 읽은 책도 많은 똑똑한 아이로 취급되었다. 말하자면 읽은 척 허세를 부리기엔 딱 안성맞춤이었지만 막상 고전 문학의 정취를 느끼고 정신적 자양을 얻기엔 오히려 방해가 되는 게 다이제스트판 명작 소설이다.

환상 속에
내가 있다

TV가 있는 풍경

내가 중학교 2학년이던 1973년 우리집에 TV가 생겼다. 친구 집, 친척 집을 전전하며 TV 얻어 보느라 설움을 많이 겪은 처지에서 이건 엄청난 사건이 아닐 수 없었다. 그때만 해도 춘천에서는 추가 요금을 내고 유선 안테나를 설치하지 않는 한 KBS 밖에 볼 수 없었다. 그런 까닭에 TV를 얻어보던 시절 나는 〈여로〉란 드라마를 대강 볼 수 있었지만, 〈아씨〉란 드라마는 볼 수 없었다. 또 주로 TBC에서 방송되었던 〈쇼쇼쇼〉 같은 오락 프로그램, 〈황금박쥐〉, 〈요괴인간〉 같은 만화영화도 보지 못했다. TBC와 MBC를 보기 힘들었던 것은, FM 라디오를 잘 들을 수 없었던 것과 함께 서울내기들과 나 사이에 그 만큼의 문화자본● 격차가 존재할 수밖에 없었다는 걸 의미한다. 아버지가 TV를 사면서 유선 안테나를 설치한 까닭에 이 무렵부터는 3사의 프로그램을 모두 볼 수 있었다. 당연히 TV는 내 문화적 삶에 결정적인 변화를 가져왔다.

여기서 말하는 문화자본(Cultural Capital)은 프랑스의 사회학자 피에르 부르디외(P.Bourdieu)의 개념이다. 문화적 대상을 감상하거나 이해하기 위해 필요한 능력을 의미한다. 이런 능력은 타고나는 것이 아니라 다양한 형태의 교육을 통해 습득되는 것이다.

TV는 우리집의 많은 것을 바꿔 놓았다. 당시 TV 수상기 가격이 얼마나 됐는지는 알 수 없지만 우리집에 놓여있던 물건 가운데 가장 비싼 것임엔 틀림없었다. TV는 안방 한 구석에 놓였고 그에 따라 모든 가구의 배치가 달라졌다. 온돌방의 윗목에는 장롱이, 아랫목 한 구석에 TV가 놓였다. 우리 가족은 아랫목 다른 구석에 옹기종기 모여 TV를 봤다. 겨울에는 엉덩이를 아랫목에 붙이고 이불로 아랫도리를 덮은 채 TV를 봤다.

학교에서 집으로 돌아오면 TV 방송 시작 시간을 초조하게 기다리곤 했다. 당시에는 저녁 6시경에 방송을 시작해 자정 무렵이면 끝났다. 아침에도 오전 6시경부터 10시까지만 방송이 나왔다. 방송을 시작하기 전에 TV를 켜면 화면조정 시간대를 알리는 마크가 떴다. 그걸 보면서 화면의 초점을 맞추어야 했다. 대부분의 경우 우리집에서 TV를 켜는 건 나였다. 나는 방송 시작도 하기 전에 TV를 켜 놓고 화면 조정 마크를 바라보며 방송 시작 시간을 기다렸다.

TV 채널 선택권은 당연히 집 안의 권력 서열에 따라 정해졌다. 가장 우선적인 선택권은 물론 아버지에게 있었다. 하지만 내게는 참 다행스럽게도 아버지는 집에 안 계신 날이 많았다. 그 다음은 형식적으로 어머니였지만, 어머니는 당신이 특별히 즐기시는 드라마나 가요 프로그램 외에는 굳이 선택권을 행사하지 않았다. 그러니 많은 경우 내가 실질적인 선택권을 가질 수 있었다.

하지만 어머니에게는 다른 권리가 있었다. "그만 보고 가서 공부하라"고 명령할 수 있는 권리. 내가 우물쭈물 미련을 보이고 있으면 당신이 먼저 TV를 끄시곤 다른 일을 했다. 나로서는 어쩔 수 없이 내 방으로 갈 수밖에 없었다.

주말에는 TV 앞에 앉아 있을 수 있는 시간이 좀 더 늘었다. 예나 지금이나 토요일과 일요일 저녁 시간에 가장 재미있는 프로그램이 몰리는 법. 나는 토요일 오후 시간에 방에 앉아 공부하는 모습을 보여줌으로써 저녁 시간의 좀 더 긴 TV 시청을 보장받을 수 있다는 걸 경험적으로 알게 됐고, 그걸 실천했다.

리모컨이 없던 시절이니 TV 채널을 돌리려면 TV 앞에 다가가야 했다. 나는 늘 손만 뻗으면 TV에 닿을 수 있는 가장 가까운 자리에 앉아 있곤 했다. "TV에 가까이 앉아 보면 눈 나빠진다."는 그 시절 모든 부모들이 자주 입에 올리던 잔소리 레퍼토리였다.

생각해 보면 TV가 없던 시절 온 가족이 함께 모여 둘러앉는 건 밥 먹을 때 외엔 없었다. 밥 먹고 나면 각자 자기 방으로 흩어지거나 각자 할 일을 했다. TV는 처음으로 온 가족이 비교적 장시간 함께 앉아 있는 시간을 만들어 주었다. 그렇다고 살가운 대화를 나누거나 건설적인 토론을 하는 건 아니었다. 함께 있다 해도 각자의 시선은 브라운관에 고정되어 있을 뿐 서로를 쳐다보지는 않았다. TV는 서로 할 말이 많지 않은 채 함께 앉아 있는 가족들 사이의 빈 공간을 적절한 소음으로 채워주었다. 가끔은 TV가 대화의 거리를 제공해주었다. "쟤하고 쟤하고 친형제냐? 쟨 무슨 남자애가 여자처럼 예쁘게 생겼냐" 어머니가 한 마디 하면, "형제가 아니고 남매예요. 쟨 남자가 아니라 여자라고요." 이런 식의 대답이 이어졌다.

프로그램 앞뒤에는 광고가 나왔다. 광고 시간은 다른 채널을 돌려보며 다른 방송사의 프로그램을 확인하거나 화장실에 다녀오거나 어머니의 경우 미뤄뒀던 설거지를 하는 시간이었지만 가끔은 광고 자체가 재밌는 볼거리가 되기도 했다. 특히 사춘기 소년들에게는 화장품이나 여성 속옷, 팬티스타킹 광고가 볼만했다.

TV를 보는 건 예컨대 공연을 보거나 영화를 보는 것과는 달랐다. 공연이나 영화는 특별한 경험이었고 그만큼의 경외심이 필요했다. 영화를 보는 도중 소리를 지르거나 박수를 치거나 음식을 먹는 건 다른 관객들에 대한 결례였고 영화에 대한 모독이었다. 하지만 TV는 그런 종류의 경외심을 필요로 하지 않았다. 우리는 언제든 감탄사를 내뱉고 소리를 지르고 대화를 나눌 수 있었다. 때로는 어머니가 준비해준 간식을 먹거나 음료수를 마시면서 볼 수도 있었다. 영화를 보는 동안은 아무리 지루한 장면이 계속되어도 참아야했지만, TV의 경우엔 조금만 재미없어져도 바로 채널을 돌렸다.

TV 안에는 모든 것이 있었다. 거기엔 신문이 전달하는 뉴스도 있었고, 라디오가 들려주던 음악도 있었고, 영화나 소설이 보여주는 재미있는 이야기도 있었다. TV는 특별히 새로운 것을 주지는 않았지만, 그동안 여기저기 다른 소스들을 통해 접하던 것을 한꺼번에 주었다. TV를 보는 시간만큼 책을 읽거나 영화관에 가거나 신문을 읽는 시간이 줄어드는 건 당연했다. 많은 비판자들이 TV 시대가 책을 통한 지성적 사고의 약화를 가져올 것이라 우려했던 건 기우만은 아니었다.

그렇지만 적어도 내 개인적인 경험으로 보면, TV 때문에 지성이 약화되는 정도가 많은 사람들의 우려만큼 크지는 않았다. 나는 여전히 책을 좋아했고, 소설을 읽었고, 영화를 보러 다녔다. 때로는 TV가 책보다 더 좋은 정보원이자 교육자 역할을 하기도 했다. KBS에서 방송되던 다큐멘터리 〈동물의 왕국〉은 평소 다른 방식으로는 접할 수 없던 동물과 자연의 세계에 대한 정보를 재미있게 접할 수 있는 통로였다. 그런가 하면 〈레너드 번스타인

1918~1990. 미국의 지휘자, 작곡가, 피아니스트. 미국·유럽 등지를 순회하였고, 작곡가·피아니스트·음악 해설가로도 명성을 떨쳤다. 뉴욕 필하모닉의 상임지휘자 및 음악감독을 역임했다.

Leonard Bernstein°의 청소년음악회Young People's Concert〉는 클래식 음악에 대한 아마도 최초의 호감을 느끼게 해줬다. 그 호감이 더 이상의 탐구를 부를 만큼 크지는 않았지만.

물론 TV는 이렇게 '교육적'인 것만 교육하지는 않았다. 부모로서는 자식이 배우지 말았으면 할 것들, 이를테면 어른들의 사랑의 방식, 살인과 폭력의 여러 유형들, 사기와 범죄의 다양한 양상들을 배울 수 있었다. 그러나 그것이 곧 그걸 흉내 내게 된다는 걸 의미하지는 않았다. TV에서 폭력과 살인은 대체로 응당의 대가를 치러야 했다. 예컨대 〈수사반장〉 같은 경찰 드라마에서 누군가가 어떤 사람을 목을 졸라 살해했다고 한들 그걸 흉내 낼 이유는 없었다. 무엇보다도 범죄를 저지르면 안 되고 사람을 죽이면 큰 벌을 받는다는 게 〈수사반장〉이 줄곧 하는 이야기였다. 아니, 그런 이야기는 〈수사반장〉이 아니라도 이미 알고 있는 바였다.

TV는 우리가 살고 있는 이 세상의 수많은 모습들을 보여주었다. 나는 TV를 통해 내가 살고 있는 한국 사회가 어떤 곳인지 배울 수 있었다. 박정희 대통령이 갑이고 나머지는 다 을인 나라, 그게 나쁘다는 생각을 했던 건 아니다. '민족중흥'을 위해서는 박정희 대통령 같은 사람이 강력하게 나라를 이끌어야 한다는 생각을 하고 있었으니까 늘 수많은 범죄가 일어나며, 주변에 간첩이나 불순분자가 숨어있을지도 모르는 곳, 매일 어디선가 새 건물이나 다리가 지어지고 도로가 뚫리는 나라, 뽕짝과 팝송이 공존하고 수많은 연애와 이별이 이루어지는 곳이 내가 사는 이곳이었다.

신문에는 매일매일 TV 프로그램 편성표가 나왔고, 일부 프로그램에 대한 짤막한 예고 기사가 실렸다. 신문을 집어 들 때 가장 먼저 보는 기사가 네

컷짜리 연재 만화였고, 두 번째는 해외토픽이었고, 그 다음이 바로 이 프로
그램 예고 기사였다.그러고 보면 나머지는 별로 본 적이 없다. 프로그램 예고 기사에는
그날 치 드라마의 줄거리가 실려 있었다. "희경은 영수에게 이혼하자고 말
하지만 영수는 그럴 수 없다며 거절한다. 희경은 더 이상 얼굴을 보지 않겠
다며 정훈을 데리고 친정으로 가는데…" 이런 식으로 뒤끝을 흐리는 경우가
많았는데, 그 다음 얘기는 드라마를 직접 보면서 확인하라는 뜻이 분명했다.

내가 가장 좋아했던 건 주말영화나 외국 드라마를 예고하는 기사였다.
대개 짤막한 줄거리와 함께 주연배우와 감독의 이름이 소개되어 있었고, 더
러는 누군가 매긴 별점이 나와 있기도 했다. 프로그램 예고에 서부극이나
액션물, 코미디가 소개되어 있는 날이면 온종일 그거 볼 생각에 가슴이 벅
차 있곤 했다.

하지만 그런 가슴 벅찬 열망이 늘 실현되는 건
아니었다. 집에 손님이 오거나 심부름을 가거나 이
런저런 이유로 시간이 맞지 않는 경우도 많았고, 때
론 부모님의 방해로 못 보는 경우도 적지 않았다.
고등학교 시절 언젠가 독서실에서 공부하다가 TV
영화를 보고 싶은 마음에 서둘러 집에 오며 도로를
무단 횡단하다가 차에 치일 뻔한 일도 있었다. 지
금 생각하면 참 사소한 일에 목숨을 걸었던 셈이지
만, 당시 내겐 결코 사소한 일이 아니었다. 그렇게
보고 싶은 프로를 놓치고 나면 아쉬움이 아주 오래
남았으니까.

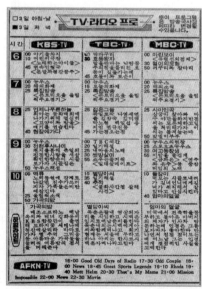

신문에 실린 TV 프로그램 편성표

나의 문화편력기

TV로 보는 영화, 스크린으로 보는 영화

집에 TV가 생긴 이후 가장 좋았던 건 극장에 가지 않고도 영화를 볼 수 있다는 사실이었다. 토요일 밤에는 MBC와 TBC, 일요일엔 KBS가 영화를 보여주었다. 물론 대부분 외국물론 주로 미국 영화였고 한국어 더빙판이었다.

나는 주말이면 이 영화들을 가능한 한 다 보고 싶었다. 하지만 토요일 밤에는 두 채널 가운데 하나를 선택해야 했다. 가끔 MBC와 TBC 양쪽 모두에서 보고 싶은 영화를 할 때 어느 쪽을 선택할지 고민스러울 때도 있었지만, 그런 경우가 많지는 않았다. 가족들이 모두 코를 골며 자는 동안에도 끝까지 영화를 보고 나서야 TV를 끄곤 했다.

물론 극장에서 영화를 보는 경우도 많았다. 중학교 3학년 무렵부터 고등학생 시절까지는 주로 친구들과 어울려 영화관에 다녔다. 극장에서 보는 영화는 TV에서 보는 영화보다 훨씬 박진감 있었다. TV 영화는 끊임없이 누군가의 방해를 받으며 몰입이 차단되는 경험을 수시로 해야 했던 반면, 극장의 영화는 온전히 두 시간을 몰입할 수 있었다.

무엇보다 큰 차이는 가위질의 수준에 있었다. TV 영화에서 키스 장면은 여지없이 가위질 당했다. 남녀 주인공이 막 입을 맞추려고 가까이 다가가다 곧 장면이 툭 끊어지면서 어색하게 떨어지곤 했다. 막상 입을 맞추는 장면은 잘려서 나오지 않았다. 심지어 포옹 장면조차 잘리는 경우도 많았다. 영화

〈시네마 천국Cinema Paradiso〉•1988에서 주인공이 잘려진 키스 장면만 모아 놓은 필름을 보며 회상에 잠기는 장면을 보았을 때, 내 머리에 떠오른 기억이 바로 그 TV 영화들의 사라진 장면들이었다.

섹스에 관한 한 당시 TV는 완전 청정지역이었다. TV 영화의 인물들은 열렬히 사랑할지언정 입을 맞추거나 세게 껴안고 몸을 더듬거나 한 침대에서 몸을 섞지는 않았다. 그렇다고 우리가 그 속에 숨겨진혹은 잘려나간 섹스를 모를 수는 없었다. 입을 맞추기 위해 가까이 다가가다 어색하게 떨어질 때 그 사이 무슨 일이 있었는지 모를 만큼 순진한 사람은 아무도 없었다.

그에 비해 영화는 비교적 덜 감추고 있었다. 청소년 관람의 영화에서도 키스신 정도는 잘리지 않았다. 물론 많은 영화들에서 수많은 야한 장면들이 가위질 당하고 있다는 걸 모르지는 않았다.

영화는 매우 다양했다. 신나는 모험 활극, 서부극, 스릴러, SF, 멜로물, 코미디 등 다양한 영화들이 있었다. 그렇게 본 많은 영화 가운데 어떤 게 극장에서 본 건지 TV에서 본 건지 이제 와서 구분하기는 어렵지만, 극장에서 보는 경험과 TV 화면을 통해 보는 경험은 분명 달랐다. 영화관은 늘 꿈을 꾸는 것 같은 느낌이었다. 어두컴컴한 극장에 앉아 이제 막 시작될 환상의 세계를 기다리는 순간은 당장 가슴이 터져버릴 것 같은 벅찬 두근거림을 선사했다. 영화가 끝나고 극장 문을 나설 때는 뭐랄까 작은 허무함 같은 게 있었다. 환상의 세계에서 다시 비루한 현실 공간으로 떨어지는 느낌, 신데렐라의 마차가 호박으로 변하는 순간 같은 느낌이었다.

무엇보다도 영화관은 현금이 필요했다. 용돈을 모으든가 어머니에게 극장 갈 돈을 받아야만 가능한 일이었으니, 그만큼 특별하고 비일상적인 일이었다. 반면 TV 영화에는 영화관과 같은 두근거림은 없었다. 대신 방 한가운데 TV 앞자리만 빼앗기지 않으면 됐다. 화면은 작았고 게다가 모든 영화가 흑백이었다.

TV 영화는 매우 자주 몰입을 방해받아야 했다. 영화를 보는 도중에 아버지가 들어오시는 경우가 최악이었다. 대개의 경우 아쉬운 마음을 접고 내 방으로 가야했으니까. 물론 영화관의 영화가 훨씬 멋졌다. 무엇보다 생생하고 아름다운 컬러를 볼 수 있었고, 화면의 디테일과 압도적인 음향을 느낄 수 있었다. 하지만 영화관이나 TV에서나 영화가 전달하는 이야기의 재미라는 면에서는 차이가 없었다. 무엇보다도 영화는 내게 재미있는 이야기의 매개체였다.

영화 속의 멋진 남자들,
예쁜 여자들

영화 속에는 늘 멋진 남자들이 등장했다. 그들은 드라마틱한 모험을 하고 로맨틱한 사랑을 했다. 어린 시절 좋아했던 영화들은 대체로 남자들의 영화였

다. 우선 떠오르는 건 〈풍운의 젠다성The Prisoner of Zenda〉1952,
〈스카라무슈Scaramouche〉1952, 〈아이반호Ivanhoe〉1952, 〈대장
부리바Taras Bulba〉1962 같은 모험 활극들이다. 이런 영화들은
그저 아무 생각 없이 화면을 따라가면서 갖가지 즐거운 볼거
리와 통쾌한 액션을 보기만 하면 되는 영화들이다.

　모든 이야기는 결국 정의롭고 멋있는 남자 주인공이 사
악하고 비열한 악당의 음모와 함정을 극복하고 이기는 이야
기였다. 여기에 늘 아름다운 여인과의 로맨스가 겹쳐진다.
여인은 악당의 구애를 받지만, 결국 주인공의 품에 안긴다.
주인공이 곤경에 빠지거나 죽을 위험에 처해도 걱정할 필요
가 없었다. 누군가 많은 경우 적군의 편에 속한 여인이었다. 구해주
거나 스스로 곤경을 벗어날 게 분명했다.

　전쟁 영화로는 중학생 무렵 친구들과 본 〈독수리 요새
Where Eagles Dare〉1968, 〈나바론 요새The Guns Of Navarone〉1961
같은 영화들이 기억난다. 2차 대전 배경의 전쟁 영화들은 대
체로 비슷했다. 미군을 비롯한 연합군은 늘 정의롭고 용감했
고 싸움을 잘했다. 반면 독일군들은 언제나 비겁하고 무력했
다. 연합군 특공대, 이를테면 그레고리 펙Eldred Gregory Peck
같은 주인공들은 독일군 복장을 빼앗아 입고 독일군 트럭을
세웠다. 그러면 다른 동료들이 뒤로 돌아가 독일군 목을 조
른 뒤 다리 아래로 던져버리곤 했다. 독일 군복을 입은 연합
군이 트럭을 몰고 갈 때면 독일군들은 못 알아채고 통과시

〈나바론 요새〉 포스터

〈나바론 요새〉 광고

〈독수리 요새〉 포스터

켰다. 어쩌다 독일군이 의심을 해 위기 상황이 닥쳐도 독일 군 장교 복장을 한 특공대가 큰 소리로 호령하면 독일군들 은 쩔쩔매며 속아 넘어갔다. 특공대의 임무는 물론 완벽하 게 완수되지만, 특공대 전원이 살아남는 경우는 많지 않았 다. 대개 일부의 대원은 목숨을 잃게 마련이었다. 물론 주인 공은 대체로 죽지 않았다.

영화 속의 남자들은 잘 생겼고 용감하며 정의로웠다. 그 리고 강했다. 그들은 어떤 위협적인 상황에서도 겁을 먹는 법이 없었고, 악당의 음모에 걸려들거나 함정에 빠져도 당 황하지 않고, 결국은 스스로 헤쳐 나오거나 누군가의 도움 을 받았다. 무엇보다도 그들은 모든 여자들의 사랑을 받았 다. 착한 여자는 물론이고 나쁜 여자들의 사랑도 받았다. 그들 가운데 상당 수는 악당을 물리치고 난 후 여인의 안타까운 사랑에도 불구하고 새로운 모 험을 따라 떠났다. 남자들이 사랑하는 여자들과 결합하며 해피엔딩으로 끝 나는 영화도 많았지만, 그런 영화보다는 쿨하게 떠나는 남자의 뒷모습을 보 여주는 영화들이 더 오래 여운을 남겼다.

영화 속 남자들은 대개 무뚝뚝했다. **스티브 맥퀸**Steve Mcqueen이나 클린 트 이스트우드나 **제임스 코번**James Coburn이 장광설을 늘어놓는 일은 없었 다. 대부분의 멋진 남자들은 말을 많이 하지 않았고, 묻는 말에 단답형 대 답을 했다. 그들은 어떤 상황에서도 굳이 길게 변명을 늘어놓지 않았다. 보 일 듯 말 듯 씨익 미소를 짓거나 한쪽 눈썹을 찡긋 올리거나 어깨를 으쓱하 면 그만이었다. 그것만으로도 상황을 정리하고 상대방을 압도하기에 충분

〈풍운의 젠다성〉 광고

했다. 말없이 상대방을 압도하는 카리스마, 멋진 남자들은
바로 그런 존재였다.

　그리고 또 하나, 대부분의 남자들은 담배를 피웠다. 담배
는 멋있는 남자를 표상하는 기호였다. **험프리 보가트**Humphrey
Bogart나 클린트 이스트우드는 러닝 타임 내내 등장하는 모
든 장면에서 담배를 입에 물고 있었다. 알랭 들롱 같이 잘생
긴 배우가 담배 피우는 모습은 정말 매혹적이었다. 한국 배
우들도 다르지 않았다. 신성일이나 김진규, 장동휘에게 담
배는 그들이 멋있는 남자임을 드러내는 필수 아이템이었다.
특히 흑백 영화에서 담배 연기가 진하게 뿜어졌다 가물가물

〈길은 멀어도 마음만은〉 포스터

흩어지는 장면은 공간의 분위기를 신비롭게 혹은 로맨틱하게 바꾸어 놓기에 충분했다. 멋진 주인공들이 담배 연기를 훅 하고 내 뱉는 순간, 아무리 평범한 장소라도 분위기 있는 공간으로 바뀌곤 했다. 우리 세대의 남자들 대부분이 흡연 경력을 가지고 있는 게 바로 이런 영화 속 남자들의 멋진 이미지와 결코 무관하지 않을 게다.

영화의 주인공들과 달리 현실 속의 나는 전혀 강하지 않았다. 혹시라도 내 앞에서 누군가 억울한 일을 당하고 있어도 나서서 편을 들어 줄 용기가 없었다. 그저 내게 불똥이 튀지 않기만 바라며 은근슬쩍 외면하고 달아나는 게 전부였다. 그저 머릿속으로만 영화 속의 주인공처럼 저 나쁜 놈들을 한꺼번에 두들겨 내쫓는 환상을 그리며, 공연히 울컥하고 공연히 감동하곤 했다. 당연히 영화 속 주인공처럼 여자들이 날 좋아하거나 쫓아다니는 일도 없었다. 요컨대 현실의 나는 아무것도 아니었다. 영화는 그렇게 아무 것도 아닌 나로부터 벗어나 강하고 멋진 주인공의 느낌을 잠시나마 갖게 해 주었다. 그리고 그건 강하고 멋진 남자란 어떤 존재인가에 대한 나의 관념을 만들어준 것이기도 했다.

영화에는 멋진 남자들 뿐 아니라 멋진 여자들이 있었다. 국민학교 시절 몇 년을 제외하면* 맨 사내들만 득시글거리는 교실에서 살아야 했던 내가 현실에서 여자를 만날 일은 없었다. 우리에게 여자는 늘 상상과 이미지로만 존재했다. 이미지로 만나는 모든 여주인공은 예뻤다.

내가 영화 속 여주인공에게 반해 며칠씩 그 환상에서 벗어나

〈길은 멀어도 마음만은〉 광고

●
그 시절 국민학교도 남녀 분반하는 경우가 적지 않았다. 내 경험으로 보면 춘천 같은 도시 지역은 6학년까지 합반하는 경우가 많았지만, 농어촌의 경우는 이르면 3학년 늦으면 5학년쯤부터 남녀 분반을 실시했다. 주문진에서 학교를 다녔던 5학년 때 우리 반은 사내애들만 70명씩 드글거렸다.

〈스카라무슈〉 포스터　　　　　　〈대장 부리바〉 포스터　　　　　　〈로미오와 줄리엣〉 포스터

지 못했던 가장 오래된 기억은 아마도 국민학교 저학년 시절
에 본 〈길은 멀어도 마음만은〉1960의 마리솔●일 것이다. 그
시절 꽤나 유명했던 영화이니 우리 세대 가운데 이 영화를 본
사람이 적지 않다. 줄거리도 대강 기억난다. 부잣집 아들이
아버지의 반대를 무릅쓰고 가난한 여자와 결혼을 한다. 사고
로 남자가 죽고 여자 혼자 아이를 낳아 기르다 결국 할아버지
에게 보낸다. 완고하고 권위적인 할아버지는 손녀를 사랑하
게 되면서 온화한 사람으로 변화한다. 전형적인 '소공자', '소공녀' 스토리다.

　　영화의 주인공 마리솔은 귀엽고 똑똑하며 씩씩한 소녀. 무엇보다 당시
내 눈에는 엄청나게 예쁜 여자 사람이었다. 금발머리의 서양 여자에 대한 내
환상의 이미지가 그녀에게서 시작되지 않았을까 싶다.

●
극중 마리솔을 연기한 배우는 마리아
이즈버트(Maria Isbert)다. 마리솔 역
으로 인기를 끈 그는 아예 마리솔이
란 이름으로 활동했다. 나중에 〈파리
의 야화〉(1973)라는 성인 영화 포스
터에서 마리솔이란 이름을 보고, 그 귀
엽던 소녀가 저렇게 됐구나 싶어 놀랐
던 기억이 있다.

나의 문화편력기

〈노틀담의 꼽추〉 포스터   〈로마의 휴일〉 포스터   〈바람과 함께 사라지다〉 포스터

    내 또래 주인공으로 나오는 아역 배우에 대해 호감을 느끼는 시절이 길
지는 않았다. 조금 머리가 크면서부터 내 환상을 채우는 여주인공은 모두
어른 여배우들이었다. 문희, 윤정희, 남정임, 고은아, 홍세미 등 한국 배우들
도 있었고, 〈의리의 사나이 외팔이〉의 초교, 〈철수무정〉의 리칭 등 홍콩 배
우들도 있었지만, 서양 여배우들이 압도적으로 많았다.

    〈돌아오지 않는 강〉1954, 〈뜨거운 것이 좋아〉1959의 마릴린 먼로, 〈젊은이
의 양지〉1951, 〈클레오파트라〉1963의 **엘리자베스 테일러**Elizabeth Taylor, 〈솔로몬
과 시바〉1959, 〈노틀담의 꼽추〉1956의 **지나 롤로브리지다**Gina Lollobrigida, 〈데
미트리우스〉1954, 〈정복자〉1956의 **수잔 헤이워드**Susan Hayward, 〈로마의 휴
일〉1953, 〈하오의 연정〉1957의 **오드리 헵번**Audrey Hepburn, 〈바람과 함께 사라
지다〉1939, 〈애수〉1961의 **비비안 리**Vivien Leigh, 〈공룡백만년〉1966, 〈마이크로

결사대〉1966의 **라켈 웰치**Raquel Welch, 〈로미오와 줄리엣〉1968, 〈섬머타임 킬러〉1972의 **올리비아 핫세**Olivia Hussey, 〈스팔타커스〉1960, 〈빅 컨츄리〉1958의 **진 시몬즈**Jean Simmons 그리고 수많은 본드 걸들. 스크린과 브라운관에서 만나는 여배우들은 며칠씩 내 머릿속에 남아 있곤 했다.

그들이 나보다 훨씬 나이 많은 사람들이며, 현실적으로 만날 가능성이 전혀 없다는 걸 모를 수는 없었다. 하지만 머릿속에서 벌어지는 상상의 세계 속에서야 무슨 일이든 불가능하겠나. 사내로서 자의식을 갖게 되면서부터 내 머릿속은 영화 속 남자 주인공의 자리를 대신 차지하는 상상들로 가득 찼다. 영화 속 주인공이 된다는 것은 곧 주인공의 상대가 되는 아름다운 여자들과 사랑을 나누면서 온갖 달콤한 스토리를 만들어간다는 뜻이다.

생각해 보면 내가 본 대다수의 영화에서 여자들은 대부분 '남자의 여자'들이었다. 여자 자신이 주인공이기보다는 남자 주인공으로부터 사랑을 받고 남자 주인공과 맺어지면서 행복을 찾는 여자들이었다는 이야기다. 멋진 남자의 이미지를 배우는 과정은 곧 이상적인 여자의 이미지를 형성하는 과정이기도 했다. 영화 속 남자의 눈으로 여자를 보게 되는 것이다. 화면 속에는 완벽한 남자들이 있었고, 그들에게는 완벽한 여자들이 있었다.

담배 피우는 여자들

　영화 속에서는 남자들 뿐 아니라 여자들도 담배를 피웠다. 그 수가 남자들처럼 많지는 않았지만. 지나 롤로브리지다. 카트린느 드느브, 소피아 로렌 같은 유럽 여배우들은 거의 대부분 담배 피우는 모습을 볼 수 있었고 미국 여배우들도 담배 피우는 장면이 적지 않았다. 영화 속에서 담배 피우는 여자는 뭔가 강하면서 독립적인 여성이라는 느낌을 주었다. 물론 남자를 유혹하는 팜므파탈의 상징이기도 했다. 그런가 하면 〈티파니에서 아침을〉1961의 오드리 헵번이 피우는 담배는 특유의 청순함에 섹시함을 더하는 요소가 되었다. 담배는 남녀가 교감을 나누는 매개로 활용되기도 했다. 영화 〈모정〉1955에서 윌리엄 홀든과 제니퍼 존스가 수영복을 입은 채 서서 담배를 입에 물고 마치 담배로 키스하듯 불을 붙여주는 장면은 그 어떤 장면보다 에로틱했다.

한국 여배우들도 담배를 피웠다. 어떤 영화였는지 세세하게 기억나지는 않지만 최은희나 김혜정, 문정숙 때로 엄앵란도 담배를 피웠다. 한 가지 분명히 기억나는 건 이들 대부분이 술집 여자들이었다는 사실이다. 보통의 여염집 여자가 담배 피우는 모습을 볼 수는 없었다. 말하자면 그 시절 한국 영화에서 여자들이 피우는 담배는 그녀가 '타락한' 삶을 사는 처지임을 보여주는 상징이었다. 담배 피우는 서양 여배우들을 보며 섹시함, 유혹, 강렬함 같은 이미지가 떠올랐다면, 한국 여배우들에게서는 처량함, 타락, 불쌍함 같은 이미지가 더 강하게 느껴졌다. 어느 편이든 '정상적'으로 보이지는 않았다. 화면 속에서 담배 연기를 훅 내뿜는 여자들의 모습을 고혹적으로 느끼기도 했지만 내 여자의 그런 모습을 상상할 수는 없었다. 담배는 남자의 것이며 담배 피우는 여자란 그저 영화 속의 이야기일 따름이었다. 담배는 남자의 것이라는 내 고정관념은 대학에 들어와 흡연파 여학생들(다수는 아니었지만)과 맞담배질을 하면서야 비로소 깨졌다.

요즘 TV의 모든 화면에서 담배 피우는 장면은 보여주지 않는다. 영화를 틀어줄 때도 담배 피우는 장면은 모자이크 처리를 해서 그 부분만 뿌옇게 내보낸다. 드라마나 오락 프로그램에서 담배 피우는 장면을 보여주지 않는 건 충분히 동의할 수 있지만, 영화 속 흡연 장면을 모자이크 처리하는 건 좀 난센스라는 게 내 생각이다. 그렇게 한다고 거기 담배가 있는 걸 모를 사람이 어디 있을까.

단장의 검과 철수무정

〈의리의 사나이 외팔이〉 이후 왕우는 나의 우상이 되었다. 그가 나오는 영화라면 무조건 보고 싶었다. 하지만 현실적으로 불가능한 일이었다. 나는 국민학생 꼬마였고 영화관에 내 마음대로 들락거릴 돈도 자유도 없었다. 영화를 보진 못해도 영화 포스터를 들여다보는 건 얼마든지 할 수 있었다. 등하교 길에 벽에 붙어 있는 모든 영화 포스터를 샅샅이 읽곤 했는데, 특히 왕우의 영화라면 한참씩이나 서서 구석구석까지 훑으며 영화를 보고 싶은 마음을 달래곤 했다.

〈**돌아온 외팔이**〉, 〈**심야의 결투**원제: 금연자〉, 〈**외팔이와 맹협**〉, 〈**용호의 결투**〉. 몇 년 후 고등학생 시절에 나온 〈**스카이 하이**〉〈007여왕폐하 대작전〉에서 제임스 본드 역을 맡았던 조지 라젠비가 왕우와 함께 나왔다.가 아마 왕우를 기억하는 마지막 영화인 것 같다. 이 중에서 기억 속에 남아 있는 왕우 영화가 〈심야의 결투〉장철 감독, 1968와 〈단장의 검〉장철 감독, 1967이다.

〈심야의 결투〉에서 기억나는 건 부상을 입은 왕우가 수십 명의 적들을 물리치고 하얀 옷이 붉게 물들여진 채 "나는 천하무적이다!" 하고 외치며 죽는 장면이다.대단한 허세가 아닐 수 없다. 그러고 보면 이 시절 무렵 영화의 매혹은 바로 그런 남자의 '비장한' 허세에 있다.

그보다 더 나를 감동시켰던 건 〈단장의 검〉이다. 무술도 무술이지만 멜

나의 문화편력기

〈심야의 결투〉 광고

로 드라마적인 요소가 많았던 영화다. 자료를 찾고 기억을 더듬어 정리해 본 줄거리는 이렇다.

이악왕우은 아버지의 복수를 위해 부패 관료를 죽이고 현상수배를 받게 돼 쫓기는 신세가 된다. 그의 정혼자인 정아는 일편단심으로 이악을 기다리는데, 어느 날 정아의 집을 습격한 악당들을 방군조가 처치하며 그녀를 구하게 된다. 정아의 아버지는 방군조를 집에 머물게 하는데, 방군조는 정아가 이악과 혼인을 약속한 사이임을 알게 되어 두 사람을 맺어주기 위해 이악을 찾으러 떠난다. 방군조에게 패한 비어도의 무리는 복수를 다짐하며 방군조를 없애러 가고 주인공들과 사파 무리들 간의 대결이 벌어지게 된다. 그리고 이악이 방군조를 구하고 죽는다.

영화에서 나를 감동시킨 건 주인공 이악왕우과 방군조교장 사이의 의리였다. 마지막에 이악이 방군조를 구하고 죽으면서 스스로를 희생하는 장면은 어린 마음에 진한 여운을 남겼다. 그는 내가 아는 가장 멋진 남자였다. 왕우는 그 뒤를 이어 홍콩 영화의 스타가 된 이소룡이나 성룡과는 전혀 다른 '비극적' 영웅이었다. 그는 적에게 비웃음을 날리는 경우 외에는 잘 웃지도 않았고 말도 없었으며 무엇보다도 거의 모든 영화에서 비장하게, 그리고 남자답게 죽었다.〈외팔이〉의 경우는 예외다.

〈단장의 검〉을 본 건 국민학교 4학년 때로 춘천의 삼류 극장인 제일극장이라는 곳이었다. 당시 춘천에는 대강 6, 7개의 영화관이 있었다. 그 중 두 군데소양, 육림가 가장 먼저 영화를 상영하는 개봉관이었고, 두 군데중앙, 문화는 가끔 개봉 영화도 하지만 대체로 재개봉 영화를 상영하던 중급 극장, 그리고 재개봉 영화를 상영하거나 동시 상영을 하던 두어 곳제일, 신도, 남부이 있었다.

당시에는 영화가 상영되는 중간에 입장이 가능했다. 영화 중간에 들어가 서서 보다가 영화가 끝나면 먼저 본 관객들이 일어나고 서 있던 관객들이 자리를 잡았다. 그러니 한 번 입장해서 두 번 이상 영화를 보는 것이 별로 어렵지 않았다. 나는 자주 영화 후반쯤에 입장해 있다가 다음 회 처음부터 다시 영화를 보곤 했다.

결말을 미리 알고 보는 셈이었지만, 당시 내게 그건 그리 중요한 문제가 아니었다. 사실 대부분의 영화는 보지 않아도 대강의 줄거리를 짐작할 수 있었다. '좋은 나라'가 이기고 '나쁜 나라'는 패하기 마련이었다. 중요한 건 갈등이 고조되고 액션이 휘몰아치는 클라이맥스였다. 대부분의 영화는 후반부에 클라이맥스를 가지고 있었기 때문에 그런 식으로 하면 영화의 클라이맥스를 두 번 볼 수 있었고 나는 그게 더 좋았다. 〈단장의 검〉도 그렇게 본 영화였다.

〈단장의 검〉 포스터

또 기억나는 무협 영화는 〈철수무정〉장철 감독. 1969이다. 한때 왕우와 쌍벽을 이루었던 로례羅烈란 배우가 나오고 당시 큰 인기를 누렸던 여배우 리칭李菁과 깡따위姜大衛가 함께 나왔다. 이 영화에는 다른 무협 영화에서 볼 수 없던 독특한 암수들이 등장한다. 악당이 수박을 깨며 수박씨로 공격하자 철무정로례이 머리에 쓰고 있던 삿갓을 내려 방어하는 장면도 있고, 주판을 튕겨 표창을 날리는 암기가 등장하기도 한

〈철수무정〉 포스터

다. 우산을 빙빙 돌리다 우산대로 찌르는 암수도 나온다. 특히 빽빽한 갈대숲에서 주인공이 악당 일파와 벌이는 결투 장면이 인상적이었다.

무엇보다도 이 영화의 여주인공 리칭 이야기를 하지 않을 수 없다. 리칭은 한때 한국 청소년들에게도 큰 인기를 누렸던 홍콩 여배우다. 나중에 진추하 주연으로 리메이크된 〈스잔나〉라는 영화의 오리지널 배우기도 하다. 영화 포스터에 그려진 그녀의 얼굴은 정말 예뻐 보였다.

〈철수무정〉에서 리칭은 악당 두목 마위갑의 딸이지만 착하고 여린 장님 여인이다. 마지막 부분에서 철무정로레이 부상을 입은 채 그녀의 집에 왔을 때 그를 도와주며 친절을 베푼다. 잠시 후 역시 부상을 입은 마위갑이 도착하고, 두 사람의 칼끝은 서로를 향하지만 계고리칭가 눈치채지 못하게 직대감을 감추며 대화를 나눈다. 그리고는 멀리 집 밖으로 나와 대결을 벌이게 되는데 대결에서 패한 마위갑이 철무정에게 딸을 부탁하며 죽고 철무정은 악당의 딸 계고를 거두어 함께 살게 된다.

주인공이 악당의 딸에게 도움을 받고 사랑에 빠지는 설정은 놀라운 감동을 선사했다. 이 영화를 좋아했던 것도 멋진 결투 장면보다 오히려 이런 비장하면서도 따뜻한 느낌 때문이었다. 내가 좋아했던 〈외팔이〉나 〈단장의 검〉, 〈철수무정〉 같은 무협 영화의 공통점은 단지 살벌한 무술 대결만 있지 않았다는 점이다. 이런 로맨티시즘과 휴머니즘이 더 큰 재미로 다가왔다.

내 기억에 남아있는 〈외팔이〉, 〈심야의 결투〉, 〈단장의 검〉, 〈철수무정〉은 모두 장철 감독의 작품이다. 그 시절엔 그런 인식이 없었다. 어린 내게 그 영화들은 감독의 영화가 아니라 왕우의 영화였고 로례와 리칭의 영화였을 뿐이다. **장철**은 **호금전**과 함께 중국 무협 영화의 전성시대를 이끈 대표 감독인데, 폭력과 유혈이 난무하는 비정한 무협 세계를 비장하면서도 허세 작렬하는 남성적 스타일로 그려낸 감독이다. 그의 영화들은 어린 내게 '남자다움'의 원형적 이미지를 가르쳐 주었다. 강하고, 정의롭고, 용기 있고, 무뚝뚝하고, 감정을 드러내지 않으며 어느 순간 말없이 떠나거나 스스로를 희생하며 죽는, 그런 남자 말이다. 물론 그런 남자의 이미지는 비단 장철의 영화에만 있던 건 아니다.

이소룡과 차리 셸

70년대 초중반 한국 청소년들을 들뜨게 만들었던 최고의 액션 스타는 이소룡이었다. 이소룡은 73년에 죽었지만, 그의 영화는 그의 죽음에 대한 신비로운 소문과 함께 한국 소년들의 가슴에 불을 지폈다. 어느 날부터인가 중학교 교실에는 "아뵤"소리를 지르며 이소룡 흉내를 내고 다니는 친구들이 생겨났고, 쌍절곤까지 들고 설쳐대는 녀석들도 있었다.

〈정무문〉1972, 〈당산대형〉1971, 〈용쟁호투〉1973가 연이어 개봉하면서 시중의 화제는 단연 이소룡이었지만, 중학생이었던 나는 그의 영화들을 한 편도 보지 못했거나 않았다. 그 시절에도 다른 영화들을 본 기억이 있으니 딱히

〈용쟁호투〉 광고

〈용호대련〉 영화 포스터

돈이 없었던 까닭은 아니었을 게다. 어쩌면 왕우의 칼부림 무협 영화의 허세 가득한 비장미에 푹 빠졌던 내게 이소룡 유의 주먹다짐 영화는 도무지 매력적으로 느껴지지 않았던 것 아닌가 싶다.

이소룡의 영화를 처음 본 건 고등학교 시절이었고, 그 영화는 〈맹룡과강〉이었다. 이 영화는 이소룡의 다른 영화들에 비해 다소 싱겁고 밀도가 떨어지는 작품이어서 영화 보는 내내 지루함을 참기 어려웠다. 아니, 중학교 때 친구들은 뭐 이런 걸 보면서 그렇게 난리를 쳤나, 싶었다. 이후 다른 영화들도 보게 되었지만 〈용쟁호투〉 정도가 그나마 좀 덜 지루했을 뿐이다. 그렇게 나는 이소룡 열풍을 슬쩍 비켜 지나가 버린 것이다.

이소룡이 한창 인기를 끌던 시절 그를 흉내 내는 짝퉁들도 줄줄이 등장했는데, 그 가운데 '차리 셸'이란 이름의 낯선 무술 배우가 있었다. '한용철'이라는 한국 이름을 가진 그는 재미동포며, 태권도 고수라 했다. 그가 주연한 몇 편의 영화가 한때 큰 인기를 끌었는데, 한동안 〈용호대련〉1974, 〈죽엄의 다리〉1974, 〈돌아온 외다리〉1974, 〈속 돌아온 외다리〉1974 등 차리 셸 주연의 영화들이 몇 주에 한 편씩 등장하며, 극장가를 휩쓸다시피 한 적이 있었다. 내가 차리 셸을 특별히 기억하는 이유는, 그가 나오는 영화 〈용호대련〉을 온 가족이 함께 보았기 때문이다.

아버지는 영화관에 가는 분이 아니었다. 아버지는 영화나 TV, 가요 같은

대중문화나 예술 따위
와는 담을 쌓은 분이
었다. 그보다는 술을
즐기셨고, 술을 마시
지 않는 날이면 닭장
을 짓거나 청소를 하
거나 집안 벽지를 새
로 바르거나 뭔가 일
을 만들어 하면서 게
으르고 놀고만 싶어

〈용호대련〉 광고

하는 자식들을 들볶는 분이었다. 그런 분이 어느 날 영화관에 가자는 말씀
을 하셨다. 놀라운 일이었다. 우리는 택시를 잡아타고 극장에 갔다. 내 평생
단 한 번의 행복한 기억이다. 그때 본 영화가 〈용호대련〉이다. 지금도 가끔
아버지가 왜 그 영화를 보러가자고 하셨을까, 생각할 때가 있다. 내성적이
고 조용한 내 성격을 조금이라도 고쳐주고 싶으셨던 것 아닌가 하는 짐작
을 해 볼 뿐이다.

　〈용호대련〉은 당시 내 수준에서 더할 나위 없이 환상적인 오락 영화였다.
독립군 군자금인 황금을 둘러싸고 일본인 악당 패거리와 중국인 악당 패거
리 그리고 조선의 차리 셸이 한바탕 난투극을 벌이는 얘기다. 당시 일제치
하 만주를 배경으로 독립군과 일본군, 중국인들을 등장시킨 한국판 짝퉁 서
부극들이 꽤 많이 나왔는데, 이 영화도 그와 유사한 맥락에 있다.

　주인공 차리 셸이 악당들에 둘러싸여도 눈 하나 깜짝하지 않고 폼 나게

댓거리하는 장면은 왕우 영화의 비장한 허세와도 닮았다. 어찌 반하지 않을 수 있을까. 이 영화에서 특히 잊을 수 없는 건 여배우 우연정의 매력이다. 우연정이 입은 하늘거리는 중국풍 옷과 언뜻언뜻 비치는 다리는 사춘기 소년을 달뜨게 하기에 충분했다. 우연정이 차리 셸에게 일본인 악당을 죽여주면 '나를 주겠다'는 말을 할 때는 공연히 내 가슴이 두근거리고 얼굴이 화끈거려, 혹시 아버지가 눈치채지나 않았을까 곁눈으로 아버지 표정을 흘낏 쳐다봤던 기억도 난다.

〈용호대련〉 이후 줄줄이 쏟아져 나온 차리 셸 주연의 영화 가운데 〈돌아온 외다리〉 등 몇 개를 더 봤지만, 처음 봤을 때만큼 감동적이지는 않았다. 이후 어쩌다 친구들과 어울려 보게 된 짝퉁 홍콩 영화들을 거치면서 무술 영화에 대한 흥미는 급속히 줄어들었다. 그런 유의 영화들은 결국 허접하기 짝이 없는 줄거리에 허세 가득한 폼생폼사, 그리고 시끄럽게 반복되는 격투 장면이 전부라는 생각이 들기 시작했다. 이소룡의 〈맹룡과강〉을 본 게 그 무렵이다. 너무 늦게 그를 영접한 탓인가, 결국 나는 이소룡 영화의 매력을 한 번도 느껴보지 못한 채 소년 시절을 보내고 말았다.

한 가지 여담, 이소룡과 차리 셸이 인기를 끌던 무렵, 한자 시험에 이런 문제가 나왔다. "용과 범이 다툰다는 뜻으로 누가 이길지 모르는 대등한 싸움을 이르는 한자 성어는?" 답은 물론 '용호상박龍虎相搏'. 그런데 당시 내 친구들이 쓴 답 가운데는 '용쟁호투龍爭虎鬪'나 '용호대련龍虎對鍊'이 적지 않게 나왔고, 이들 가운데는 이 답이 왜 틀리냐며 선생님께 항의한 친구들도 있었다는 것.

007 영화들

이미 얘기했지만, 난 007 시리즈를 소설로 읽었다. 007 소설은 물론 명작동화 따위와는 비교할 수 없을 만큼 재미있었지만, 어린 나이에 읽기엔 다소 어렵고 지루한 점도 없지 않았다. 하지만 영화는 달랐다. 007 영화가 주는 시청각적 쾌락은 놀라운 것이었다. 영화는 골치 아프게 머리를 쓸 필요도 없었고, 지루해 할 틈도 없었다. 그저 처음부터 끝까지 시각과 청각으로 전해지는 이미지와 사운드의 쾌락을 즐기면 그만이었다.

007 영화를 보는 건 1, 2년에 한 번씩 겪는 환상의 선물과도 같았다. 어린 시절 나는 이 시리즈가 1, 2년에 한 번씩 나오는 걸 보고 순진하게도 이 영화 말고 다른 영화에선 통 볼 수 없는 숀 코너리는 뭘 먹고 사나 은근히 걱정하기도 했다. 물론 할리우드 스타급 배우들이 영화 한 편당 어마어마한 개런티를 받는 백만장자란 걸 알기 전 얘기다.

007은 그 타이틀부터 환상적이었다. 당대 최고의 가수가 부르는 주제곡을 배경으로 쭉쭉빵빵한 나신들의 실루엣이 흐물거리며 끝없이 지나갔다. 그 타이틀 씬을 보는 것만으로 입장료가 아깝지 않다는 생각이 들 정도였다. 살인면허를 가진 첩보원이란 설정도 기가 막혔다. 수많은 영화에서 주인공이 거리낌 없이 누군가를 죽이는 장면을 볼 때, 죽어 마땅한 악당에게 동정심을 느낀 적은 없지만, 저렇게 사람을 막 죽여도 탈이 없을까 하는 의

나의 문화편력기

문은 없지 않았던 터다. 그런데 007은 필요하면 사람을 죽일 수 있는 면허를 갖고 있었다. 그가 행사하는 폭력은 합법적이고 정당하다는 말이다. 그러니 이제 악당들이 죽어나가는 모습을 맘 놓고 보기만 하면 되는 것이다.

무엇보다도 007은 모든 영화의 남자 주인공이 갖고 있는 남성 판타지의 총합이었다. 그는 잘 생겼고 강하며, 민첩하고 지혜롭고 정의로웠다. 게다가 댄디하고 유머러스했다. 그가 호텔방에 들어가면 젊은 여자가 반쯤 벗은 몸으로 침대에 누워있거나 목욕을 하고 있었다. 007은 자신을 죽이려는 여자인 줄 뻔히 알면서 몸을 섞었다. 어떤 여자든 그가 한 두 마디만 건네면 영락없이 넘어왔다. 적의 여자인 경우에도 007이 위험에 처하면 목숨을 바쳐서까지 구해주었다. 정말 환상적이지 않은가. 영화를 보고 나면 며칠 씩 영화 속의 본드 걸들의 이미지가 머릿속에 남아 있었다.

또 하나 기억나는 것. 모든 시리즈에서 007은 자신을 이렇게 소개했다. "My name is Bond. James Bond." 이 대사를 들을 때마다 한 가지 의문이 생기곤 했다. 왜 007은 철저히 신분을 숨겨야 하는 상황에서도 꼭 본명을 쓸까. 정작 첩보 활동과는 관계없는 지위의 사람들은 M이니 Q니 하는 암호 같은 이름을 쓰는데...

1대 007 숀 코너리

007 역을 맡은 배우는 여러 명인데, 이 시리즈를 열심히 챙겨 보던 중고딩 시절에는 주로 로저 무어가 제임스 본드 역을 맡았다. 숀 코너리가 더 본드답다고 주장하는 친구들이 많았지만, 내가 보기에는 영화 속의 귀족적이고 댄디한 007 이미지에 가장 잘 맞는 배우는 로저 무어였던 것 같다.

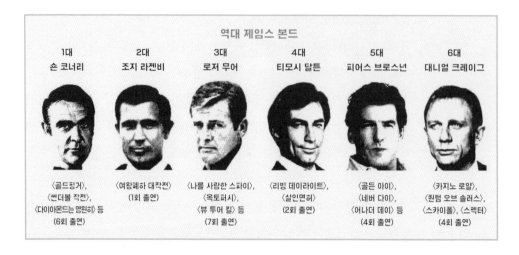

역대 제임스 본드

1대	2대	3대	4대	5대	6대
숀 코너리	조지 라젠비	로저 무어	티모시 달튼	피어스 브로스넌	대니얼 크레이그
〈골드핑거〉, 〈썬더볼 작전〉, 〈다이아몬드는 영원히〉 등 (6회 출연)	〈여왕폐하 대작전〉 (1회 출연)	〈나를 사랑한 스파이〉, 〈옥토퍼시〉, 〈뷰 투어 킬〉 등 (7회 출연)	〈리빙 데이라이트〉, 〈살인면허〉 (2회 출연)	〈골든 아이〉, 〈네버 다이〉, 〈어나더 데이〉 등 (4회 출연)	〈카지노 로얄〉, 〈퀀텀 오브 솔러스〉, 〈스카이폴〉, 〈스펙터〉 (4회 출연)

내 기억 속에 가장 생생히 남아 있는 007 영화는 국민학교 6학년이나 중학교 1학년 때쯤 본 〈007 여왕폐하 대작전〉이다. 〈여왕폐하 대작전〉이 특별히 기억에 남는 이유는, 이 영화가 다른 007 시리즈와 몇 가지 다른 점이 있기 때문이다. 숀 코너리도 로저 무어도 아닌 조지 라젠비가 유일하게 주연한 영화라는 점이 우선 그렇다. 그는 이 영화 한 편에만 주연으로 나왔고, 이후에는 홍콩배우 왕우와 함께 나온 〈스카이 하이〉 정도만 기억에 남아 있었는데, 아주 한참 후에 실비아 크리스텔이 나이 들어 나오는 엠마뉴엘 시리즈에 나오는 걸 보고 씁쓸한 기분을 느낀 적이 있다. 어린 시절 나는 그가 이 한 편을 끝으로 007에서 퇴출된 것이 왠지 안쓰럽게 느껴졌다.

소설을 읽어본 입장에서 볼 때 여러 주연배우 가운데 외모 면에서 원작

〈007 죽느냐 사느냐〉 포스터

〈007 여왕폐하 대작전〉 광고
(개봉당시 제목은 〈007과 여왕〉이었다.)

〈007 위기일발〉 광고

의 제임스 본드 이미지와 가장 유사한 건 조지 라젠비다. 원작 속에서 007은 흑발이며, 댄디하기보단 냉혹한 성격의 소유자다.이 점에서 최근의 007 시리즈에서 다니엘 크레이그(Daniel Craig)는 비록 금발이지만 원작의 007 성격을 가장 가깝게 보여준다. 또 하나 〈007 여왕폐하 대작전〉이 특별한 건, 이 작품이 내가 본 007 시리즈 가운데 유일하게 해피엔딩이 아니라는 점이다. 영화의 마지막에서 결혼한 007이 신혼여행을 가던 도중 악당테리 사발라스가 악당으로 나온다.의 공격을 받아 여자가 죽는다. 영화는 007이 죽은 신부의 시신을 안고 오열하는 장면으로 끝난다. 사실 영화 속의 모든 슈퍼 히어로는 결혼하지 않는다. 결혼을 하더라도 이처럼 곧 혼자가 된다. 슈퍼 히어로가 평범한 부르조아 가정에 얽매인 소시민이 될 수는 없는 일이니까. 어린 내 생각에도 결혼한 007을 상상하는 건 영 어색했다. 이 슈퍼 히어로의 공식을 어렴풋하게나마 느낀 게 이 영화를 통해서였다.

중학생 2, 3학년 때였던 걸로 기억한다. 〈007 다이아몬드는 영원히〉를 보기 위해 극장 앞에 서 있는데 스님 한 분이 다가왔다. "학생, 영화를 보는 게 즐거운가요?" 우린 이 낯선 질문에 움찔했고, 아무도 답을 하지 못했다. "저건 그저 그림자에 불과한 겁니다. 실체가 아니라 껍데기지요. 그 속에 사람이 있는 게 아니잖아요. 그림자에 눈을 뺏기지 마세요." 나이 지긋한 스님은 우리에게 꼬박꼬박 존댓말을 쓰며, 말하자면 사이버 세계와 현실 세계, 허상과 진실 혹은 시뮬레이션과 리얼리티의 문제를 이야기하고 있었다. 물론 우리는 황당한 표정으로 아무 대꾸도 못한 채 그 분의 말을 못 들은 척 하고 있을 수밖에 없었다. 그 스님의 다소 황당한 설법은, 다행히도 극장 문이 열리면서 더 이상 들을 필요가 없게 되었다. 그런데 이상하게 그 날의 황당한 스님 말씀이 오랫동안 내 기억에 남았다.

서부극의 추억

어린 시절의 영화 추억에서 빼 놓을 수 없는 하나는 **존 웨인**John Wayne 이나 **게리 쿠퍼**Gary Cooper, 제임스 스튜어트가 나오는 서부극들이다. 〈알라모〉1960, 〈치삼〉1970, 〈하이눈〉1952, 〈빅 컨츄리〉1958 같은 영화들이 기억에 남아 있다. 〈수색자〉1956나 〈역마차〉1939 같은 영화는 TV를 통해 봤다. 같은 인물과 사건을 소재로 한 〈황야의 결투〉1946와 〈OK목장의 결투〉1957도 재밌게 봤다. 친구들과 〈황야의 결투〉의 헨리 폰다, 빅터 마츄어와 〈OK목

〈하이눈〉 광고

장의 결투〉의 버트 랭커스터Burt Lancaster, 커크 더글러스Kirk Douglas 중 어느 편이 더 폼 나는 서부 사나이인가를 두고 논쟁을 벌인 기억도 있다.

　서부 영화들도 자꾸 보니 비슷해 보였다. 떠돌이 주인공이 집으로 돌아오니 가족이 인디언에게 죽임을 당했거나, 세상을 등진 채 다시는 총을 잡지 않으려 한 주인공에게 어느 날 인디언이나 악당들이 찾아와 아내와 딸을 죽인다. 주인공은 잦은 고생 끝에 복수에 성공한다. 영화는 주인공이 나타나는 걸로 시작해 복수를 마치고 떠나는 것으로 끝난다.

　평온해 보이지만 사실은 권력을 가진 악당에 의해 고통받고 있는 마을에 한 떠돌이 무법자가 나타난다. 악당은 많은 경우 인디언이거나 주인공의 땅을 노리는 부유한 악덕 지주혹은 그가 고용한 총잡이이거나 아니면 그저 천성이 악독한 악당이다. 주인공은 다소 위악적인 성격이어서 차가운 듯 보이지만, 내심 따뜻한 인간미와 정의로움을 지니고 있다. 그런 캐릭터는 모든 문제를 개인이 독립적으로 처리해야하는 거친 서부의 상황과 잘 어울렸다.

　백인들은 바위나 나무 뒤에 숨어 한 방 한 방 총을 쐈고, 인디언들은 말을 타고 떼 지어 달리다 말을 탄 채로 넘어졌다. 그런 장면을 볼 때마다 저 인디언 역을 하는 배우는 얼마나 아플까 싶은 생각이 들었다. 도대체 저런 장면을 어떻게 찍는 걸까. 그런 실감나는 스펙터클을 만들어내는 할리우드 영화에 대해, 아니 미국이란 나라에 대해 외경심을 가지지 않을 수 없었다.

　생각해 보면 미국이라는 나라에 대해 갖게 된 이미지는 대부분 영화를

〈OK목장의 결투〉 포스터와 광고

통해서 형성된 것이었다. 미국이 우리나라를 공산주의 마수로부터 구해준 은인의 나라라는 것이야 어려서부터 학교에서 귀에 못이 박히도록 들었고 사방 천지에 미국에 대한 환상을 부추기는 물건들이 널려 있었지만, 10대 소년에게 미국이라는 나라의 힘과 아름다움을 가장 구체적으로 각인시킨 건 아무래도 영화였다. 영화 속에 묘사된 미국의 아름답고 웅대하고 화려한 모습들도 물론 환상적이었지만, 더욱 감동적이었던 건 이렇게 멋진 스펙터클의 영화를 만들 수 있는 나라라는 사실 자체였다.

카우보이들이 소떼를 몰고 가거나 마차들이 줄을 지어 서부로 가는 여정에는 늘 음악이 있었다. 밤이면 그들은 모닥불을 피우고 노래를 부르거나 춤을 추었다. 일행 중에는 으레 기타나 바이올린을 잘 치는 악사들이 있었다. 아니면 마을의 술집에서 여가수가 노래를 불렀다. 거칠고 위험한 서부에도 낭만이 있고 음악이 있고 로맨스가 있었다.

무법자들은 술집의 삐꺽거리는 문이런 문을 '스윙 도어'라 부른다는 걸 알게 된 건 최

나의 문화편력기

〈역마차〉 광고

근이다.을 어깨로 밀며 들어왔고 술잔을 건넬 때는 바의 테이블 위로 미끄러지게 밀어 던졌다. 주인공은 뒤에서 총을 쏘는 법이 없었지만, 악당들은 그런 규범 쯤 아무렇지 않게 어겼다. 악당의 이름을 밝히려는 밀고자들은 어디선가 날아온 총에 맞아 죽었다. 이상한 건 그렇게 밀고자를 죽일 수 있는 악당이 왜 함께 있는 주인공은 죽이지 않을까 하는 거였다.

영화에서 여자들은 언제나 남자의 보호 대상이었다. 그들은 서부시대의 삶의 조건에서 불편하기 짝이 없을 폭넓은 드레스를 입고 외딴 집에서 남자들을 기다렸다. 가끔 인디언이나 악당의 위협에 처했을 때, 스스로 총을 들고 맞서기도 하지만 대체로 그들을 구해주는 건 정의로운 남자들이었다. 그렇게 여자를 구해 준 남자들은 여자들의 만류에도 불구하고 먼 길을 떠났다. 복수를 위해서 혹은 잃어버린 누군가를 찾기 위해서, 빤히 보이는 위험에도 불구하고.

영화를 볼 때마다 난 내가 저런 상황이라면 어떻게 할까를 생각하곤 했다. 저런 위험 속으로 뛰어들 수 있을까? 가면 위험하고 안 가면 창피한 상황에서 난 어떤 선택을 할까. 한 가지는 분명했다. 난 위험을 무릅쓰기엔 겁이 너무 많았다. 무엇보다도 죽기는 싫었다. 영화를 볼 때마다 내가 그런 상황에 처하지 않은 게 너무나 다행스럽다며 안도하곤 했다. 우리가 이런 영화를 좋아하는 이유는, 어쩌면 영화 속의 불안하고 위험하고 두려운 상황에서 멀찌감치 벗어나 있다는 안도감을 재삼 확인하고 싶은 욕구 때문인지도 모른다.

서부극을 뒤집는 서부극

가끔은 백인은 선, 흑인 혹은 인디언은 악이라는 도식을 확실히 벗어난 영화들도 있었다. 〈와일드 번치The Wild Bunch〉1969 나 〈자니 기타Johnny Guitar〉1954 같은 영화들은 빤한 선악 구도 밖에 없는 서부극들과 확실히 달랐다. 물론 이 영화들을 볼 당시의 어린 내가 그 차이를 알지는 못했다. 언제인지 기억나지는 않지만 TV에서 본 시드니 폴락Sydney Pollack 감독의 〈추적자〉1968도 그런 영화 중 하나였다. 이 영화에서 백인 버트 랭카스터나 테리 사발라스는 자기 욕심만 쫓는 일자무식의 인물인 반면 흑인 오시 데이비스는 지적이고 영리할 뿐 아니라 다른 사람을 존중할 줄 아는 합리적 인물로 묘사된다. 테리 사발라스는 인디언을 잔혹하게 죽이고 그 얼굴 가죽을 벗겨 보상금을 타내는 인물이고 버트 랭카스터는 테리 사발라스를 추적하며 그 가죽을 빼앗으려는 인물이다. 흑인 오시 데이비스는 테리 사발라스에 잡혀 노예로 팔릴 처지지만 버트 랭카스터와 테리 사발라스를 중재해 문제를 합리적으로 해결해 보고자 노력한다. 백인은 선, 유색인은 악이라는 당시 할리우드의 일반적 문법을 완전히 뒤집고 있는 것이다.

물론 당시 내게 서부극이 함의하고 있는 백인 우월주의나 인디언 학살에 대한 합리화, 과시적인 아메리카니즘 같은 것에 대한 문제의식은 없었다. 나는 그저 멋진 정의의 사나이들이 펼치는 통쾌한 승리의 드라마가 좋았을 뿐이다. 중학교 때였나, 인디언과의 전쟁에서 참혹하게 죽는 카스터란 인물을 미화한 〈카스터 장군〉이란 영화를 보며 그 영웅적인 죽음에 공감하고 안타까워한 일도 있다. 나중에 〈작은 거인Little Big Man〉1970이란 영화에서 이 카스터 장군이란 인물이 정의와는 무관한 호전적인 백인 우월주의자에 지나지 않았다는 묘사를 보며 속았다는 느낌을 받기는 했지만.

황야의 무법자와 튜니티 시리즈

미국판 정통 서부극보다 더 재미있던 건 이태리산 스파게티 웨스턴이었다. 율 브리너Yul Brynner의 〈아디오스 사바타〉[*]1970, 클린트 이스트우드가 나오는 〈**황야의 무법자**A Fistful of Dollars〉1964와 〈**석양의 무법자**The Good, the Bad and the Ugly〉1966 등 **세르지오 레오네**Sergio Leone의 영화들 그리고 프랑코 네로의 〈장고〉〈속 황야의 무법자〉란 제목으로 개봉, 테렌스 힐의 〈튜니티〉 시리즈, 몽고메리 우드줄리아노 젬마의 〈황야의 은화일불〉 등은 할리우드식 판에 박은 서부극들과는 달랐다.

스파게티 웨스턴은 할리우드 서부극에 비해 더 처절하거나 더 황당하거나 더 웃겼다. 권총을 쏴서 담뱃불을 붙이고 다시 총으로 그 담뱃불을 끄는 장면이나 악당의 이빨에 성냥을 그어 담뱃불을 붙이는 장면, 돌아보지도 않고 뒤로 총을 쏘는 따위의 장면은 정통 서부극에는 절대 나오지 않았다. 스파게티 웨스턴은 할리우드판 서부극처럼 선악구도가 분명하지도 않았다. 주인공은 정의가 아니라 개인적 원한에 대한 복수나 현상금을 위해 총질을 했다. 물론 당시 우리에겐 할리우드 선악 구도와 스파게티 웨스턴식 대립 구도

고등학교 때 재미있게 본 스파게티 웨스턴 가운데 하나가 율 브리너가 나오는 〈아디오스 사바타〉란 영화다. 영화 사적으로 셀지오 레오네 영화만큼 평가받는 영화는 아니지만, 그 시절 우리 세대에게는 기억에 뚜렷이 남아 있는 재밌는 영화였다. 멕시코 혁명기 황금을 서로 차지하기 위해 싸우는 이야기였고 율 브리너가 검은 옷을 입고 커다란 장총을 쏘던 장면이 인상적이었다. 그저 그런 기억으로 남았을 이 영화가 지금 내 기억에 뚜렷이 살아난 건 이 영화에 조연으로 출연한 배우 때문이다. 이 영화에 율 브리너의 친구이자 조력자면서 나중에 배신하는 인물이 나오는데 그가 딘 리드(Dean Reed)라는 배우다. 미국의 컨트리 가수이자 배우였던 딘 리드는 냉전 시대에 자신의 사회주의적 신념을 따라 동독으로 망명했다가 자살한 인물이다. 2012년 가을 베를린에 체류하면서 이 배우에 관한 스토리를 알게 되었고, 비로소 잊고 있던 이 영화가 기억났다. 마지막 부분에서 금이 줄줄 새는 줄도 모르고 말을 달려가던 그의 모습은 그의 삶만큼이나 허망하다.

〈튜니티〉 시리즈 광고

〈황야의 무법자〉 포스터

를 구분할 정도의 지성은 없었다. 언제나 주인공이 선이었을 뿐이다.

고등학교 시절 〈튜니티〉 시리즈〈내 이름은 튜니티〉, 〈튜니티라 불러다오〉, 〈튜니티는 아직도 내 이름〉는 만사 제쳐 놓고 극장에 달려가게 만든 최고의 오락물이었다. 폼 잡고 무게 잡는 서부극과 달리 처음부터 끝까 지 웃기려 작정하고 만든 듯한 이 코미디 스파게티 웨스턴 시리즈는 그저 공부하는 것 외에는 피 끓는 사춘기의 에너지를 달리 쏟아 넣을 구멍이 없었던 소년들에게 최고의 즐거움을 주었다. 머리 복잡하 게 생각할 것도 없었고 주인공의 희로애락에 애달파 할 필 요도 없었다. 황당한 상황과 유치찬란한 대사가 이어졌지만 그저 웃기면 그만이었다.

생각해 보면 내 생애 가장 단순한 시절이었다. 대학 입 시 외에는 다른 어떤 동기도 부여되지 않았다. 교과서 참고 서 외의 책은 중학생 때와는 달리 거의 읽지 않았고 세상사 에 대해서도 관심 갖지 않았다. 적당히 공부해도 고등학교 에 들어갈 수 있었던 중학생 시절과 달리 고등학생에게 닥 친 대학 입시는 불확실했고 절박했다. 우리는 대부분의 시 간을 공부했고 나머지 노는 시간은 한껏 놀며 스트레스를 풀어야 했다. 영화는 술 마시고 노래 부르며 노는 것을 제외하면 가장 좋은 수단이었다. 특히 〈튜니티〉 시리즈처럼 아무 생각 없이 볼 수 있는 코미디

와 액션이 결합된 오락 영화라면 더 바랄 게 없
었다. 당장 신나고 재밌는 건 물론이고 영화를 보
고 난 후, 이후의 공부를 방해할만한 어떤 여운도
남지 않았으니까.

〈황야의 무법자〉 OST 앨범

할리우드 서부극에 존 웨인이 있다면 스파게
티 웨스턴에는 클린트 이스트우드가 있었다. 클
린트 이스트우드를 처음 본 건 TV를 통해 방송되
었던 서부극 시리즈 〈로하이드〉를 통해서다. 카
우보이들이 소떼를 이끌고 다니며 겪는 다양한
모험들을 다룬 이 시리즈의 인기는 대단했다. 하
지만 〈로하이드〉의 클린트 이스트우드는 다른 서부극의 주
인공들에 비해 특별한 것이 없었다. 정의로운 카우보이 청
년 이상도 이하도 아니었으니까. 그가 특별하게 보인 건 세
르지오 레오네 감독의 〈황야의 무법자〉로 시작된 일련의 스
파게티 웨스턴에서였다.

〈황야의 무법자〉 광고

〈황야의 무법자〉를 극장에서 본 건 고등학교 시절로 기
억한다. 미간을 찡그리고 시가를 씹는 클린트 이스트우드 특
유의 표정은 정말 매력적이었다. 뿌리도 없고 역사도 없는
남자, 이름도 없고 어떤 인연도 없이 그저 하늘에서 뚝 떨어
지기라도 한 듯 어디선가 불현듯 나타난 사나이가 마을 사
람들을 괴롭히는 악당에 맞서 죽을 위기를 넘기고 통쾌하게 복수에 성공하
는 이야기 자체는 서부 영화에서 익숙하게 보던 것이지만, 선과 악, 정의와

불의를 떠나 세상 자체에 냉소적인 듯한 주인공의 느낌은 스파게티 웨스턴 속의 클린트 이스트우드가 처음이었다.

이스트우드가 그런 냉소의 표정으로 모래 바람 날리는 황야에 서 있는 모습은 정말 그림이었다. 게다가 황량한 장면에 기막히게 어울리는 **엔리오 모리꼬네**Ennio Morricone의 음악까지. 이후 〈속 황야의 무법자〉, 나중에는 〈석양의 건맨〉으로 알려졌다. 〈석양의 무법자〉를 봤는데 이 두 편은 극장에서 본 것인지 TV를 통해 본 것인지 기억이 가물가물한다. 두 영화에서 클린트 이스트우드와 함께 나온 리반 클립이란 배우도 좋아했다. 리 반 클립은 특유의 매부리코도 인상적이고 나름 선 굵은 이미지의 멋있는 배우였는데, 클린트 이스트우드와 함께 나온 스파게티 웨스턴 외에는 그리 기억에 남는 작품이 없다. 언젠가 TV에서 본 〈젊은 사자들〉1958에서 그가 스쳐 지나가는 단역으로 나오는 걸 보고 놀랐던 기억이 있기는 하지만.

할리우드판이건 이태리판이건 서부극은 결국 남자에 관해 말하는 영화다. 사춘기 시절 이런 영화들을 보면서 남자다움, 남성적인 것의 의미를 배웠다 해도 과언이 아니다. 그 남성성은 말하자면 고독함, 강함, 무뚝뚝함의 이미지를 갖고 있다. 웨스턴의 주인공은 대부분 외롭고, 강하고, 말수 적고, 굳이 변명하지 않고, 필요하다면 목숨을 기꺼이 내놓을 만큼 용기 있는 존재였다. 내가 영화 속 주인공의 상황이 되었을 때 그들만큼 강하지도 용기 있지도 않을 것은 분명하지만, 현실 속에서 그런 상황에 처할 이유는 없었다. 그러니까 나는 그저 주인공이 보여주는 무뚝뚝한 매너와 빈정거리는 말투와 냉소적인 표정을 통해 외롭고 강한 남자의 이미지를 흉내 내면 그만이었다.

공포 영화의 추억

중고등학교 시절에도 몇 편의 공포 영화를 본 기억이 남아 있다. 공포물을 싫어했기에 많이 보지 않았지만, 오히려 그래선지 몇 편 되지 않는 공포 영화의 기억은 더욱 선명하다.

먼저 기억나는 건 국산 공포 영화 〈천년호〉신상옥 감독, 1969다. 이 영화는 단순한 공포 영화가 아니라 진실한 사랑과 섹시한 유혹, 거기에 액션 활극과 〈전설의 고향〉 유의 공포가 함께 담긴 판타지였다. 이 영화에서 가장 인상적이었던 건 '진성여왕' 역을 맡았던 배우 김혜정의 섹시한 매력이다. 요즘 용어로 팜므파탈Femme fatale쯤 되는 김혜정의 육감적인 매력은 영화의 어떤 공포보다 더 강했다.

〈천년호〉 포스터

이 영화를 본 게 아마도 70년대 초반 중학생 시절이니 한참 성에 대한 달뜬 호기심을 주체하기 어렵던 때다. 김혜정은 당시 한국에서 보기 드문 육체파 배우라는 수식어를 달고 다닐 만큼 섹시한 이미지로 한 몫 하던 배우다. 청순가련형 여배우가 주류던 시절이라 주연급으로 활약하지는 못했지만, 강렬한 마스크와 유혹적인 몸매로 내게 깊은 인상을 남겼다.

장군인 김원랑신영균을 짝사랑한 여왕의 음모로 장군의 아내 여화김지수가 산적에 쫓기고 호수에 빠져 죽음을 당하지만, 그 육체에 구미호가 빙의되어 되살아난다. 구미호가 된 여화가 밤마다 여왕을 위협하고 원랑은 여왕을 지키다 여화를 죽이게 된다. 원랑에게 팔을 잘린 구미호가 붕붕 날아다니며 '내 팔을 다오, 내 팔을 내 놔라' 하는 장면이 기억난다. 이 대사는 한동안 유행어가 되기도 했다. 영화가 나온 뒤 아이들이 칼싸움 놀이를 하다가 '내 팔 내놔라' 하는 대사를 흉내 내며 노는 모습을 자주 볼 수 있었다. 아, 맨 마지막 장면 신영균이 아내의 무덤 앞에서 꼼짝도 하지 않은 채 해골로 변하는 장면도 기억이 난다. 그 장면은 무서우면서 애틋했다.

고등학교 시절에 본 영화중에는 공포 영화는 아니지만, 내게 공포 영화처럼 느껴졌던 〈나자리노〉1975란 영화도 있다. 〈나자리노〉는 70년대 중반 한때 화제를 불러 일으켰던 아르헨티나 영화다. 아마 내가 극장에서 본 유일한 아르헨티나 영화일게다.

늑대의 저주를 안고 태어난 청년 나자리노가 사랑에 빠지지만 결국 저주를 피하지 못하고 비극적으로 죽는 이야기다. 사람이 늑대로 변하는 식

〈나자리노〉 광고

의 판타지적인 장면들도 있었지만, 전반적으로 내러티브가 종잡을 수 없을 만큼 혼란스러운 느낌이었다. 말하자면 이 영화는 이후에 생겨난 용어로 이야기하면 일종의 '컬트' 영화였던 셈이다. 아무튼 나로선 영화에 흥미를 가지고 몰입하기도 어려웠고, 결말까지 비극적이어서 영화를 보고난 후 내내 찜찜한 느낌이 가

시지 않았던 기억이 난다.

영화의 주제곡 〈When a Child is Born〉도 방송을 통해 자주들을 수 있었고, 번안곡도 나올 만큼 크게 히트했다. 우리 반 친구 하나가 카세트녹음기를 아예 들고 다니며 이 노래를 주구장창 부르고 다니는 바람에 나 역시 이 노래의 가사와 멜로디를 거의 외우게 되었고 한동안 입으로 흥얼거리기도 했다.

내 인생의 공포 영화라고 한다면 빼 놓을 수 없는 것이 고등학교 시절 친구들과 함께 봤던 〈오멘〉1976이다. 요한계시록에 나온다는 이른바 '666의 저주'에 관한 얘기를 이 영화에서 처음 들었다. 이 영화는 흉측한 괴물도 없고 피가 뚝뚝 떨어지는 끔찍한 장면도 없었지만, 내내 오금을 못 펼 만큼 무서웠다. 악마의 자식인 데미안의 저주로 주변 사람들이 하나씩 죽어나갈 때마다 오싹한 공포가 밀려왔다. 검은 개의 무리, 음산한 무덤 풍경, 피뢰침에 꽂혀 죽는 신부의 모습, 맨 마지막 어린 데미안이 뒤를 돌아보며 소름끼치는 미소를 짓던 장면 등이 한동안 머리를 떠나지 않았다.

그 무렵 얼마 동안 독서실에서 잠을 자며 공부하곤 했는데, 이 영화를 보고난 후 며칠 동안 독서실에 혼자 앉아 있는 게 겁이 나 일찍 집에 들어갈 정도였다. 물론 이 영화가 가진 종교적인 메시지에 대해선 별 관심이 없었다. 당시 친구들 사이에선 이른바 666의 저주에 대해 이런저런 얘기들이 돌았다. 제법 진지한 어조로 적그리스도와 말세에 대해 떠드는 친구들도 있었다. 물론 난 이런 얘기에 진지하게 귀를 기울인 적은 없다. 정말 말세가 가까웠다면, 이 지겨운 입시 공부 안 해도 되는 거 아닌가, 뭐 이런 생각을 해 보긴 했지만.

〈엑소시스트〉 광고

〈돌아온 드라큐라〉광고

그러고 보면 서양의 공포 영화들은 대체로 기독교적 세계관에 기반을 둔 경우가 많다. 〈오멘〉이나 그보다 한해 먼저 개봉했던 〈엑소시스트〉1973 같은 이른바 오컬트Occult* 영화들이 대표적이다. 그와는 좀 다르지만 〈드라큘라〉시리즈 역시 마찬가지다. 중고등학생 시절 〈드라큘라〉시리즈크리스토퍼 리가 나오는 영화와 잭 팰런스가 나오는 영화를 봤다.를 보면 그 무서운 흡혈귀들이 십자가 앞에서는 공포에 떨며 피한다.

교회를 다닌 적도 없고 기독교에 관심을 가져 본 적도 없었지만, 영화를 보면서 이상하게 생각한 적은 한 번도 없다. 무신론자인 내게도 악마를 퇴치하는 십자가의 권능은 적어도 영화를 보는 동안 자연스러웠다. 물론 이런 영화를 보고나서 기독교에 관심을 갖게 되지도 않았다. 내게는 단지 영화였고 교회와 신부와 십자가는 악마의 악마다움을 한껏 드러내기 위한 장치였을 뿐이다. 나 같은 무신론자들은 종교 영화라 해도 그저 재미있는 이야기를 즐길 뿐, 그 영화 속에 묘사된 종교적 메시지를 곧이곧대로 받아들이지는 않는다.

공포 영화는 환상 속의 공포를 통해 현실의 공포를 일깨운다. 공포 영화는 그 시절 내가 가장 두려워했고 끔찍이 싫어했던 두 가지를 반복해 보여 주곤 했다. 그것은 어둠과 피의 이미지다. 모든 공포 영화는 어둠과 피의 이미지를 반복해 보여준다. 어둠은 그 속에 무엇이 들어와 있는지 알 수 없기 때문에, 피는 고통을 환유하기에 두려움의 대상이 된다. 우리는 알 수 없는 것을 두려워하고 육체적 고통을 두려워한다. 그리고 이 두 가지 모두 죽음의 세계를 암시한다.

내가 공포 영화를 싫어했던 건 영화가 보여주는 끔찍한 이미지들을 견딜 만큼 비위가 강하지 않았던 탓도 있지만 무엇보다도 그 공포의 감정에 깔려 있는 죽음의 이미지가 두렵고 싫었기 때문이다. 어린 나이였다 해도 사람은 누구나 죽는다는 사실을 몰랐을 리는 없다. 오히려 누구나 죽는 것이고 나 역시 예외일 수 없다는 사실이 나를 두렵게 만들었다. 죽음은 눈을 돌려 외면하고 회피하고 싶은 것이었다.

공포 영화에 등장하는 귀신과 유령, 죽음의 이미지들은 꿈속에까지 쫓아와 나를 괴롭히곤 했다. 생각해 보면 아주 어린 시절부터 보아온 동화책에도 죽음이 있었고, 다른 영화나 드라마에도 죽음이 있었지만, 공포 영화의 죽음처럼 공포를 느끼지는 않았다. 공포 영화의 죽음은 대체로 한이나 복수와 연관되었고, 처참하고 비극적이었던 때문일 게다. 생각해 보면 어린 시절 내게 처음으로 죽음의 세계를 알려주고 인간의 필멸성에 대해 생각하게 만든 건 수많은 영화꼭 공포 영화가 아니더라도들이었다.

죽음에는 좋은 죽음과 나쁜 죽음이 있었다. 누구의 어떤 죽음이든 죽음은 존재의 소멸이었고, 슬픈 것이었고 피하고 싶은 것이었고 두려운 것이었지만, 특히 공포 영화가 보여주는 나쁜 죽음은 더할 나위 없이 두려운 것이었다.

성우의 시대

60, 70년대는 성우의 시대였다. 당시 모든 TV 외화는 한국어 더빙으로 나왔다. 극장용 한국 영화도 대부분 후시 녹음으로 성우들이 배우의 목소리를 대신했다. 70년대 후반 TV의 패권이 확실해지기 전까지는 라디오 드라마도 많은 청취자들을 갖고 있었다. 성우들은 목소리만은 어떤 배우나 가수 못지않게 유명했지만 그 이름과 목소리를 정확히 일치시킬 수 있는 청취자가 많지는 않았다.

당시 가장 유명했던 라디오 드라마 가운데 하나가 매일 정오에 방송되던 〈김삿갓 북한 방랑기〉다. 방랑시인 김삿갓이 북한을 돌아다니며 북한 주민의 비참한 삶을 고발하고 북한 정권을 성토한다는 내용의 5분짜리 반공 드라마였다. 이 드라마는 매일 두 번씩 방송되었기 때문에 라디오를 켜 놓고 있다 보면 하루에 적어도 한 번은 듣게 되었다.

내가 이 드라마를 즐겨 들었던 건 드라마 내용 때문이 아니라 김삿갓 역을 맡았던 성우 오정한의 목소리를 좋아했기 때문이다. 이 드라마 매회 도입부와 끝 부분에 〈눈물 젖은 두만강〉의 멜로디가 깔리면서 성우 오정한이 4.4조의 시를 낭송했다. 끝 부분의 시는 매회 드라마 내용에 따라 바뀌었지만, 도입부의 시는 늘 똑 같았다. 이 부분이 듣기 좋아서 자주 귀 기울이다 보니 나도 모르게 줄줄 외우게 되었다.

땅덩어리 변함없되 한허리는 동강나고

하늘빛은 푸르러도 오고가지 못하누나

이 몸 죽어 백년인데 풍류인심 간 곳 없고

어찌타 북녘 땅은 핏빛으로 물들어간다

〈김삿갓 북한방랑기〉는 말하자면 내게 운문을 낭송할 때 느껴지는 감흥
을 처음으로 알게 해 준 드라마였던 셈이다.

그 시절 한국 영화 속 주연배우들의 목소리는 몇몇 성우들이 도맡다시
피 했다. 그러다 보니 배역에 따라 일정한 목소리의 톤이 전형적인 캐릭터
를 만들어냈다. 배우마다 전담 성우들이 있게 마련이고, 대부분의 관객들
은 배우의 얼굴과 성우의 목소리를 자연스럽게 일치시켰다. 60, 70년대에
주연급 남자배우들은 이창환, 남성우, 유강진, 김영배, 주상현, 오정한, 최응
찬, 박일, 배한성 같은 성우들이 주로 더빙을 했고, 여배우의 경우에는 고은

정과 정은숙이 거의 모든 주연급 여배우
를 도맡다시피 해 얼굴만 다르지 목소리
톤이나 연기는 이 배우나 저 배우나 그리
다를 게 없었다.

특히 내게 멋있는 남자 목소리의 전형
으로 느껴진 건 이창환의 목소리다. 이창
환은 신성일 전담 성우로 활동했는데, 그
의 목소리는 신성일 자신의 목소리보다 더
신성일의 외모에 어울렸다. 나중에 TV에

〈김삿갓 북한 방랑기〉 2000회 기념 방송

외화의 주연배우들과 목소리를 담당했던 성우들
손 코너리 - 유강진 | 비비안 리 - 장유진 | 말론 브란도 - 박일 | 안소니 퀸 - 이치우

출연한 신성일의 진짜 목소리와 억센 경상도 억양을 듣고 실망한 사람이 나 혼자만은 아니었을 게다. 신성일의 외모와 이창환의 목소리는 가장 완벽한 미남의 이미지를 만들어냈다. 신성일의 깎아 빚은 듯한 외모와 이창환의 다소 차가우면서 맑은 목소리는 너무나 잘 어울렸다.

70년대 이후 신성일의 인기가 하락하는 것은, 물론 한국영화 전반의 침체를 반영하는 것이기도 하지만, 이창환이 이민을 떠나고 신성일의 목소리가 바뀌는 것과도 무관하지 않았을 것이다. 이승만의 목소리를 전담했던 구민이란 성우도 기억난다. 이승만의 실제 목소리를 들어본 적이 없는 우리 세대에게 구민의 목소리는 이승만이란 인물의 이미지를 만들어줬다. 가끔

외화의 주연배우들과 목소리를 담당했던 성우들
빅 모로우 - 양지운 | 질리안 앤더슨 - 서혜정 | 피터 스트라우스 - 배한성 | 린지 와그너 - 주희

방송에서 코미디언들이 이승만 흉내를 내곤했는데, 그건 사실 이승만 흉내
가 아니라 구민 흉내라 해도 과언이 아니었다.

　　TV에서는 외국 영화배우들이 한국말을 했다. 외국 배우들이 한국어를 할
리가 없다는 걸 모르는 사람은 없었지만, 성우들의 한국어로 재해석된 영화
를 보면서 이상하다거나 부자연스럽게 여기는 시청자는 아무도 없었다. 여
기서도 특정배우를 한 성우가 고정적으로 맡는 경향이 있어서 시청자들은
자연스럽게 성우의 목소리와 배우의 외모를 일치시켰다.

　　가장 대표적인 경우가 안소니 퀸의 목소리를 도맡아 연기했던 성우 이
치우다. 이치우의 목소리는 안소니 퀸이 가진 다소 거칠고 서민적이며 의뭉

외화의 주연배우들과 목소리를 담당했던 성우들
피터 포크 - 최응찬 | 수잔 새런든 - 이선영 | 율 브리너 - 박상일 | 진 해크만 - 황일청

한 느낌의 캐릭터와 기가 막히게 어울렸다. 가끔 안소니 퀸의 목소리를 다른 성우가 연기하면 도무지 몰입이 안 될 지경이었다. 이런 식으로 〈형사 콜롬보〉의 피터 포크와 스펜서 트레이시의 목소리는 최응찬, 숀 코너리와 클라크 게이블은 유강진, 존 웨인은 김성겸, 클린트 이스트우드와 로버트 레드포드, 말론 브란도는 박일, 알랭 들롱과 더스틴 호프만은 배한성의 목소리와 동일시되었다.

성우들 가운데는 TV 드라마에 출연하면서 탤런트를 겸업하는 사람도 적지 않았다. 사실 배우 연기에서 목소리가 차지하는 비중이 절대적이기 때문에 목소리 연기의 기본기를 갖춘 성우들이 TV 연기도 자연스럽게 잘 했다.

이치우나 오승룡, 주상현, 전운, 남성우 등이 TV 드라마 등에서 자주 얼굴을 볼 수 있던 성우들로 기억된다. 성우의 시대는 동시녹음이 일반화되고 TV 채널이 늘어나 많은 외화들이 자막 방송으로 나가게 되면서 점차 끝이 났다.

우리가 어떤 인물들에 대해 갖고 있는 이미지에서 목소리가 차지하는 부분은 생각보다 크다. 그런 이미지의 근원은 우리 세대의 경우, 어린 시절 영화와 드라마에서 들었던 성우들의 목소리일 가능성이 크다. 성우들의 목소리가 가진 색깔은 다양한 인물들의 전형적인 이미지를 만들어냈다. 이를테면 정의로운 주인공의 목소리가 있고 악당의 목소리가 있다. 후덕한 사람의 목소리가 있고 성마른 사람의 목소리가 있다. 물론 목소리의 스테레오타입도 결코 믿을 게 못된다.

어린 시절 라디오 드라마에서 멋진 성우들의 목소리를 들으며 그 목소리에 걸맞은 외모를 상상하곤 했지만 나중에 TV나 사진을 통해 보게 되는 그들의 생김새는 내 상상과 다른 경우가 많았다. 신성일의 목소리는 이창환과 달랐고, 이창환의 외모는 신성일과 영 딴 판이었다. 이미지는 이미지일 뿐이다.

외화 더빙이 사라진 이유

성우의 시대는 영화의 동시녹음이 일반화되고 공중파 방송의 외화가 줄어들며 채널이 늘어나면서 시나브로 끝이 났다. 언제부턴가 성우들의 목소리로 더빙된 외화는 보기 어려워졌다. '보기 어려워졌다'는 말은 드물어졌다는 말이기도 하고 참고 보기 힘들어졌다는 말이기도 하다. 한국인 성우들의 목소리로 '재해석'된 외화를 아무 거부감 없이 자연스럽게 보던 시절이 있었나 싶을 정도다. 영화를 즐겨 보는 입장에서 보면 더빙은 배우의 자연스러운 목소리를 성우의 전형적인 목소리로 바꿈으로서 영화 자체가 가진 독특한 분위기를 삭감시키는 일이다. 배우의 목소리가 가진 특유의 아우라는 영화의 독특한 질감을 만들어내는 중요한 요소 가운데 하나다. 하지만 자막을 읽기 어려운 사람들을 위한 서비스로서 더빙이 필요한 부분이 있음을 부정할 수 없다. 2012년 가을 독일에서 지낼 때 우리 영화 〈태극기 휘날리며〉를 TV에서 본 적이 있다. 놀랍게도 이 영화에서 장동건과 원빈은 독일어로 말하고 있었다. 독일에서는 TV는 물론이고 영화관에서도 대부분 독일어 더빙판을 상영한다. 자막판을 상영하는 극장도 있지만 그 수가 많지는 않다. 관객들(혹은 시청자들)이 자막읽기를 싫어하기 때문이라는 얘기도 있고 성우들의 일자리를 빼앗을 수 없기 때문이라는 얘기도 있다. 내가 더 신빙성 있다고 믿는 건 두 번째 까닭이다. 독일은 어느 나라보다도 노동자들의 권익에 대한 인식이 강한 나라다. 만일 우리나라도 그런 이유로 외화 더빙을 계속한다면 나도 얼마든지 참아줄 수 있지 않을까 싶다.

감성을 적셔준
노래들

트랜지스터라디오

국민학생 시절 내 음악적 감성의 형성에 지대한 영향을 미쳤던 전축은 10대가 되면서 차츰 내 손에서 멀어졌다. 그 대신 내게 중요한 미디어가 되어준 건 라디오였다. 우리집에 있던 건 휴대가 가능한 소형 트랜지스터가 아니라 박스형으로 생긴 조금 큰 것이었는데 스피커 하나에 볼륨과 다이얼이 달려 있고, high와 low 두 개의 선택만 가능한 톤 스위치가 달렸던 걸로 기억한다.

이 라디오에 대한 내 사랑은 오래가지 않았다. 그 라디오로는 FM을 들을 수 없었기 때문이다. FM의 존재를 알게 된 건 우리집에 세 들어 살던 형들 덕분이다. 당시 아버지가 다른 지방에 계셨던 터라 우리 식구들은 안방에 모여 살았고, 나머지 방은 세를 주고 있었다. 한때는 고등학생 형들이나 군인 아저씨들이 하숙을 하기도 했다.

그 형들에게 소형 트랜지스터라디오가 있었다. 그 형들이 가지고 있던 라디오는 손바닥만큼 작은 몸체에 가죽 포장이 되어 있고 본체보다 큰 배터리가 고무줄로 칭칭 매어져 있었다. 이 트랜지스터라디오에 FM 채널이 달려 있었다. 늘 드라마와 음악을 듣던 AM 채널 말고 FM이란 게 있다는 걸 알게 되었다. AM에서는 뉴스니 드라마니 내가 별로 관심을 가지지 않았던 프로그램들이 많아 정작 음악 나오는 시간이 적었던 반면 FM 채널에서는 거의 하루 종일 음악이 흘러나왔다. 그것도 평소 AM 채널에서는 잘 나오지 않는 새로운 노래들이 나오고 있었다. 형들이 없을 때면 나는 허락도 받지 않고 형들 방에 들어가 트랜지스터라디오를 가지고 나오곤 했다. 형들도 그 사실을 알고 있었지만 모른 척 해 주었다.

문제는 당시만 해도 춘천에 FM 주파수가 잘 잡히지 않았다는 것이다. 한낮에는 그럭저럭 들을 만했지만, 해가 기울 무렵이면 어김없이 잡음이 끼어들면서 방송음이 잘 들리지 않았다. 그럴 때면 형들이 하던 대로 라디오의 안테나를 길게 빼고 방향을 이리저리 돌리며 주파수가 잡히는 지점을 찾아내곤 했다. 형들은 "라디오가 원래 방향을 타거든."이라 말했다. FM이 나오지 않는 건 사춘기의 내게 거의 치명적으로 느껴졌다.

집에서 보내는 주말 낮에 FM을 켜고 귀를 기울이면서 나는 당시 젊은 대학생들이 즐겨 듣던 노래들을 하나둘 접하게 되었다. 송창식의 〈딩동댕 지난여름〉, 〈창밖에는 비오고요〉 같은 노래들, 양희은의 〈아침이슬〉이나 〈아름다운 것들〉 같은 노래들은 AM에서도 가끔 들은 노래들이지만 FM에는 이와 유사한 풍의 노래들이 더 많이 나왔다. 이 노래들은 그때까지

트랜지스터라디오

내가 좋아하던 노래들, 이를테면 이미자나 최희준의 노래들과는 많이 달랐다. 청년문화의 사회적 맥락 같은 건 전혀 모른 채였지만, 이들의 노래가 과거 세대와는 많이 다르다는 걸 감각적으로 느낄 수 있었다. 그러고 보면 내가 새로운 노래들을 접한 건 내 또래들 가운데서 그리 빠른 편이 아니었다. 오히려 늦은 편에 가까웠다. 우리 또래 가운데 대학생 형을 가진 친구들은 이미 한참 전부터 송창식과 양희은, 윤형주, 김세환의 노래를 흥얼거리며 팝송과 심야의 DJ 방송에 대해 이야기하고 있었다.

내 관심의 대상이 덩치 큰 전축에서 조그만 트랜지스터라디오로 바뀌어 간 시기는 내가 아동기를 벗어나 청소년기로 진입해 간 시기와 일치한다. 트랜지스터라디오는 혼자 듣는 매체였다. 그 조그만 라디오를 이리저리 돌려 FM 주파수를 잡고, 지직거리는 잡음 속에서 노래를 찾아 귀를 기울이며 차츰 나만의 세계를 꿈꾸기 시작했다. 어머니에게 강력히 요구해 내 방을 갖게 된 것도 이 즈음이다.

장현과 김정호

중학생 시절 내가 한동안 좋아했던 가수로 '장현'을 빼 놓을 수 없다. 장현의 노래를 처음 들었을 때, 거칠면서도 속삭이듯 부드럽게 울리는 목소리에 단박에 반해 버렸다. 친구 누군가가 장현이 어린 시절 구두닦이를 할 만큼 어렵고 불행한 환경에서 성장했다는 기사를 읽었다는 얘기를 해 주었다. 그 친구가 누구였는지 기억나지 않고 또 그게 사실인지도 확인하지 못했지만 장현에 대한 내 호감은 더 커졌다. 어린 시절부터 나는 뭔가 어두움과 슬픔을 가진 사람들에게 끌리곤 했다.

장현 앨범

시내버스를 탈 때도 장현의 노래가 나오면 내려야할 곳에서 내리지 않고 노래가 다 끝날 때까지 버스에 앉아 있던 적도 여러 번 있다. 하지만 〈쇼쇼쇼〉에서 장현이 라이브를 하는 모습을 보고는 크게 실망하기도 했다. 그는 라이브에서 노래를 그리 잘 부르지도 못했고, 생으로 듣는 목소리 역시 그리 매력적이지 않았다.

장현의 노래 가운데는 〈미련〉을 특히 좋아했다. 방송에 나오는 걸 들으며 가사를 따라 적는데 아무리 해도 해독이 안 되는 부분이 있었다. 맨 마지막 절에 나오는 '기약한 날 우리 없는데' 하는 부분이다. 주어 '우리'가 도치되어 뒤에 나온 것인데 장현의 목소리가 속삭이듯 작기도 하고 발음도 분명치 않은 데다 당시 내 수준에서는 그런 도치의 표현을 알아챌 수 없었다. 결국 나 스스로 납득할 만한 가사로 대강 때려잡을 수밖에 없었다. '기약한 날 무리였는데', 기약하기는 했는데 그 약속이 좀 무리한 약속이었다, 뭐 이런 식으로 말이다. 내가 생각해도 노래 분위기와 안 맞고 좀 웃기게 들리긴 했지만 그래도 말은 되지 않는가 말이다. 물론 얼마 안 가 노래책을 통해 정확한 가사를 알게 됐다.

김정호 앨범

중학교 3학년 무렵 '김정호'란 가수가 등장했다. 당시 〈이름 모를 소녀〉는 하루에도 몇 번씩 라디오에서 들을 수 있었다. 그 목소리에 빨려들 듯 빠져버렸다. 김정호 특유의 절절한 목소리는 마치 세상의 모든 슬픔을 다 끌어안고 안으로 감추며 소리죽여 통곡하는 듯한 처연함이 있었다. 예나 지금이나 나는 밝고 경쾌한 노래보다는 다소 우울하고 슬픈 노래를 좋아한다.

김정호는 비교적 경쾌한 리듬의 곡조차도 깊게 저며 오는 슬픔을 느끼게 만드는 목소리를 가지고 있었다. 그게 좋았다. 〈작은 새〉나 〈저 별과 달을〉, 〈사랑의 진실〉 같은 노래도 어니언스가 부르는 것보다는 김정호가 부르는 것이 훨씬 좋았다. 당시에는 이 노래들이 김정호의 노래란 걸 모르는 친구들도 많았다. 방송에는 주로 어니언스의 노래들이 나왔기 때문이다. 이 노래를 흥얼거리는 친구들을 보면 그게 김정호의 노래며, 김정호가 부른 게 훨씬 좋다는 얘기를 해주곤 했다.

어느 날 TV에서 김정호가 노래 부르는 걸 보던 어머니가 한 마디 하셨다. "쟤는 노래를 맨날 저렇게 청승맞게 부르냐." 김정호 노래에서 늘 갖게 되는 그 느낌을 어떻게 표현할지 그때 비로소 알게 되었다. 그것은 '청승'이란 단어였다. 나는 바로 그 청승맞은 느낌을 좋아하는 거였다. 어린 시절부터 다소 어둡고 조용한 성격에 가까웠던 탓인지 더러 '청승맞다'는 소리를 듣곤 했다. 방학 때 원주의 외가에 놀러 가서도 나가서 뛰어놀기보다 마루턱에 혼자 가만히 앉아 하늘을 쳐다보거나 골방에 쭈그리고 책을 읽고 있는 시간이 많아 이모들로부터 "나가 놀지 왜 청승맞게 그러고 있냐?"는 소리를 자주 들었다. 바로 그런 청승맞은 성격이 김정호의 노래에 빠지게 된 이유인지 모르겠다.

중학교 시절인지 고등학교 시절인지 어느 날인가 친구들과 노는 자리에서 〈이름 모를 소녀〉를 정말 청승맞게 불렀던 기억이 있다. 결코 노는 자리에 어울리는 노래가 아니었지만, 친구들은 진심으로 내 노래를 좋아해 주었다. 그러고 보면 우리 세대의 상당수는 어떤 청승맞은 감성 같은 걸 공유하는 것 같다. 그 이유를 딱 꼬집어 말하긴 어렵지만 대체로 스스로 제 나이보다 더 어른스럽다고 느끼고 있었고, 마치 인생의 곡절과 고난을 다 아는 듯 자신을 포장하고 싶어 했던 것과 무관하지 않을 것이다. 대체로 가난했고 형제들이 많았기에 각자 알아서 커야 했던, 그래서 늘 채워지지 않는 결핍, 해소되지 않는 욕구가 많았던 국민소득 300달러 시대 베이비부머 세대의 어쩌면 자연스러운 조숙증이었는지 모른다. 그렇게 나이답지 않은 조숙함의 표현 속에 청승맞은 느낌이 한 자락 깔려 있었다.

나의 문화편력기

김추자와 김정미
그리고 신중현

국민학교 고학년에서 중학교 시절에 해당하는 70년대 초반의 대중음악을 이야기할 때 빼트릴 수 없는 인물이 김추자다. 요절한 문화평론가 이성욱그는 나보다 한 살 아래로 동시대를 함께 하며 성장한 까닭에 문화적 경험을 나와 거의 공유한다.은 그의 책 제목에 아예 김추자를 내세우기도 했던 바《쇼쇼쇼 - 김추자, 선데이 서울 게다가 긴급조치》, 생각의 나무, 2004우리 세대에게 김추자는 그만큼 각별한 존재였다.

'담배는 청자, 노래는 추자'란 말이 유행했던 건 잘 알려져 있다. 그녀의 노래는 방송을 통해서 하루에도 몇 번씩 들을 수 있었고, 그녀의 얼굴이 커다랗게 그려진 극장 쇼 포스터 역시 자주 볼 수 있었다. 이성욱은 김추자야말로 한국 가요사의 한 정점이며, '김추자 앞에 가수 없고 김추자 뒤에 가수 없다'《쇼쇼쇼》, 45쪽고 까지 이야기한다.

이성욱을 비롯한 우리 세대의 김추자 키드들이 공통적으로 이야기하는 건 그녀가 가진 육감적이고 섹시한 음색과 당시로서는 파격적일 만큼 톡톡 튀는 의상과 몸짓, 주기적으로 터졌던 대형 스캔들로 표현되는 자유분방한 이미지 같은 것들이다. 우리 세대의 친구들 가운데는 김추자의 섹시한 매력에 이끌렸던 경험을 이야기하는 사람들이 많다. 그녀가 TV에 나와 노래 부르는 모습을 넋을 잃고 바라보다 보면 왠지 부모님들의 시선이 느껴져 민망

했다거나, 부모님과 함께 보면 안 될 것 같은 느낌이 있었다는 식의 이야기도 자주 듣게 된다. 김추자는 노래 솜씨나 무대 매너, 스타일과 관객을 사로잡는 카리스마라는 점에서 동 시대의 어떤 가수보다 앞서 있었고 관능적이고 육감적인 매력을 거리낌 없이 발산한다는 점에서 거의 유례가 없는 가수였다.

김추자 리사이틀 광고

그렇지만 나는 그런 김추자의 매력을 당시에는 충분히 느낄 수 없었다. 그녀가 가장 활발하게 활동하던 69년~72년 무렵에 우리집에 TV가 없었던 탓에 사춘기 소년들을 달뜨게 했던 그녀의 관능적인 스타일과 매너를 눈으로 볼 기회가 많지 않았다. 그녀는 주로 TBC의 〈쇼쇼쇼〉무대에 출연했는데, 우리집에 TV가 생겨 본격적으로 보기 시작했을 때는 스캔들과 폭력 사건 등의 후유증으로 한동안 TV에 자주 나타나지 않았다. 주로 라디오를 통해 흘러나오는 그녀의 노래를 들어야 했다.

김추자 리사이틀 광고

사실 청승맞은 노래를 좋아하던 나로서는 다소 경쾌하고 댄서블하거나 강하고, 소울이 짙은 그녀의 노래가 그리 와 닿지 않았던 점도 있다. 내게 김추자가 각별했던 건 그녀의 독특한 매력 때문이 아니라 나와 같은 춘천 출신이며, 춘천여자고등학교를 졸업한 우리 어머니의 후배라는 사실 때문이

나의 문화편력기

김추자 앨범

었다. 물론 우리 어머니와는 나이차이가 많이 났으니 개인적 관계가 있을 수는 없었지만, 그녀를 아는 척은 안다고 주장하는 사람들을 주변에서 더러 볼 수 있었다. 그들은 마치 정말 친한 사이라도 되는 양 "추자, 걔가 말이야." 하며 아는 체를 하곤 했다.

그 사실만으로도 왠지 그녀가 유달리 가깝게 느껴진 건 틀림없다. 당시 춘천 출신 연예인으로 스타덤을 누리던 사람들로 가수 김추자와 이상열 그리고 코미디언 배삼룡이 있었는데 이주일은 아직 떠오르기 전이다. 이들은 그리 내세울 것 없는 조용한 소도시의 시민들에게 나름의 자랑거리였다. 단지 나와 같은 도시 출신이라는 것만으로도 이들에 대한 남다른 호감이 있었고 이들이 방송에 나오면 공연히 뿌듯한 마음으로 집중하곤 했다.

한때 김추자가 노래 부르며 보여주는 손짓이 간첩들에게 암호를 보내는 수신호라는 따위의 얘기가 돈 적이 있다. 온 국민이 간첩이라면 질겁하던 시절이니 이 얘기는 우리 또래들에게도 상당히 충격적이어서 아이들은 호기심에 빛나는 눈빛으로 그런 얘기를 옮기곤 했다. 나는 '웃기는 소리'라며 짐짓 부정했지만, 솔직히 마음 한 구석 불안감을 떨칠 수는 없었다. 간첩이니 빨갱이니 하는 소리만 나오면 가슴이 철렁 내려앉고 온몸이 벌벌 떨리던 시절이었다.

간첩 얘기가 나오니 생각나는 게 또 있다. 국민학교 6학년 무렵 그때까지 학생들 크레파스 시장을 독점하다시피 했던 왕자표 모나미 크레파스의 아성에 도전하는 새로운 상품이 등장해 선풍적인 인기를 끌었다. '피카소 크레파스'. 나 역시 한동안 새로 나온 이 피카소 크레파스를 애용했는데, 어느 날 문방구에 가 보니 피카소 크레파스가 사라져 버렸다. 그 대신 언뜻 보면 피카소 크레파스로 보이기도 하는 '피닉스 크레파스'라는 유사 상품이 자리를 차지하고 있었다. "피카소가 간첩이래. 피카소 크레파스 만든 사장도 간첩인가봐." 아이들이 수군거렸다. 그때까지 피카소가 누군지도 몰랐던 나는 비로소 그게 유명한 화가 이름이란 걸 알게 됐다. 그 화가는 빨갱이였고, 그래서 우리는 그 사람 이름이 붙은 크레파스를 쓰면 안 되는 거였다.

김정미 앨범

언젠가는 우리가 즐겨 먹던 '뽀빠이' 과자에 간첩 혐의가 씌어 지기도 했다. 과자의 포장에 그려져 있는 뽀빠이의 배경 그림이 한반도 모양과 유사하고 뽀빠이의 팔에 그려진 문신닻 모양의 이 문신은 언뜻 보면 아래로 향한 화살표처럼 보인다.이 북한의 남침을 상징한다는 얘기였다. 실제로 공식적인 담론에서 그런 논의가 있었는지설마 그랬을까? 아니면 내게 이 이야기를 해 준 친구가 상상력을 발휘해 지어낸 괴담이었는지는 알 수 없다. 어쨌든 뽀빠이 과자는 그 후로도 오랫동안 살아남았지만 내가 어린 시절 보았던 그 포장지 디자인은 곧 사라졌던 걸로 기억한다.

김추자의 전성기는 놓쳤지만 어느 순간부터 그녀의 노래가 좋아지기 시작했다. 가장 좋아했던 노래는 〈님은 먼 곳에〉●와 〈석양〉이다. 김추자의 노래, 또 내가 좋아했던 장현의 노래가 모두 같은 사람의 작품이란 걸 뒤늦게 알게 되면

● 1969년 TBC TV에서 방송된 주말연속극 주제가로 알려졌고 1970년 신중현의 컴필레이션 음반에 수록되어 큰 인기를 끌었다.

신중현

서 '신중현'이라는 작곡가에게 관심이 가기 시작했다.

60년대 말에서 70년대 초반은 가히 신중현의 시대라 할 만했다. 김추자, 펄시스터즈, 장현, 김정미, 박인수 등 수많은 가수들의 그의 노래를 불러 인기 가수가 됐다. 김추자와 함께 한때 중딩들의 시선을 사로잡았던 가수로 김정미를 빼놓을 수 없다. 이 가수를 처음 봤을 때 느낌은 정말 쇼킹했다. 가창력 같은 개념으로는 도저히 평가할 수 없는 특유의 비음으로 〈바람〉, 〈간다고 하지 마오〉를 부르며 나팔바지 차림으로 거침없이 육감적인 율동을 보여주는 모습은 충격 그 자체였다. 김추자가 터질 듯한 볼륨으로 진하게 육감을 건드리는 스타일이었다면, 김정미는 아련하게 파고드는 비음으로 내 몸속 어딘가를 쓰다듬는 느낌이었다. 김정미의 음악에 대해 흔히 수식어로 붙

신중현이 결성한 최초의 록 밴드 에드 휘의 앨범

는 한국적 싸이키델릭 사운드니 하는 용어는 한참 후에나 알게 됐지만, 그것이 의미하는 몽환적인 분위기는 그 시절에도 충분히 느낄 수 있었다.

신중현 음악의 절정은 1974년에 발표되어 75년까지를 휩쓴 '신중현과 엽전들'의 〈미인〉이었다. 장타령 같은 선율과 리듬에 신중현의 가수 같지 않은 보컬, 거기에 입과 귀에 짝 붙는 기타 리프까지 가히 충격적인 노래였다. '딴따리리 딘디리리리리' 하며 반복되는

기타 리프를 구음으로 흉내 내는 친구들이 한둘이 아니었다. 콧수염을 기르고 벙거지를 쓴 이남이와 왜소한 체구로 엄청난 에너지를 발산하던 신중현의 모습도 화제가 되기에 충분했다.

이미 60년대부터 다양한 록 밴드당시에는 그룹사운드라 불렸다.들이 활동하고 있었지만, 방송을 통해 듣는 그들의 음악은 대개 록보다는 발라드에 가까운 노래들이었다. 그에 비하면 〈미인〉은 확실히 파격적이었다. 내게 록 밴드 음악의 어떤 특별한 느낌을 처음으로 알게 해 준 게 이 노래다. 〈미인〉이 분명 내 취향은 아니었지만 격식을 차리지 않고 흥겹게 내지르는 듯한 노래에서 일종의 해방감 같은 게 느껴진 건 틀림이 없다. 하지만 신중현 사단의 전성시대는 오래가지 않았다. 1975년 느닷없이 닥친 대마초 파동과 함께 그들 대부분이 무대에서 사라진 것이다.

10월유신과 장발단속

70년대 초 한국 사회는 박정희 정권의 독재가 도를 더해가고 이에 대한 재야와 청년의 저항이 거세지면서 한창 시끄럽던 시기다. 그렇지만 강원도의 소도시 중학생인 우리들이 그런 세상을 제대로 알 수는 없었다.

국민학교 6학년이던 1971년 이른바 삼선개헌으로 이루어진 대통령 선

거가 있었다. 우리들이야 박정희가 우리나라를 가난과 비참에서 벗어나게
해준 위대한 인물이라는 점을 의심해 본 적이 없었고, 내 주변의 많은 어른
들도 마찬가지였다. 대통령 선거 개표가 진행되는 와중에 동네 아주머니 한
분이 우리 어머니에게 매우 걱정스러운 표정으로, "그런데 서울에서 김대중
이 표가 많이 나와서 잘못하면 질지도 모른대." 하고 말하는 걸 들었다. 어
머니 역시 "그래? 어떡하니..." 하며 걱정스러운 표정을 지었고, 그 이야기를
옆에서 주워들은 나 역시 큰일이라도 난 것처럼 마음이 불안해졌었다. 물론
그 해 선거에서 박정희는 김대중을 가까스로 누르고 세 번째 대통령이 됐
고, 그 이듬해인 1972년 이른바 10월유신을 선포한다.

10월유신이 선포되던 즈음 친한 친구 몇이 자못 심각한 표정으로 시국
을 논하던 기억이 난다. "잘 된 일이야. 우리나라는 박정희 대통령이 좀 세
게 밀고 나가야 해." "맞아. 특히 국회 해산한 건 정말 잘한 거야. 맨날 시끄
럽게 쌈질만 해대고 말이야." 까까머리 중학교 1학년들의 시국담이란 딱 이
정도 수준이었지만, 우리는 이런 대화가 마치 어른이 된 증거라도 되는 듯
뿌듯한 기분까지 느끼고 있었다.

그날 저녁 모처럼 술을 드시지 않은 채 집에서 신문을 보고 계시던 아버지
에게 말을 건넸다. "이제 야당 사람들도 좀 정신을 차리겠죠?" 그 시절 내가
먼저 아버지에게 말을 거는 건 좀처럼 없는 일이었다. 어쩌다 아버지가 술을
마시지 않고 기분이 좋아 보일 때 나로서는 제법 큰 용기를 내서 한 번씩 말
을 거는 정도였다. 대개 칭찬을 기대하고 건네는 말이었지만, 기대만큼 반응
을 얻는 경우는 많지 않았다. 그저, "네 말이 맞다."거나 말없이 고개를 끄덕
이시는 정도였을 뿐. 그렇게만 해도 나는 큰 상을 받은 듯 기분이 좋아졌다.

그런데 그 날의 반응은 좀 달랐다. 나로선 칭찬은 몰라도 동의 정도는 해주실 줄 알고 건넨 말이었는데 아버지는, "넌 그런데 신경 쓰지 말고 공부나해라."고 말씀하시곤 고개를 돌려버렸다. 공연한 짓을 했다는 후회가 밀려왔다. 한참이나 시간이 흘러 어른이 된 뒤에야 나는 사실 아버지가 젊은 시절부터 골수 야당 지지자였고, 적어도 정치적으로는 대단히 진보적인 사고를 가진 분이란 걸 알게 되었다. 아마도 공무원이란 신분 때문에 하고 싶은 말을 못 하고 사신 것 아닌가 싶다. 그토록 술을 자주 드시고 술 마시면 주정을 하곤 했던 것도 어쩌면 그런 심리적 억압의 표출이 아니었나 싶기도 하다. 물론 이런 생각도 한참 세월이 흐른 뒤에나 갖게 됐을 뿐이다.

정치적 진보가 문화적 진보와 같이 가는 건 아니다. 정치적으로는 진보적 입장이라 해도 집안에서는 대단히 가부장적이고 문화적으로도 극히 보수적인 사람들이 많다. 지금도 그러하니 70년대에는 더 그랬을 터. 우리 아버지도 그랬다. 정치적으로는 야당과 김대중 지지자였던 **물론 그 시절에는 그런 내색을 한 적이 없지만** 아버지는 젊은 세대의 자유분방한 문화에 대해서는 노골적인 거부감을 드러내곤 했다.

잘 알려져 있다시피 70년대에는 길거리에서는 장발 단속이 일상적으로 벌어졌고 여성들의 미니스커트도 단속 대상이 되었다. 그런가 하면 멀쩡한 대학생이 스트리킹하다 잡혔다는 뉴스도 심심치 않게 볼 수 있었다. 머리를 길게 기른 남자 대학생들이 줄줄이 즉심에 회부되거나 머리를 깎이는 장면, 멀쩡한 대학생이 한낮에 도심 한가운데를 벌거벗은 채 질주하다 잡혔다는 뉴스는 늘 젊은이들의 퇴폐풍조에 대한 개탄을 실어 보도되었다.

그런 뉴스를 접할 때마다 아버지는 "기껏 돈 들여 대학 보냈더니 저 짓이나 하고 있다."며 혀를 끌끌 차셨고, "하여간 저런 놈들은 모조리 붙잡아서 감옥에 처넣어야 해." 하는 말을 덧붙이기도 했다. 중학생인 나로서도 대학생들의 그런 행태가 잘 이해되지 않았다. 머리 기르는 거야 그렇다 쳐도 벌거벗고 뛰다니, 우선 창피하지 않은가 말이다. "그런 놈들 감옥에 쳐 넣어야 한다."는 아버지의 말이 어떤 정치적 의미를 가지는 것인지 조용한 지방 소도시 중학생인 내가 알 도리는 없었다. 하지만 실제 당시 한국 사회는 그런 '놈'들을 얼마든지 감옥에 처넣고 몇 년씩 썩힐 수 있는 체제로 줄달음쳐 가고 있었다.

포켓판 대중가요

학교에 안가는 주말에, 그것도 대낮에만 들을 수 있는 FM 라디오 방송으로 내 문화적 욕구가 채워질 수는 없었다. 그 시절 음악을 접하는 또 하나 중요한 통로는 포켓판으로 나오던 대중가요 노래집들이었다. 일찍이 이 세계에 눈뜬 날라리 중학생들은 학교에 다양한 대중가요 노래집들을 가져오곤 했다. 팝송을 모은 노래책들도 있었는데, 그 가운데는 팝송 가사를 우리말 발음으로 어색하게 옮겨 놓은 것들도 있었다. 나중에 배우 조형기는 이 한글판 팝송가사를 노래 불러 인기를 모았다.

노래책 뒤에는 펜팔을 알선하는 주소록이 붙어 있기도
했다. 그걸 보며 펜팔 하는 사람을 만나본 적은 없지만. 우
리집에 하숙하던 형들도 이런 노래책을 가지고 있었다. 이
런 노래책들에 실린 악보를 보며 흥얼거리면서 노래를 익
혔다. 다행히 악보를 읽을 줄 안다는 게 큰 도움이 됐다. 가
끔 친구들이 악보집을 들고 와 "이 노래 아니?" 라고 물으
면 처음 접한 노래여도 "당연히 알지." 말하고는 악보를 보
며 흥얼거려주었다.

《새마음 대중가요》, 1974년판

세상에는 방송에 나오는 노래 외에도 많은 노래들이 있
었다. 노래책에는 전혀 들어본 바 없는 노래
들이 많았다. 개중에는 분명 많이 알려진 노
래인데 작사, 작곡자는 전혀 낯선 이름인 경
우도 흔했다.

중학교 시절 안양예고로 진학해 배우가 될
거라 말하고 다니던 반 친구가 하나 있었다.
그는 공부엔 거의 관심이 없고 늘 노래책을 펴
들고 다니며 열심히 흥얼거리거나 영화배우 흉
내를 내는 게 일이었다. 어느 날 그가 노래책을
들고 와 물었다. "너 이 노래 아니?" 나는 자신만

《세광 뉴히트송》 포켓가요집

만하게 친구가 펼쳐든 악보를 흥얼거렸다. "깊은 산 오솔길 옆…" 〈작은 연
못〉이었다. 그런데 "…살고 있었다고 전해지지요 깊은 산 작은 연못…"까지
는 어렵지 않게 악보를 따라갈 수 있었는데 갑자기 조가 바뀌면서 악보가 어

나의 문화편력기

《세광 대중가요》, 1979년판

려워졌다. "어느 맑은 여름... 와, 가사 되게 재밌네." 나는 짐짓 어려운 부분을 건너뛰고 가사 내용으로 화제를 돌렸다. "서로 싸워 한 마리는 물 위에 떠오르고 그놈 살이 썩어 들어가 물도 따라 썩어 들어가 연못 속에는 아무 것도 살 수 없게 되었죠. 야, 무슨 노래 가사에 이런 게 나오냐."

친구 앞에서 잘난 체 해야 하는 입장에서 크게 내색은 하지 않았지만, 사실 그 노래는 내게 큰 충격이었다. 지금까지 어떤 노래도 가사에 이런 이야기가 들어있지 않았다. 연못 속의 붕어 두 마리가 서로 싸워 죽고 그 살이 썩어 들어가다니... 이런 단어들이 가사가 될 수 있다니... 악보 맨 위에 김민기 작사, 작곡이라고 표기되어 있었다. 그 전에 〈아침 이슬〉의 작사, 작곡자가 '김민기'란 건 알고 있었지만, 그가 이런 노래를 썼다는 건 처음 알았다. 김민기란 이름에 크게 호기심을 갖게 된 순간이었다.

어느 날 그 친구가 또 다른 노래책을 펴들고 왔다. 악보에는 한대수 작사·작곡, 김민기 노래라 되어 있었고, 제목은 〈바람과 나〉였다. "끝... 끝없는 바람 저 험한 산 위로..." 이 노래의 악보는 비교적 쉬워서 친구에게 아는 체를 하기 어렵지 않았다. 여기서 만난 한대수란 이름도 깊은 인상을 남겼다. 노래 서두에 그야말로 밑도 끝도 없이 "끝..."하고 시작하는 노래라니... 얼마 지나지 않아 '한대수'가 서유석이나 양희은, 개그맨 고영수가 부르던 〈행복의 나라〉를 만든 사람이란 걸 알게 됐다.● 이런 노래를 방송을 통해 자주 듣기는 어려웠지만, 이상

● '김민기'와 '한대수'라는 이름은 중학생 때부터 알고 있었고, 호기심을 갖고 있었지만 그들의 목소리를 방송을 통해 들은 적은 없다. 물론 그들의 음반을 본 적도 없다. 양희은의 음반을 가진 친구들은 더러 있었지만 김민기, 한대수를 가진 친구는 내 주변엔 없었다. 내가 그들의 목소리를 처음 들은 건 대학에 와서다. 대학에서 이미 김민기와 한대수 노래를 여럿 알고 있던 친구들을 만났을 때, 나는 서울과 지방의 문화격차를 새삼 실감해야 했다.

하게도 알고 있는 친구들이 많았고 그들을 통해 나 역시 이 노래들을 배우게 되었다.

《대중가요집》, 세광출판사, 1959년판

대중가요의 악보를 담은 노래책은 생각보다 오랜 역사를 가지고 있다. 일제 강점기에도 《최신유행창가》 같은 책이 나왔고 해방 직후에도 당대의 인기 가수 노래들을 모은 《일류 명가수유행가 전집》1946, 문화출판사 같은 악보집이 출간된 바 있다. 당연히 50년대와 60년대에도 인기 가요 악보를 담은 노래책이 발간되었지만, 이런 책이 폭발적인 붐을 이룬 건 70년대라 할 수 있다.

이 시기에 대중음악의 수용층이 대학생 청년층과 10대 중후반의 청소년층까지 넓혀졌기 때문이다. 당시 인기 있던 팝송과 가요를 담은 노래책들이 엄청나게 쏟아지면서 불티나게 팔렸다. 이런 책들을 주로 출판한 세광출판사나 후반기 출판사는 이 시절 최고의 호황을 누렸다. 특히 포켓판 가요집들은 학생복 주머니에 쏙 들어갈 크기의 판형으로 값도 싼 편이어서 청소년들에게 큰 인기를 누렸다. 이런 악보집은 악보보다는 가사를 아는 데 유용했다. 물론 이런 책들이 더욱 필요했던 건 기타 코드가 적혀 있었기 때문이다. 통기타 붐이 청소년에까지 불면서 포켓 가요 책을 펼쳐놓고 기타를 뚱땅거리는 풍경이 이집 저집에서 연출되었다. 나도 그런 청소년 가운데 하나였다.

송창식과 이장희

74년에서 75년 초반까지의 시점은 젊은 대학생들이 좋아하던 통기타 음악이 절정을 이루며 주류로 올라섰던 시점이다. 이 시절 젊은 세대의 최고 인기 가수는 송창식과 이장희였다. 송창식은 〈맨 처음 고백〉, 〈한번쯤〉, 〈피리 부는 사나이〉, 〈왜 불러〉 등을 연속 히트시키며 차트를 점령했고, 이장희는 〈그건 너〉와 〈한 잔의 추억〉, 〈나 그대에게 모두 드리리〉를 연이어 유행시키며 인기를 누렸다.

김세환이나 4월과 5월, 투 코리언즈 그리고 양희은도 있었지만, 스타성이라는 면에서 송창식이나 이장희에 미치지 못했다. 중학교를 마치고 고등학교에 진학하던 이 무렵 내게 중요한 변화가 생겼다. 내 인생 전체에 엄청난 영향을 미치게 된 변화였다. 내게 기타가 생겼고 조금씩 기타 치는 일에 맛을 들이기 시작했다는 것이다.

고등학교 입시를 치루고 난 후 모처럼 긴 방학을 보낼 때 어머니가 졸업 선물로 기타를 사주셨다. 난 함께 딸려온 기타 교본을 읽어가며 방학 내내 열심히 연습을 했고 고등학교에 들어갈 무렵에는 제법

동아일보 〈청년문화〉 기사, 1974.3.29.

몇 개의 노래를 기타 치며 부를 수 있게 됐다. 기타를
배우는 사람들이 공통적으로 겪는 초보 단계의 필수
코스들, 양희은의 〈이루어질 수 없는 사랑〉이나 그와
비슷한 코드 진행을 가진 은희의 〈꽃반지 끼고〉, 단
순한 몇 개의 코드만 알면 되는 이장희의 〈그건 너〉
같은 노래들을 거쳤음은 물론이다.

송창식 앨범

70년대 전반기는 가히 통기타와 청년문화의 시
대였다. 대학생은 물론이고 중고등학생들 가운데도
기타를 칠 줄 아는 사람이 적지 않았다. 한여름이면
방방곡곡의 유원지에서 통기타를 치며 노래 부르
는 젊은이들의 목소리가 울려 퍼졌다. 통기타는 생
맥주, 청바지 등과 함께 새로운 세대의 문화적 상징
으로 여겨졌다. 통기타 가수들은 청년문화의 기수
로 지칭되었다.

이장희 앨범

1974년 3월 29일 동아일보 김병익 기자의 기사
는 당시 청년문화 시대의 도래를 알리며 몇 사람의 '
기수'들을 거론한다. 당시 신문을 거의 읽지 않던 내
가 이 기사를 우연치 않게 읽게 된 것도 생각해 보면
참 의미심장한 일이다. 친구 집에 놀러갔을 때였다. 그 집에 동아일보가 있
었고, 무심코 펼쳐 든 지면에 '오늘날의 젊은 우상들'이란 제목의 기사가 실
려 있었다. 거기서 김병익 기자는 당대 청년문화의 대표적인 기수로, 소설
가 최인호, 바둑기사 서봉수, 개그맨 이상룡과 함께 이장희, 양희은 그리고

나의 문화편력기

김민기 앨범

양희은 앨범

김민기를 소개하고 있었다. 이 기사를 보면서 한 가지 묘한 느낌이 들었던 건 '김민기'라는 이름이 여기 끼었다는 점이다.

바둑에 관심 없던 나로서 서봉수란 이름이야 당연히 처음 들었지만, 나머지 사람들은 이름을 익히 알고 있는 터였다. 그런데 김민기라니... 그의 이름을 알고 있긴 했지만 아무리 생각해도 그는 그 기사에 거론된 다른 이들 만큼 유명한 사람은 아니었다. 최인호야 세상이 다 아는 베스트셀러 작가였고, 이장희, 양희은, 이상룡은 방송에서도 자주 접할 수 있던 스타였다. 그런데 김민기는 내 친구들 가운데서도 아는 아이들이 흔치 않았다. 두 가지 생각이 들었다. '아마 이 사람이 서울에서는 유명한 모양이구나.' 하는 게 첫 번째로 든 생각이다. 서울과 지방의 문화격차를 이미 실감하고 있던 터이니까. 또 하나 든 생각은 '아마 이 사람이 뭔가 특별한 게 있는 모양이구나. 노래 가사도 좀 별나더니...' 하는 거였다.

무엇보다도 그 기사에서 내가 이해할 수 없던 건 송창식이 빠졌다는 점이다. 이장희가 있다면 당연히 송창식이 빠질 수 없는 것 아닌가. 송창식과 이장희는 당시 우리 세대에겐 최고의 스타였다. 소풍을 가거나 모여 놀 때면 으레 그들의 노래를 불렀다. 이장희의 〈그건 너〉나 〈한 잔의 추억〉은 함께 목이 터져라 부르면서 신나게 몸을 흔들며 놀기에 가장 좋은 노래였다.

반면 송창식의 노래는 혼자 조용히 폼 잡고 부르기에 좋았다. 나는 물론 송창식 쪽이었다. 여럿이 함께 흔들며 놀 때는 이장희의 노래를 불렀지만, 나 혼자 기타잡고 부를 때는 송창식의 노래를 불렀다. 콧수염을 기르고 오토바이를 타는 이장희보다는 부드러우면서 절절한 목소리로 로맨틱한 노래를 부르는 송창식 쪽이 내 '청승'에 더 가까웠던 때문일 게다. 그래서 나는 송창식 노래 가운데서도 다소 템포가 빠르고 경쾌한 〈피리 부는 사나이〉나 〈한번쯤〉 같은 노래보다는 〈딩동댕 지난여름〉, 〈맨 처음 고백〉, 〈둘일 때는 좋았지〉, 〈새는〉 같은 노래들이 더 좋았다.

당시 소풍이나 캠핑 같은 노는 자리에서 자주 불렀던 노래들로, 이장희의 노래들과 함께 4월과 5월의 〈화〉, 이종용의 〈너〉 같은 노래들이 있었고, 물론 팝송도 빠지지 않았다. 이런 자리에는 으레 '야전'이라 불리는 휴대용 턴테이블이나 당시 막 보급되기 시작했던 카세트레코더를 가지고 오는 친구가 있었다. 딥퍼플이나 C.C.R., 톰 존스의 노래를 틀어 놓고 몸을 흔들어대곤 했다. 성장기 수컷의 에너지는 주체할 수 없이 넘쳤지만 입시 공부의 감옥에 꼼짝없이 갇혀 살아야 했던 시절, 이런 음악들은 넘치는 에너지를 발산할 수 있는 가장 좋은 통로였다.

팝송의 세계

팝송의 세계를 처음 실감나게 접한 건 국민학교 시절 우리집에 있던 전축으로 음악을 듣기 위해 레코드를 들고 오던 친척 아저씨를 통해서였다. 항렬상 아저씨뻘이었지만, 나이차는 많지 않았던 그 아저씨는 고등학생이었다. 매일 똑같은 레코드를 반복해 듣던 어느 날, 집에서 혼자 최희준을 듣고 있는데, 이웃에 살던 그 아저씨가 레코드 한 장을 들고 왔다. 그가 들고 온 것은 생전 처음 보는 팝송 레코드였다. 고등학생 아저씨는 들고 온 레코드를 전축에 걸더니 음악에 맞추어 신나게 춤을 추기 시작했다. 마치 무엇에 홀리기라도 한 듯 전축 앞에서 무아지경에 빠져 혼자 춤추는 까까머리 고등학생의 모습은 놀랍고 충격적이었다.

그때 아저씨가 춤을 추던 곡은 그룹 아치스The Archies의 〈Feelin' so good〉이었는데, 이 곡은 말하자면 내게 팝송의 세계를 알려준 최초의 음악이다. 그리고 그 음악에 맞추어 춤을 추던 아저씨의 몸짓을 보며, 나는 음악이란 게 단지 들으며 조용히 감상에 빠지는 것 말고도 신나게 몸을 맡겨 춤추는 도구일 수 있음을 처음으로 알게 되었다.

고등학교 소풍 길에 우리를 신나게 만들었던 그

그룹 아치스 앨범

2부 — 유신시대의 사춘기

273

음악들은 나로 하여금 어린 시절 이래 잊고 있던 몸으로 느끼는 음악의 질
감을 새롭게 상기하게 해 준 셈이다. 사실 난 이때까지도 팝송의 세계에 충
분히 입문하지는 못한 상태였다. 그저 라디오를 통해 듣는 몇몇 귀에 익은
팝송들을 좋아할 뿐이었는데, 친구들이 갖고 있던 턴테이블이나 카세트레
코더를 통해 조금씩 그 세계에 빠져들기 시작했다.

그 시절 레코드 가게에서는 얼마간의 돈을 내고 곡목 리스트를 작성해
주면 공 테이프에 녹음을 해 주는 서비스가 있었다. 카세트테이프의 시대가
본격적으로 열리던 시점, 돈 없는 많은 청소년들은 그렇게 자신만의 플레이
리스트를 만들어 음악을 즐겼다. 일찍 그런 세계에 눈 뜬 친구가 하나 있었
다. 그는 당시 막 새로 나온 포터블 카세트레코더'화신소니'라는, 지금은 사라진 화
신기업이 소니의 라이선스를 받아 만든 브랜드였다.를 매일 학교에 들고 왔다. 쉬는 시
간이면 어깨에 메고는 신나게 팝송을 흥얼거리곤 했는데, 그가 듣는 테이프
들은 모두 레코드 가게에서 돈 주고 녹음한 일종의 콤필리에이션 음반이었
다. 그 친구의 화신소니 카세트 덕분에 나도 조금씩
다양한 팝송의 세계에 눈을 뜨게 되었다.

그러던 어느 날 내게도 바로 그 화신소니가 생겼
다. 바로 레코드점으로 달려가 친구의 코치를 받으
며 일련의 플레이리스트를 신청했다. 테이프 세 개
의 플레이리스트 가운데 지금 내 기억에 남아 있는
곡목들로는, 톰 존스의 〈Delilah〉와 〈Green Green
Grass of Home〉, 마이클 잭슨의 〈Ben〉, 비틀즈의
〈Yesterday〉, 스키터 데이비스의 〈The End of the

비틀즈 앨범

나의 문화편력기

World〉, 도니 오스몬드의 〈Mother of Mine〉, 조니 허튼Johnny Horton의 〈All for the Love of a Girl〉, 카펜터스의 〈Yesterday Once More〉, 닐 세다카의 〈You Mean Everything to Me〉, 알 마티노Al Martino의 〈I Love You More and More Everyday〉, 엘비스 프레슬리의 〈Love Me Tender〉, 진주하의 〈One Summer Night〉, 존 덴버의 〈My Sweet Lady〉, 호세 펠리치아노의 〈Gypsy〉와 〈Once There Was Love〉, 에디 아놀드Eddie Arnold의 〈How Many Arms Have Held You〉, 마리 오즈몬드의 〈Paper Roses〉 등이다. 아, 유라이어힙의 〈Rain〉도 있었다. 사실 이 노래는 내가 원한 게 아니었다. 나는 호세 펠리치아노의 〈Rain〉을 신청한 거였는데 나중에 녹음된 테이프를 받아 들어보니 호세 펠리치아노의 노래는 없고, 생전 처음 듣는 같은 제목의 노래가 들어있었다.

《월간 팝송》 1971년판

이 리스트의 몇 곡은 가사를 외워 자주 부르기도 했다. 톰 존스의 〈딜라일라〉는 그 시절 외운 가사를 지금도 외우고 가끔 남 앞에서 부르기도 하는 레퍼토리다. 앞의 리스트를 대강 훑어보아도 알 수 있지만, 당시 팝송을 듣던 내 수준은 동시대 팝 음악의 트렌드를 꿰던 친구들과는 거리가 있었다. 영미 팝 음악사에서 60, 70년대를 빛낸 당대의 아티스트들, 밴드들의 음악은 아직 내 감성의 자장 안에 충분히 들어오지 않았다. 비틀즈도 〈Yesterday〉 정도나 알

톰 존스의 〈딜라일라〉 수록 앨범

앉고, 사이먼 앤 가펑클, 퀸, 이글스, 롤링 스톤즈, 밥딜런, 존 바에즈, 핑크 플로이드 같은 이름들이 갖는 의미와 상징성에 대해서도 알 리가 없었다.

그러니까 나는, 열심히 심야 방송을 챙기며 음악을 찾아 듣거나 좋아하는 음반을 얻기 위해 빽판 가게를 뒤지고, 딥 퍼플이 낫냐 퀸이 낫냐 친구들과 논쟁을 벌이고, 《월간 팝 송》*을 찾아보며 음악을 찾아 듣는 부류는 아니었다. 그러기에는 공부를 지나칠 정도로 열심히 하는 모범생에 가까웠다. 그저 일상적으로 라디오를 통해 접하거나 친구들이 흥얼거리는 노래들을 귀동냥하고 그 가운데 마음에 당기는 곡들을 좋아하는 수준에 지나지 않았다. 그런 세계에 본격적으로 빠져들기에는 대학 입시가 너무 절박했고 공부하는 데만도 시간이 부족하다고 느끼고 있었다.

● 1971년 11월부터 1987년 2월까지 발간된 대중음악 전문지. 해외 대중음악의 흐름과 정보를 제공하는 잡지로 동시대 팝 음악 팬들에게 큰 인기를 끌었다. 90년대의 대표적인 팝음악 전문지로는 핫뮤직(1991.11~2008.5)을 들 수 있다.

긴급조치 시대의 고등학생

그 시절 공부 좀 한다는 고등학생들의 삶이란 지극히 단순했다. 학교에서 하루 종일 공부하는 건 당연했다. 서울 학생들처럼 과외를 받거나 학원은 다니지 않았다. 집에서는, 그리고 주말에는 종일 공부하는 걸 '원칙으로 했다.' 원칙이란 깨지라고 있는 법. 집에 있을 때는 화신소니 카세트레코더로 테이프를 듣거나 TV를 보는 시간도 많았고, 주말에는 영화를 보고 친구들과 어울려 노는 시간도 많았다. 노래책을 펴 놓고 기타를 뚱땅거리는 일도 내 즐거움 가운데 하나였다.

가끔은 친구들과 어울려 술을 마시며 놀기도 했다. 그럴 때 우리집은 가장 좋은 장소였다. 까까머리 고등학생들이 술집에 갈 수는 없었고 야외에서 술 마시는 것도 눈치가 보였지만, 우리집에서만은 아무 간섭 없이 시끄럽게 놀 수 있었다. 당시 아버지는 지방 근무로 집에 거의 계시지 않았고, 어머니는 친구들과 술 마시며 노는 데 대해 관대하셨다. 가끔은 술을 사 주고 안주를 직접 만들어주시기도 했다. 어머니가 특별히 진보적인 교육관을 가졌던 때문은 아니었다. 어느 집이나 공부 잘하는 아들에 대해서는 어느 정도 관대한 분위기가 있기 마련이었다.

1977년, 그러니까 고3이었던 해 입시를 앞둔 10월 언젠가, 박정희 정권이 금지했던 쌀 막걸리가 다시 허용된 첫 날, 친구들이 우리집에 모여 어머니가 받아주신 쌀 막걸리를 마시며 놀았던 기억도 있다. 그럴 때마다 우리는 젓가락까지 두드리며 제법 질펀하게 취해 놀았다. 입시 지옥의 고단한 과정에서 그나마 숨통이 트고 스트레스가 사라지는 순간들이었다. 그렇게나마 놀지 않았다면, 그 시절은 정말 얼마나 황량했을까.

긴급조치9호를 알리는 조선일보 기사

친구들과 어울려 놀 때면 당연히 노래

가 빠지지 않았다. 대개는 당대 젊은이들에게 인기 있던 가요들, 이를테면 송창식, 이장희, 윤형주, 김세환, 신중현의 노래들을 불렀지만, 60년대 가요나 그 이전의 트로트들도 자주 불렀다. 친구들 가운데서는 내가 옛 노래를 가장 많이 아는 편이라 그런 노래들은 으레 내가 선도했다.

사실 흘러간 노래라 봐야, 그 시절 기준으로 보면 10년, 20년 전 노래일 뿐이다. 당시만 해도 일제 강점기까지 거슬러 올라가는 옛 유행가들이 심심치 않게 방송을 타던 시절이다. 부모 세대와 자식 세대 간의 문화적 격차는 분명하게 존재했지만, 그 간극은 지금 생각하는 것만큼 크지 않았다. 생각해 보면 70년대의 청년문화 담론이 보여준 세대 간 갈등은 문화적 감각과 취향의 차이도 차이지만, 젊은 청년층이 새롭게 문화 소비자층으로 떠오른 현상에 대한 사회적 반응이란 측면이 강하다. 자신의 문화를 가지지 못했던 젊은 세대가 처음으로 자신의 문화를 가지기 시작했고, 그들을 주요 소비주체로 하는 새로운 시장이 형성된 것 자체가 한국 사회가 처음 겪는 현상이었던 것이다.

그런 갈등은 새로운 세대의 문화가 다분히 서구 지향적이었던 것에 대한 반발이란 모습으로 나타났다. 따지고 보면 이미 해방과 전쟁을 겪은 50년대에 문화적인 서구지향성이 강하게 나타난 바 있고, 60년대에는 바로 그런 문화가 새로운 주류로까지 등장한 바 있다. 그럼에도 당시의 서구문화지향에 대한 갈등이 세대 담론의 형태로 나타나지 않았던 건 그것이 여전히 성인들 속의 문제였기 때문이다. 60년대 이전의 주류였던 트로트 계열과 신주류로 떠오른 서구 팝 스타일 계열의 갈등은 세대 간의 문제라기보다는 도시와 농촌 혹은 소시민과 노동 계층의 문제에 가까웠다. 반면 70년대의 청년문화는 아직 충분히 성인이나 기성세대가 되지 못한 청년층에게 나타났던 것이고 이것이 기성 사회와 갈등을 빚은 것이다.

70년대 초반 어느 날부터인가 방송에 등장하는 연예인들의 이름이 바뀌었다. '바니걸스'란 이름으로 인기를 얻었던 여성 듀엣은 '토끼소녀'로, '어니언스'는 '양파들'이란 이름으로, '블루벨즈'는 '청종사중창단'으로, '패티김'은 본명인 '김혜자'로, '라나에로스포'는 '개구리와 두꺼비'로, '투에이스'는 '금과 은'으로, 그리고 민요가수 '김세레나'는 '김세나'로 바뀌었다. '키보이스'는 '열쇠소년들'이 되었고 '템페스트'는 '돌풍' 정확히는 장계현과 돌풍으로, '투코리언즈'는 '두 한국인'으로 바뀌었다.

김세레나는 본명이었지만, 영어 이름을 쓰지 못한다는 방침 때문에 할 수 없이 김세나로 바뀐 경우였다. 어제까지 영어 이름으로 활동하던 가수들이 느닷없이 어색한 한글 이름으로 바뀌는 일은 고등학생인 내가 보기에도 우스꽝스러웠다. 하지만 그런 변화가 좀 우습긴 해도 크게 반감을 가질 만한 일이라는 생각은 들지 않았다. 10월유신을 잘하는 일이라고 생각했던 시골 고등학생의 의식 수준에서 어쨌든 그건 '애국적'인 정책이었으니까.

가수들의 예명을 바꾼 박정희 유신정권의 이른바 국어사랑 정책이란 게 당시 새로운 세대의 '서구 지향적'인 풍조에 대한 기성 사회의 반감을 깔고 있는 것임은 물론이다. 70년대 청년문화는 한국 대중문화의 헤게모니가 일본적인 것에서 미국적혹은 서구적인 것으로 변화해가는 과정의 한 양상이었다. 기성 사회와 권력은 일제 강점기 이래 형성된 구질서의 편에 있었던 반면 새로운 세대, 특히 대학생 세대는 서구적인 쪽에 친밀감을 가졌다. 앞서 언급한 장발이나 미니스커트 단속 등 젊은이들의 풍속에 대해 공권력의 단속이 이루어진 것도 그런 맥락이다. 당시 영화나 가요 등 대중문화를 검열하는 중요한 기준 가운데에는 늘 '서구 문화에 대한 무분별한 모방'이라는 게 들어있었다.●

●
75년 대중가요 재심사를 통해 수많은 금지곡이 지정될 때 심의 기준은 다음과 같았다.
1.국가안보와 국민총화에 악영향을 줄 수 있는 것, 2. 외래 풍조의 무분별한 도입과 모방, 3. 패배적 자학적 비탄적인 작품, 4. 선정적 퇴폐적인 것.

나의 문화편력기

가수들의 예명

가수들의 영어 예명을 모두 한글 버전으로 바꾸게 했던 유신시대의 문화 풍경은 지금 생각해도 어이없고 우스꽝스럽다. 요즘 가수들이 그 시대를 살았다면 어떻게 되었을까. '원더걸스', '브라운아이드걸스', '빅뱅(Big Bang)' 이런 이름들은 당연히 쓸 수 없다. '놀라운 소녀', '갈색눈 소녀', '대폭발' 이런 식으로 바뀌었을 게다. 대폭발? 이 이름도 뭔가 불온하다는 이유로 허용되지 않았을 게 틀림없다. '인피니트'는 '무한대' 정도로 바뀌었을 테고, '슈가'는 '설탕'으로, '쥬얼리'는 '보석', '솔리드'는 '고체', '빅마마'는 '큰 엄마', '바이브'는 '진동', '노브레인'은 '무뇌아', '롤러코스터'는 '청룡열차', '2PM'은 '오후 두시', '걸스데이'는 '소녀의 날' 정도로 바뀌지 않았을까? 당연히 'H.O.T'나 'S.E.S', '핑클(Fin.K.L.)' 같은 이름도 존재할 수 없었을 것이다. 최근에는 그룹 뿐 아니라 솔로 가수, 심지어 작곡가도 외국 이름을 많이 쓰는 까닭에 나처럼 이 방면에 제법 관심 있는 사람도 음악인들의 이름을 제대로 기억하기 쉽지 않다. 요즘 자유롭게 예명을 쓰는 가수들은 이 모든 게 민주화를 통해 얻어진 자유임을 잊어서는 안 될 것이다. 박정희 시대의 이런 우스꽝스러운 풍경은 구동독에서도 거의 유사하게 나타났었다. 서구에서 록음악 선풍이 불었던 60년대, 동독에도 록밴드가 속속 생겨났다. 한동안 록밴드에 관용적이었던 동독 정부는 이들의 인기가 점점 커지며 젊은이들이 서구 문화에 물드는 양상이 나타나자 곧 태도를 바꾸었다. 서구 록 음악 가운데 일부 레퍼토리가 금지되었고 영어 이름을 쓰던 록밴드들은 강제로 이름을 독일어로 바꾸어야 했다. 예컨대 '블랙 스톤스(Black Stones)'는 슈바르체 '슈타이네(Schwarze Steine=검은 돌)'로, '스윙잉 기타스(Swinging Guitars)'는 '슈빙엔덴 기타렌(Schwingenden Gitarren)'으로 바뀌었다. 투철한 반공주의를 내세웠던 박정희 정권의 발상이 구동독 공산 정권의 발상과 기가 막히게 똑 같았으니 참 웃기는 일이 아닐 수 없다.

대마초 파동

1975년 어느 날 놀라운 소식이 전해졌다. 이장희, 윤형주, 김추자, 장현, 신중현, 이종용, 어니언스 등 수많은 스타들이 대마초를 피웠다는 이유로 하루아침에 감옥에 가거나 활동이 금지되었다는 것이다. 이 사건에 대한 보도 내용은 충격적이었다. 몇몇 가수들은 잡혀 온 곳이 집인지 병원인지 경찰서인지도 모르고 아무데나 용변을 보는 둥 완전히 정신이 나간 상태라는 식의 이야기들이 돌아다녔다.

사실 대마초는 그 무렵 흔하게 보고 들을 수 있는 물건이었다. 내가 다니던 학교 근처에 미군 부대가 있었고, 미군들이 출입하는 클럽들도 있어서 밤에 귀가하다 보면 심심치 않게 못 볼꼴을 보곤 했다. 대마초 역시 곳곳에서 흔하게 마주칠 수 있었다. 고등학생 가운데 담배를 피우는 친구들도 드물지 않았는데, 그들 가운데는 은근히 대마초 피워 본 경험을 자랑하는 친구들도 없지 않았다. 나중에 대학생이 되고, 사회에 나와 만난 내 또래 친구들 가운데는 실제로 이 무렵 대마초를 피워봤다는 사람들도 적지 않았다.

이른바 가수들의 대마초 파동이 터질 때까지 대마초를 피우면 어떤 문제가 생긴다든가 엄청난 정신적 피해를 본다든가 하는 얘기는 별로 들어본 적이 없었다. 그런데 어느 날 가수들이 대마초를 피운 혐의로 잡혀 갔고, 이후 방송이나 〈문화영화〉극장에서 본 영화를 틀기 전에 꼭 틀어주던 관변 홍보 영화 같은 데

나의 문화편력기

서 대마초의 악영향을 떠들어대기 시작했다. 그런 홍보물에는 대마초를 피우며 환각 상태에 빠지기 위해 들여다본다는 그림들도 빠지지 않고 나왔는데, 그 그림들은 마치 달리나 뭉크의 초현실주의 그림과 유사했다.

사실 난 그 그림들이 주는 묘한 분위기를 매력적으로 느끼기도 했다. 나중에 알게 된 사실이지만 그런 그림들은 **지미 헨드릭스**Jimi Hendrix나 **밥 말리**Bob Marley 같은 록 스타들의 음반 재킷에 그려진 그림들과 닮아 있었다. 대마초를 경고하는 〈문화영화〉에는 환각 상태에 빠지기 위해 대마초를 피우며 열심히 그런 그림을 들여다보는 대학생들의 모습이 나오곤 했는데, 그때에도 그 모습이 얼마나 우스꽝스러운지 킥킥대던 생각이 난다.

아무렴 정부의 말이라면 그저 곧이곧대로 믿을 줄밖에 몰랐던 시골 청소년들은 당연히 대마초는 나쁜 것이고, 그걸 몰래 피운 연예인들 역시 나쁜 놈들이며 따라서 그들이 활동을 금지당한 것도 당연한 일이라 생각했다. 요행히 유혹이 많은 환경 속에 살면서 대마초와 환각의 유혹에 빠지지 않은 내가 너무나 다행스럽다는 안도감까지 가질 지경이었다.

그해 말, 그러니까 1975년 12월에는 대대적인 금지곡 발표가 있었다. 이미 대마초 파동이 불거지면서 관련자 상당수의 노래를 방송에서 들을 수 없는 상황이었지만, 공식적으로 지정된 금지곡 목록에는 대마초 관련 음악인의 작품 외에도 많은 노래들이 포함되어 있었다. 신문과 주간지를 통해 보도된 금지곡 목록을 보면서 어, 이런 노래도 있었나, 하며 새롭게 알게 된 노래가 더 많았다. 금지곡 조치가 가지고 있는 정치적 함의를 이해할 수는 없었다. 다만 송창식의 〈왜 불러〉나 〈고래사냥〉, 김민기와 양희은의 〈아침이슬〉, 신중현의 〈미인〉, 김추자의 〈거짓말이야〉, 이장희의 〈그건 너〉〈한 잔의 추

억〉같이 이미 공전의 히트를 쳐서 모르는 사람이 없는 노래들을 새삼 금지
곡으로 묶는다는 게 무슨 의미가 있을까 하는 의문만큼은 지울 수 없었다.

대마초 파동 이후

문제는 대마초 파동과 금지곡 지정 탓에 라디오에서 들을 음악이 없게 되
었다는 데 있었다. 대마초 파동 이후 대중음악의 주류는 김훈, 최헌, 윤수일
등 밴드 출신의 가수들이 주도한 록 트로트 혹은 트로트 고고라 불리는 경향
이었다. 대마초 파동 와중에 살아남은 송창식 역시 노래 경향이 70년대 초반
과는 많이 달라졌다. 이 무렵부터 그는 국악이나 트로트 등 다양한 음악 양
식과 포크락 사운드를 결합하는 실험적인 노래들을 발표하기 시작했고 발성
법도 조금씩 달라졌다. 나로서는 70년대 후반 송창식의 새로운 노래들은, 물
론 여전히 좋아하긴 했지만 어쩐지 이전 노래들만큼 가슴에 와 닿지 않았다.

1976년, 내가 고등학교 2학년이었던 때 대중음악계는, 적어도 내 기분
으로는, 적막했다. 그해 내내 라디오에서는 난데없이 나타난 이상한내가 느
끼기에 그랬다는 것이다. 노래 하나가 흘러 나왔다. '꿈을 안고 왔단다 내가 왔단
다... 쨍 하고 해 뜰 날 돌아온단다' 하는 노래였다. 처음 듣는 순간부터 세상
에 무슨 저런 노래가, 싶었다. 일단 노래 가사도 무슨 캠페인용 건전가요 같

아서 싫었고 노래도 싫었다. '쨍 하고 해 뜰 날' 하는 부분에선 너무 혐오스러워 소름이 돋을 정도였다. 지금까지 평생 어떤 노래를 그토록 싫어한 적이 있었나 싶을 정도다.

지금 생각해 보면 뭐가 그리 싫었을까 싶은데 그때는 그랬다. 내가 좋아하는 가수들이 다 사라지고 나니 어디서 이상한 노래가 나와 히트를 치네, 싶어서 더 그랬는지도 모르겠다. 그 노래만 나오면 채널을 돌리거나 꺼버렸다. 당시에는 하루에도 몇 번씩 이 노래가 흘러나왔으니 일부러 안 듣는 일도 쉽지 않았다.

그러던 어느 날의 일이다. 어머니께서 내게 집안 청소를 시켰다. 마루에 걸레질도 하고 마당도 쓸고 하는데 나도 모르게 콧노래를 흥얼거렸다. '쨍 하고 해 뜰 날 돌아온단다' 그 순간 스스로 소스라치게 놀라지 않을 수 없었다. 아니, 내가 이 노래를 부르다니. 그처럼 싫어해서 나오면 꺼버리고 돌려버리는 노래인데, 그걸 내가 부르고 있다는 사실이 놀라웠다. 나는 걸레질도 멈추고 한동안 멍하니 있다가 이 노래를 처음부터 끝까지 머릿속에 떠올려 봤다. 놀랍게도 이 노래를 처음부터 끝까지 다 알고 있었다. 내가 이 노래를 다 알고 있다는 사실이 또 한 번 충격적이었다.

대중가요, 나아가 대중문화가 가진 일상성의 힘이란 이렇게 무서운 것이다. 대중문화의 특징은 일상적인 데 있다. 일상 속에서 반복적으로 경험되는 까닭에 그것을 의식하기 어려운 것. 즉 의식되지 않는 사이에 경험되고 따라서 내 의식이 아니라 무의식의 공간에 나도 모르게 자리 잡는다. 의식의 차원에서 나는 그 노래를 거부했지만, 일상적인 경험 속에서 어느 틈엔가 내 머릿속에 자리 잡고 있었던 것이다. 이런 면에서 노래라는 양식은 가장 전형적이다. 노래는 가장 일상적인 환경에서 무의식적으로 귀에 들어오기 때문이다.

그에 비하면 예컨대 영화라는 문화양식은 덜 일상적이고 그만큼 더 특별한 경험이다. 영화를 보는 일은 각자의 선택을 통해 이루어지고 그것도 영화관이라는 특정한 공간에 가서 특정한 시간에 맞추어 이루어진다.

그러나 노래는 다르다. 노래를 듣는 일은 물론 개인의 선택에 의해 이루어지기도 하지만 선택과 무관하게 환경 속에서 이루어지는 경우가 많다. 그 환경은 일상적이기 때문에 우리의 의식을 통해 성찰되거나 객관화되기 어렵다. 그러다 보니 어느 틈엔가 무의식적으로 우리 속으로 들어와 있는 것이다. 물론 이런 '분석'은 한참 후 대중문화 공부를 하면서 하게 된 것이고 그 시절엔 그저 놀랍고 어이없었을 뿐이다.

모범생들의 건전가요 세광애창곡집

고등학교 1학년 무렵 한동안 친구들과 보컬 그룹을 결성해 노래 불렀던 일이 있다. 누가 먼저 제안을 했는지 무슨 계기로 했는지는 기억이 분명하지 않다. 적어도 내가 먼저 나서지는 않았다. 나중에 행정고시를 거쳐 고위 공직을 지낸 한 친구, 지금은 미국에 사는 친구, 의사가 되어 있는 친구, 런

던에 살고 있는 친구 그리고 나까지 다섯 명이 음악실에 모여 그 중 한 친구의 피아노 연주에 맞추어 노래 연습을 했던 기억이 난다. 나까지 포함해 모두 한 노래한다는 친구들이었고, 반주를 하던 친구는 당시 남자로서는 보기 드물게 어릴 적부터 피아노를 배운 친구였다.

당시 우리가 불렀던 레퍼토리들은 〈냉면〉*, 〈맹꽁이와 삽살개〉** 같은 노래들이었는데 소위 《세광애창곡집》 같은 노래책에 단골로 나오는 노래들이다. 《세광애창곡집》은 주로 가곡이나 외국민요 등 당시의 기준으로 건전한 가족용 노래들을 모은 악보집이었는데, 웬만한 가정에 한권씩 있다싶을 정도로 널리 보급되어 있었다. 이 책에는 교과서용 노래도 아니고 대중가요도 아니면서 심심치 않게 들어 귀에 익은 노래들이 많았다. 그리고 보면 중고등학생 가운데는 자기들끼리 보컬그룹을 만들어 이런 노래를 부르는 팀들이 적지 않았던 것 같다. TV를 보면 고등학교 탐방 프로그램 따위에서 이런 팀들이 노래 부르는 모습을 적지 않게 볼 수 있었다.

당시는 이른바 건건가요 부르기 운동이 전국적으로 벌어지던 시기였다. TV에 자주 나오던 전석환***이라는 사람이 있었다. 그는 '대한노래부르기중앙회'인가 뭔가 하는 단체 대표그때도 별 웃기는 단체도 있네 하는 생각을 했다.였는데, 방송에 자주 나와 이른바 건전가요의 당위성을 설파하며 건전가요를 불러야 좋은 나라가 된다는 취지의 얘기를 자주 했다. 건전가요의 전도사답게 짧은 스포츠머리가 인상적이었던 사

* 이 곡의 정체는 그때도 몰랐고 지금도 잘 모른다. 원제는 〈Vive la Compagnie〉인 듯하고 제목으로 보아 캐나다 퀘벡 지역의 민요 아닌가 싶다. 한국에선 박태준의 개사로 〈냉면〉이란 노래로 알려졌다.

** 이 곡의 정체도 알 수 없다. 당시 《세광애창곡집》에는 그냥 〈미국학생노래〉라고만 표기되어 있었다.

*** 전석환은 1960년대부터 YMCA에서 〈싱얼롱 Y〉라는 프로그램을 진행하면서 노래함께 부르기 운동을 전개했다. 그는 방송 무대에도 활발히 진출해 〈삼천만의 합창〉 같은 프로그램에서 통기타 반주에 맞춘 레크레이션송, 캠프송을 함께 부르는 싱어롱 활동을 펼쳤고, 69년에 대한노래부르기중앙회, 71년에 새마을 노래협의회 같은 단체를 조직하기도 했다. 새마을 운동의 찬가 가운데 하나인 〈좋아졌네〉, 건전가요 운동의 대명사가 된 〈정든 그 노래〉 같은 노래를 작곡하기도 했다.

람인데, 그 시절 언젠가 그가 라디오 방송에 나와 은희의 〈꽃반지 끼고〉의 예를 들며 이런 말을 하는 걸 들은 적이 있다. "'지금은 가 버린 가슴 아픈 추억'. 이게 뭡니까, 왜 추억은 꼭 가슴이 아파야 합니까. 이게 문제라는 겁니다. 지금은 가 버린 아름다운 추억, 얼마나 좋습니까?"

그래선가, 이후 언젠가부터 이 노래의 가사는 '아름다운 추억'으로 바뀌어 있었다. 《세광애창곡집》에는 '전석환'이라는 사람이 작곡한 노래들도 꽤 있었다. 전석환에 의해 추진된 건전가요 운동은 곧 정부 차원의 건전가요 정책으로 연결되었다. 70년대에는 방송을 통해 정부가 지정한 건전가요들이

《세광애창곡집》 1973년판

수시로 방송되었지만 그런 노래들을 즐겨 부르거나 듣는 사람은 본 적이 없다.

아무튼 우리는 그 책에 실린 노래들과 가끔 친구들이 들고 오는 악보들을 가지고 노래 연습을 했다. 주로 혼자 노래 부르는 걸 즐겼고, 그때까지 다른 사람과 화음을 맞추어 노래 불러본 적이 없던 나로서는 새로운 경험이었다. 연습을 하다 보니 새로운 사실을 알게 되었다. 내가 주선율보다는 베이스 쪽에 더 맞는 목소리를 가졌다는 것이다. 다른 친구들에 비해 고음이 잘 나지 않았고, 대신 베이스음이 더 잘 나왔다. 사실 어려서부터 노래 잘 부른다는 소릴 들어왔던 나로서는 이런 그룹에서도 가장 중요한 메인 선율을 해야 성이 차는데, 뜻밖에도 베이스를 맡아야 하다니 다소 실망스러운 일이었다.

보컬 활동은 그해 어느 날 우리 학교에 찾아온 라디오 공개방송에 노래 게스트로 나가 〈맹꽁이와 삽살개〉를 부르는 것으로 결실을 맺었다. 나는 베이스를 맡았고, 나중에 라디오로 이 프로그램을 들으며 전파를 탄 내 목소

　　　　　　　　　　　　　　　　　　　　　나의 문화편력기

리를 처음으로 듣는 기분이 괜찮았던 기억이 있다. 그리고는 흐지부지 중단되고 말았다. 다들 입시 공부에 목을 매야하는 처지였던 터라 특별한 동기부여가 없는 활동이 오래가기는 힘들었다.

브루 라이또 요꼬하마

고등학교 2학년 무렵으로 기억한다. 친구들 몇이 근교에 놀러갔다가 서울서 온 고등학생들과 어울리게 되었다. 예나 지금이나 함께 노는 자리라면 노래가 빠질 수 없다. 아니 노래 부르는 게 노는 일의 전부였다 해도 과언이 아니다. 고등학생들이 대놓고 술을 먹을 수는 없었으니까. 둥글게 둘러 앉아 번갈아 노래 부르며 놀던 그 자리에서 한 서울 친구가 이수만의 〈모든 것 끝난 뒤〉를 부르겠다고 했다. 춘천내기들에게는 처음 듣는 이름이고 노래 제목이었다. 기타를 들고 있던 내가 모르는 노래라고 하자, '그럼 다른 노래를 할게' 하더니 일본 노래를 부르기 시작했다.

〈브루 라이또 요코하마〉라는 노래였다. 당시 한동안 크게 유행했던 노래다. 일본 문화가 전면적으로 금지되어 있던 시절이었는데, 도대체 어떻게 이 노래가 유행했는지는 지금도 알 수 없다. 나 역시 이 노래를 들은 적이 있어 알고는 있었지만, 서울서 온 친구는 이 노래를 일본어로 부르고 있었다.

"너, 일본어를 아냐?" 묻자 그 친구는 자신이 들고 다니던 악보집을 내밀었다. 종이에다 직접 가사를 적어 묶은 파일이었는데, 거기에 이 노래가 '마찌 노아까리가 토떼모끼레이네 요코하마...'식으로 한글로 적혀 있었다. 그 뜻이 뭔지는 모르고 소리 나는 대로 따라 부르고 있던 것이다. 그 친구가 한마디 덧붙였다. "서울 애들은 이 노래 다 알아." '나도 알아, 인마.' 라고 해주고 싶었지만 참았다.

아무려나 서울과 지방의 문화적인 격차를 다시 한 번 느낄 수 있었다. 서울에 비해 춘천은 들을 수 있는 라디오 채널도 한정돼 있었고(특히 FM이 나오지 않았고) 종로 등 학원가를 통해 형성되는 특유의 또래 문화도 없었다. 주워들을 수 있는 정보가 그만큼 상대적으로 적었다는 얘기다. 이런 격차에 대한 실감은 방학 때 서울의 작은 이모 집에 놀러 가면 더욱 깊게 느낄 수 있었다.

언젠가 방학 때 서울 이모 댁에 와 며칠간 라디오만 끌어안고 산 적이 있다. 춘천에서는 들을 수 없던 방송들이 숱하게 들렸다. 이장희와 장현이 라디오 음악 프로그램 DJ를 하고 있다는 사실을 처음 알았다. 그 외에도 박원웅, 임문일, 최동욱, 백형두 같은 전문 DJ들이 있었고, 양희은, 윤형주 같은 가수들도 음악 프로그램을 진행하고 있었다. 그들의 음악 프로그램에는 들어보지 못한 팝송과 가요들이 수도 없이 흘러나왔다. 춘천으로 돌아가 친구들에게 말했다. "야, 서울 가서 라디오 들으니 장현이가 DJ를 하더라." "와, 그래?" 우린 어쩔 수 없는 촌놈들이었다.

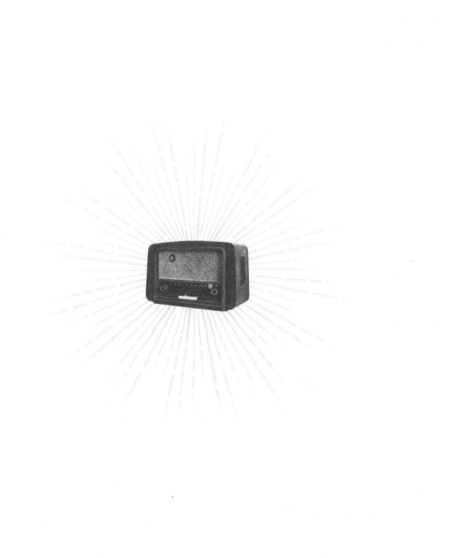

그렇게
청년이 되다

내가 대학에 입학한 건 1978년, 유신체제가 막바지를 치닫던 시점이다. 그 당시에 그것이 막바지란 걸 알 수는 없었다. 박정희 체제의 거대한 성채는 적어도 내 눈에는 조금도 흔들리지 않았고 영원히 갈 것 같았다. 나는 어린 시절부터 교육받은 걸 거의 그대로 흡수한 철두철미한 반공주의자였고, 박정희 대통령이 대한민국을 도탄에서 구한 위대한 영도자라는 사실을 의심하지 않는 모범생이었다.

그러니 무슨 시대에 대한 고민이니 역사에 대한 의식 같은 게 있을 리 없었다. 그저 국민학교에서 고등학교까지 거의 '노예 12년'의 세월예나 지금이나 자신의 의지와 무관하게 타의로 규정된 삶을 살아야 한다는 점에서, 자신의 이유가 아니라 사회적으로 혹은 가정적으로 설정된 이유에 따라 공부하며 살아야 한다는 점에서 사실상 노예와 그리 다르지 않다.을 보내고 드디어 독립된 개인의 자유로운 삶을 살 수 있게 되었다는 기대로 한껏 부풀어 올랐을 뿐이다.

무엇보다도 생전 처음으로 집을 떠나 혼자 살게 되었다는 게 가슴 벅차도록 좋았다. 이런저런 이유로 그다지 평온하거나 행복하지 않다고 느끼며 지냈던 어린 시절을 벗어나 어엿한 성인으로서 나만의 세계를 만들어갈 수 있으리란 기대가 있었다. 연애도 하고 낭만도 즐기고 실컷 놀며 즐겁게 살 일만 남았다고 생각했다.

하지만 대학은 내가 꿈꾸던 모습과 달랐다. 거기엔 꿈도 낭만도 미래에 대한 낙관도 없었다. 대학에는 군인과 경찰이 제집처럼 들락거렸고, 캠퍼스 곳곳에서 걸핏하면 최루탄이 터졌다. 뭔가 새롭고 근사한 인생의 지혜를 배울 수 있으리라 기대했던 대학의 강의는 대체로 재미없고 지루했다.

하지만 대학에는 또 다른 강의실이 있었다. '언더'라는 이름으로 통칭되던 학회가 있었고, 다양한 써클당시엔 동아리를 써클이라 불렀다.들이 있었다. 친구들이 모여 술을 마시며 떠들고 고래고래 소리 지르며 노래 부르던 술집도 우리에겐 또 다른 강의실이었다. 이렇게 또 다른 대학의 강의실에서 선배와 친구들을 만나면서 지난 시절 내가 세상에 대해 안다고 느끼던 거의 모든 것이 허망하게 무너지기 시작했다. 새로운 책을 읽고 새로운 친구들을 만나고 새로운 노래를 들으면서 나는 차츰 어른이 되어 갔다.

언더 학회와 전환시대의 논리

대학에 입학한 첫학기, 수업에 재미를 못 느끼면서 강의실에 들어가기보다는 밖에서 서성이는 시간이 더 많았다. 캠퍼스에는 몇이서 둘러 앉아 이야기를 나눌 공간도 마땅치 않았다. 너른 잔디밭이 있었지만 대개는 '잔디밭에 들어가지 마시오'란 팻말이 붙어 있었고, 조금만 앉아 있어도 경비 아저씨가 쫓아와 내쫓곤 했다.

고등학교 시절에 비해 시간은 엄청 남아돌았지만 뭘 해야 좋을지는 알 수 없었다. 아무데서나 담배를 피우고 술집에서 대놓고 술을 마셔도 아무도 뭐라 하는 사람이 없다는 게 내가 다름 아닌 '대학생'임을 실감하는 유일한 까닭이었다.

첫 학기 어느 날이었다. 강의실에 여러 명의 선배들이 우르르 들어왔다. 그들은 각기 다른 학회를 소개하며 신입생들을 모집했다. 학회 이름은 각각이었지만 공부하는 내용은 별로 다르지 않아 보였다. 그 가운데 한 사람과 우연찮게 눈이 마주쳤다. 그가 내게 오더니 가입 의사를 물었다. 이럴 때 확실한 의사 결정을 재빨리 하지 못하고, 한다 한들 표현을 정확히 하지 못하는 게 내 어쩔 수 없는 천품이다. 우물쭈물하다보니 나는 이미 그 선배를 따라 나가고 있었다.

학회가 학생운동권의 핵심 기지 역할을 하는 곳이고 이곳에 잘못 발을 들이면 데모꾼이 되어 학교를 잘리고 감옥에 가기 십상이라는 얘기를 여기저기서 들은 터였다. 한 편으로는 어쩌면 대학생활의 참을 수 없는 지루함을 벗어나 그동안 모르고 있던 새로운 세상을 배울 수 있을 것 같은 지적 호기심도 떨쳐 버릴 수 없었다.

두려움 반 호기심 반으로 머리가 복잡한 내게 선배는 책을 한 권 소개해 주었다. 리영희 선생님의 책《전환시대의 논리》였다. 그 책을 읽고 첫 모임에 나오라는 얘기였다. 기숙사 룸메이트의 책상에서 이 책을 본 적이 있었다. 《전환시대의 論理》를 언뜻 《전환시대의 倫理》로 잘못 보고 그렇게 기억하고 있었다.

"저, 혹시 《전환시대의 윤리》 아닌가요?"

그 순간, 선배는 약간 당황한 표정을 지었다. "어... 윤리던가?" 그러더니 곧, "아니야.《전환시대의 논리》가 맞을 거야."했다.

후배에게 권하는 책의 제목을 헷갈려 하는 선배의 모습이 영 미덥지 않았다. '이 친구 사이비 아니야?' 하는 생각이 스쳤다.

당시 학생운동 출신 가운데 이를 경력으로 정치권에 진출한 후 정반대의 정치적 행보를 보인 사이비들이 적지 않다. 당시 내가 이런 미래를 미리 알 수는 없었지만.

기숙사 친구에게 책을 빌려 읽기 시작했다. 대학 입학 때까지 그저 교과서만 달달 외우고 살았던 내게는 너무나 충격적인 내용이었다. 당시까지 내가 갖고 있던 사고체계가 냉전논리의 비이성적인 틀에서 한 치도 벗어나지 못하고 있었다는 걸 처음으로 어렴풋이나마 알게 되었다.

베트남전에 대해 내가 가지고 있던 상식이 얼마나 허무맹랑한 것이었는지도 느껴야 했다. 미국이란 나라가 결코 정의의 사도가 아니라는 사실 역시 마찬가지다. 내가 줄곧 진실이라 믿어왔던 것들이 무너져 내리는 경험은 결코 즐겁지 않았다. 맨 먼저든 생각은 '이게 정말일까?' 그리고 든 생각은 '이런 책을 읽어도 되나?' 하는 것이었다. 혼란스러웠고 두려웠다. 이 책에 매카시즘McCarthyism이란 단어가 여러 번 언급되고 있었다. 나는 처음 이 단어를 보고 메커니즘Mechanism의 오타라 생각할 만큼 무지했다. 이 단어가 거듭 나오는 걸 보고서야 이게 오타가 아니라 내가 모르는 단어란 걸 깨달았다. 혼란과 두려움에 무지까지 겹치니 책을 읽는 것이 즐거울 리가 없었다.

학회의 첫 세미나 모임에 가니 나 말고도 여러 명의 신입생들이 있었다. 세미나에 참여하는 그들의 눈빛은 진지했다. 놀랍게도 그들 대부분은 책의 내용을 잘 이해하며 받아들이고 있는 것 같았다. 머릿속이 뒤죽박죽 혼란스러운 나는 한 마디도 할 수 없었다.

그들 중 한 친구가 유난히 눈에 띄었다. 그는 이 책의 내용을 너무나 잘 알고 있었다. 그가 매카시즘이란 단어를 설명하는 걸 듣고서야 그게 무슨 의미의 단어인지 비로소 알 수 있었다. 나로선 그가 도대체 어떻게 그런 내용을 그토록 잘 알 수 있는지 놀랍기만 했다. 그는 아는 것도 많았고 말도 기가 막히게 잘했다. 나와 똑같이 대학 입학 한 달밖에 되지 않은 신입생이란 게 믿어지지 않았다. 정말 세상엔 나보다 머리 좋고 뛰어난 친구들이 많구나, 그런 생각이 처음 들었다. 그는 대구에서 온 '유시민'이란 친구였다.

세미나 시간 내내 꿀 먹은 벙어리처럼 입 다물고 있던 내가 그나마 약간의 존재감을 보여줄 수 있었던 건 술집으로 자리를 옮긴 뒤풀이 자리에서였다. 술 먹고 노래 부르는 거야 고등학생 시절부터 숱하게 해 온 가장 자신 있는 일이었으니까. 술 마시며 노래를 몇 곡 부르고 박수를 받았지만 기분이 즐겁지는 않았다. 책을 읽고 새로운 앎을 쌓아간다는 건 결국 내가 그동안 얼마나 바보였는지를 깨달아 가는 과정일 수밖에 없다. 그건 괴로운 일이었다. 그런 괴로움과 정면 대결하며 나를 밀어붙일 자신이 없었다. 진지한 세미나 자리의 분위기도 그저 술 먹고 노래 부르며 노는 걸 좋아하는 내 성정에 맞지 않았다. 결국 몇 달 되지 않아 학회에 발길을 끊었다.

하지만 한 번 맛본 새로운 앎의 세계에서 등을 돌릴 수는 없었다. 나는 학회에서 알게 된 책들의 리스트를 따라 혼자서 조금씩 읽어나갔다. 《민중과 지식인》한완상, 《민족지성의 탐구》송건호, 《우상과 이성》리영희, 《민족문학과 세계문학》백낙청 같은 에세이집, 《객지》황석영, 《난장이가 쏘아 올린 작은 공》조

나의 문화편력기

세희 같은 소설을 읽었다. 이런 책들은 당시 대학생 가운데 조금이라도 지적인 관심을 가진 이라면 누구나 읽는 가장 보편적인 독서 리스트에 해당했다.

당시 대학 안에 들락거리며 영인본 책을 파는 외판원들이 많았다. 벤치에 앉아 있으면 이 아저씨들이 다가와 말을 붙이고 책을 팔았다. 그 가운데 《창작과비평》 영인본을 파는 아저씨들도 여럿 있었다. 어느 날 그 중 한 사람이 내게 다가왔다. 이미 어느 정도 새로운 지식에 대한 욕구가 차오르고 있던 나는 《창작과비평》 영인본 전집과 《한국논쟁사》 전집을 덜컥 사버렸다. 아버지가 보내주시던 기숙사비와 약간의 용돈으로 생활하던 내게 이건 대단히 큰 지출이었다. 곧 후회가 밀려왔지만 그래도 전집을 올려놓으니 기숙사의 내 책상이 비로소 좀 대학생다워진 기분이었다. 하지만 이런 잡지 영인본 전집이란 게 실제 읽을거리로서보다는 장식용으로 더 많이 기능한다는 걸 아는 데 긴 시간이 걸리지는 않았다.

창비 영인본을 들여놓고 얼마 되지 않았을 때였다. 기숙사 내방에 들른 한 친구가 영인본 전집을 보더니 말했다.

"창비 영인본 저거 파는 아저씨들 다 기관원이라던데..."

"뭔 소리야?"

"창비가 정부한테 찍힌 잡지잖아. 그래서 저거 사는 학생들 다 문제 학생들이라고 해서 감시한대."

"별 이상한 소리 다 듣네. 아니 지네가 팔아먹고는 그걸 산 사람들을 감시한단 말이야?"

이 황당한 얘기는 그 친구 뿐 아니라 제법 많은 학생들 사이에서 떠돌고 있었다. 나는 짐짓 웃기는 소리라며 비웃었지만, 일말의 불안감마저 없을 수는 없었다. 물론 그걸 샀다고 해서 내가 특별히 감시 받는 일 따위는 없었다. 내게 잡지를 판 아저씨도 그 후 여러 번 마주쳤지만 그가 기관원이란 생각은 들지 않았다. 기관원과 경찰이 학교에 상주하면서 학생들을 감시하던 시대의 씁쓸한 풍경이다.

기타의 맛

학회를 그만두고 난 후 나는 그저 조용하고 무기력한 일상을 살았다. 그 시절 대학생이면 누구나 하는 미팅도 몇 번인가 나갔지만 별다른 재미도 의미도 느낄 수 없었다. 혼자 기숙사에 틀어박혀 책을 읽고 캠퍼스를 서성거리며 담배를 피우고 고향 친구들이나 기숙사 친구들과 어울려 술 마시는 게 주요 일과였다. 가끔은 술을 마시다 통행금지 시간을 넘기는 바람에 낙성대 고개를 걸어 기숙사에 돌아오기도 했다. 단 하나 낙이 있다면 기타 연습을 하는 거였다.

나로선 다행스럽게도 기숙사 룸메이트들이 모두 음악을 좋아하는 사람들이었다. 사범대에 다니던 친구는 통기타를 잘 쳤고, 공대생이었던 친구는 클래식 기타를 취미로 했다. 또 한 사람은 음대에 다니던 선배였다. 특히 사범대생 친구와 잘 어울렸는데 독실한 가톨릭 신자였던 그는 중고등학생 때부터 성당에 다니며 기타를 쳤다고 했다. 그가 기타를 치며 〈Puff〉란 노래를 부를 때 그 기타의 풍부하고 리드미컬한 소리에 반하지 않을 수 없었다. 그런 기타 주법을 '쓰리 핑거' 주법이라 부른다는 걸 처음 알게 되었다. 기숙사 방에서 기타 연습을 하며 대학에서 새로 알게 된 노래들을 부르는 게 그

나의 문화편력기

지루하고 황량하던 시절 내가 가졌던 유일한 즐거움이었다.

대학에는 방송에서는 들을 수 없는 특유의 노래들이 있었다. 신입생 환영 행사나 선배들과의 술자리 같은 데 가면 그런 노래들을 듣고 배울 수 있었다. 〈아침이슬〉처럼 나도 이미 알고 있던 유명한 노래도 있었지만, 대부분은 처음 듣는 노래들이었다.

〈정의가〉, 〈농민가〉, 〈해방가〉, 〈흔들리지 않게〉 같이 주먹을 위아래로 흔들며 부르는 투쟁적인 노래들이 있었고, 정체를 알 수 없는 구전가요들도 있었다. '법대생 연애는 육법전서 연앤데 붙기만 붙으면 이혼 소송 나더라...' 또는 '무골 장군 분기탱천...'• 운운하는 외설스러운 노래들, '영자야 내 딸년아 몸 성히 성히 성히 잘 있느냐 여기 있는 이 아빠는 사장님이 아니란다...'처럼 어둡고 비참한 현실을 우스꽝스럽게 표현한 노래들도 있었다. '소령 중령 대령은 호텔방에서 소위 중위 대위는 여관방에서...'처럼 군대 사회에서 떠도는 구전가요도 돌아다녔다.

유명한 팝송 〈Sad Movie〉에 '충청도서 올라온 지 사흘 밖에 안됐슈'로 시작해서 '몰라유 몰라유 저 정말 몰라유'로 끝나는 가사를 붙인 노래도 있었다. '일본에서는 죽창이 대빵 한국에선 짱돌이 대빵 둘이서 붙으면 데모 사태 난단다'•• 혹은 '얼씨구씨구 들어간다 절씨구씨구 들어간다... 일 자나 한 자나 들고나 보소 일 자리 없어 굶어죽을 판...' 같이 각설이 타령류에 풍자적 가사를 붙인 노래들도 있었다. '울도 담도 없는 집에서 시집살이 삼년 만에...' 하는 〈진주난봉가〉,

● 이 노래의 원곡은 60년대 이시스터즈가 번안해 불렀던 〈워싱턴 광장(Washington Square)〉이다.

●● 이 노래의 제목은 〈군바리 각설이〉라고 했다. 각설이 타령 같은 곡조에 당대의 현실을 꼬집은 풍자적인 가사가 붙었는데 마치 민요처럼 누구나 가사를 붙일 수 있어서 이 노래가 한번 시작되면 엄청나게 길게 이어지곤 했다. 그 많던 가사 가운데 '필리핀에선 마르코스 대빵 한국에선 박통이 대빵 둘이서 붙으면 장기집권 난단난다 / 핀란드에선 시벨리우스 대빵 한국에선 박통이 대빵 둘이서 붙으면', '나의 조국', '난다난다'가 기억난다. 사실 〈나의 조국〉은 시벨리우스가 아니라 스메타나의 곡이다. 아마 누군가 착각하고 붙인 듯 한데 제대로 하면 '체코에선 스메타나 대빵 한국에선 박통이 대빵'이라야 맞을 것 같다.

'동창이 밝았느냐 고향 생각에...' 하는 〈한중가〉 등 민요풍 노래들도 있었다.

여럿이 모인 술판에서 이런 노래가 시작되면 끝도 없이 이어질 만큼 레퍼토리도 다양했다. 나 역시 그런 자리에서 이런 노래를 즐겨 불렀지만 이런 노래들이 내 취향은 아니었다. 대학가에서 구전되면 선배들로부터 전수되던 노래들 가운데 내 취향에 맞는 건 김민기의 노래들이었다. 70년대 중반 이후 방송에서 들을 수 없던 그의 노래는 대부분 대학가에서 구전가요처럼 불리고 있었다. 술집에서 혹은 여럿이 모인 자리에서는 구전가요들을 목이 터져라 불렀지만 기숙사 내 방에 혼자 있을 때는 기타를 잡고 김민기의 노래들을 불렀다.

특히 가장 마음에 들었던 건 〈금관의 예수〉였다. 그 노래가 다름 아닌 김지하의 시란 사실도 특별하게 느껴졌지만, 무엇보다도 그 절절한 노랫말을 기승전결이 완벽한 멜로디로 형상화한 작곡가의 능력이 놀라웠다. 이 노래를 부르다 보면 공연히 혼자서 가슴이 울컥하고 코끝이 찡해 오는 감동에 젖곤 했다. 코드도 모르고 대강 따라 치며 노래 부르던 내게 친구가 가사와 코드가 달린 필사 악보를 구해 주었다. 그 악보를 보며 연습하면서 처음으로 기타 코드를 조금만 달리해도 노래의 맛이 크게 달라진다는 걸 알게 되었다. 고등학교 시절 이래 그저 몇 개 코드만 가지고 적당히 음을 맞추던 수준에서는 도무지 느낄 수 없는 기타의 맛이었다. 〈금관의 예수〉와 친구에게서 배운 쓰리 핑거 주법을 거치면서 비로소 기타의 맛을 조금씩 느끼기 시작했다. 그러면서 욕심이 생기기 시작했다. 정말 좋은 소리가 나는 기타를 갖고 싶다는.

그 시절 웬만큼 좋은 소리를 내는 기타를 사려면 최소 두 달 치 기숙사비에 해당하는 큰돈이 필요했다. 아버지가 부쳐주시는 얼마간의 돈으로 기숙사비를 포함해 모든 걸 해결해야 했던 처지에 그 돈을 마련하기란 쉽지 않았다. 하지만 한 번 생긴 욕심을 다스리기는 더 어려웠다. 결국 나는 집에서 보낸 돈을 몽땅 털어 기타를 샀고, 예정보다 먼저 기숙사를 나와 한동안 입주 가정교사 노릇을 해야 했다.

기타를 살 때의 기억도 생생하다. 악기점에서 이것저것 기타를 만지며 소리를 들어보다 딱 마음에 든 기타의 가격은 6만 원이었다. 하지만 내가 준비한 돈은 4만 원. 포기해야 했지만 아쉬움이 남아 자리를 떠나지 못하고 기타를 만지작거리며 앉아 있었다. 다른 걸 찾다가 다시 그 기타를 집어 들기를 수십 번 반복하자 악기점 주인아저씨가 물었다. "학생, 돈 얼마나 있는데?" "4만 원밖에 없어서요." 잠깐 고민하는 듯싶던 악기점 주인이 "그럼 그냥 4만 원에 가져 가. 대신 하드케이스는 나중에 따로 사." 제값을 주고 사면 하드케이스를 함께 주는 모양이었다. 그렇게 해서 마음에 드는 기타를 사게 되었다. 그 기타는 못쓰게 될 때까지 15년 가까이 내 벗이 되어주었으니 그 악기점 아저씨도 내 고마운 후원자였던 셈이다.

아직 기숙사 생활을 하던 어느 날이었다. 어느 일요일 열린 문 사이로 기타 소리가 들려왔다. 빈 복도를 통해 울리는 기타 소리가 너무나 아름다웠다. 나도 모르게 그 기타 소리를 따라 갔다. 복도 다른 쪽 방에서 한 친구가 기타를 치고 있었다. 그는 미대 회화과 학생이었는데 기타와 노래 솜씨가 예사롭지 않았다. 우리는 금방 친구가 되었다. 이후 우리는 가끔 서로의 방에서 만나 기타를 치며 이야기를 나누곤 했다. 어느 날 그가 말했다. "우리 학교에도 기타 칠 수 있는 서클이 있어. '메아리'라는 곳인데, 나도 가봤는데 재밌더라고." 내가 메아리라는 집단의 존재를 처음 알게 된 순간이었다.

메아리와 김민기

그 해 가을 나는 '메아리'라는 써클에 가입했다. 메아리는 매주 한 번 학생회관에 모여 함께 새 노래를 부르고 얘기도 나누는 집회를 했는데, 그 자리에서 첫 인사를 했던 걸로 기억한다. 신입 회원으로 내가 처음 부른 노래는 〈금관의 예수〉였다. 메아리의 집회는 학회의 세미나 모임과는 여러 모로 다른 분위기였다. 뭐랄까, 화사하고 구김이 없고 밝았다.

당시만 해도 지방 출신보다 서울 출신이 압도적으로 많았다. 여기서도 나는 뭔가 이질적인 존재라는 느낌을 지우기 어려웠다. 그래도 기타에 맞추어 다 함께 노래 부른다는 즐거움은 각별한 것이어서 나는 매주 정해진 시간에 빠지지 않고 모임에 참석하면서 차츰 분위기에 익숙해져갔다. 무엇보다도 나를 잡아 끈 건 몇몇 회원들의 기타 솜씨였다. 이제 막 기타에 조금 눈 뜨는 수준이었던 내게 그들이 함께 들려주는 연주는 그저 환상적으로만 보였다. 게다가 그들 일부가 노래를 직접 만든다는 사실도 놀라웠다. 그때까지 단 한 번도 노래를 짓는다는 생각을 해 본 적이 없는 내게 새로운 발견이었다. '그래, 노래를 직접 쓸 수도 있구나.', '나도 곡을 써 보고 싶다.' 처음으로 이런 생각이 들었다.

메아리에 가입하고 얼마 되지 않았을 때 메아리 정기 공연을 보게 되었다. 그리 크지 않은 공간에서 수십 명의 관객이 참여한 소박한 무대였다.

그 친구의 이름은 오병욱이다. 현재 경상북도 상주에서 전업 화가로 살고 있다. 10년쯤 전 그가 에세이집을 한 권 보내왔다. 그는 그림 솜씨만큼이나 글솜씨도 뛰어나다. 그 책《빨간 양철지붕 아래서》(뜨인돌, 2005)에 그 친구와 내가 처음 만나던 얘기가 나온다. 그는 자기의 기타 소리에 내가 매혹되어 찾아오지 않았더라면 내가 '메아리'의 존재를 몰랐을 것이고, 그렇게 되면 '노찾사'도 존재하지 않았을지 모른다는 가설을 적고 있다. 글쎄, 그거야 알 수 없는 노릇이지만, 그와의 만남이 내게 매우 인상적인 기억이었던 것만은 틀림이 없다.

나의 문화편력기

〈Down by the Riverside〉 같은 흑인 영가, 〈Puff〉 같은 미국 모던 포크, 김민기와 흔들의 노래들, 그리고 메아리 회원 문승현과 한동헌의 창작곡들이 당시 메아리의 주요 레퍼토리였다.

　　대학 문화의 무게 중심은 학생운동 문화에 있었다. 총학생회 대신 학도호국단이 있었지만, 학생들의 지지나 신임은 당연히 받지 못했다. 학생들은 학과 선배나 서클 네트워크를 통해 전해지는 독서 목록을 통해 의식화되었고, 구전되는 운동권 가요들을 부르며 동질감을 확인했다. 이런 식으로 형성된 운동권 문화는 비록 대학 제도에서 공식적인 시민권을 얻지는 못했지만, 많은 학생들의 지지와 공감을 얻고 있었다. 메아리는 '아직' 존재감이 크지 않았고 운동권 문화의 주류로부터 큰 인정을 받지 못하고 있었다. 당시 대학 운동권 문화의 주류는 언더 학회들과 탈춤반이나 연극반 같은 곳이었다. 민족주의 정서가 강했던 당시 운동권 주류의 성향에서 기타를 치며 서양 노래를 부르는 메아리는 다소 이질적인 존재로 여겨졌다.

　　1978년 그해 겨울 신촌 어딘가에 모이라는 연락을 받고 찾아간 곳에서 그를 처음 만났다. 김민기. 대학생이 된 후 하루라도 그의 노래를 듣거나 부르지 않은 날이 없다 싶을 만큼 당시 그는 적어도 대학생들 사이에서 신화적인 존재였다. 그날 이후 우리는 그의 이름 뒤에 '형'이라는 호칭을 붙이기 시작했다. 그날 김민기 형은 악보를 내밀며 녹음을 도와달라는 부탁을 했다. 그렇게 해서 메아리는 저 유명한 노래극 〈공장의 불빛〉 녹음에 참여하게 된다.

　　이미 녹음된 반주**에 맞추어 노래를 녹음해 넣는 작업은

●●
이 반주 녹음은 가수 송창식의 개인 스튜디오에서 이루어졌다고 한다.

이화여대 방송반 스튜디오에서 이루어졌다. 김민기 형과의 만남, 그리고 〈공장의 불빛〉 녹음 참여는 나를 포함해 메아리 멤버들에게 대단히 충격적인 경험이었다. 그저 막연히 노래의 역사성, 음악의 사회적 의미, 노랫말의 문학성과 메시지의 중요성 등에 대해 생각하기 시작했던 우리들에게 〈공장의 불빛〉은 음악이 사회와 만나는 방식에 대한 사고의 스펙트럼을 극적으로 넓혀 주었다.

이 작품에서 노래는 한 순간의 짧은 서정을 드러내기도 하고 노동조합 투쟁의 어떤 국면을 입체적으로 보여주기도 하면서 기승전결의 완결된 서사를 구현하고 있었다. 무엇보다도 완고한 검열 구조가 버티고 있는 상황에서 카세트테이프라는 의외의 매체를 활용해 전혀 새로운 유통의 네트워크를 만들어내고자 한 그 발상 자체가 경이로웠다. 카세트테이프는 그때까지 음악을 듣는 주요 매체였던 라디오나 LP 레코드에 비해 개인의 주체적인 참여의 가능성이 가장 넓은 매체였다. 사람들은 라디오에서 흘러나오는 노래를 테이프에 녹음하기도 하고 좋아하는 레퍼토리를 골라 자기만의 플레이리스트를 가진 테이프를 제작하기도 했다. 게다가 당시만 해도 노동자들 가운데 카세트테이프 레코더 하나쯤 소유한 사람들이 적지 않았다. 그러니 카세트테이프란 형식으로 세상에 나온 〈공장의 불빛〉이 대학가와 노동계를 중심으로 놀라운 파급력으로 확산된 건 당연한 일이다. 〈공장의 불빛〉이 없었다면 1979년 메아리가 첫 번째 노래 테이프를 제작하는 일은 없었거나 좀 더 늦어졌을지 모른다.

1979년 여름 메아리 멤버들은 봉천동의 한 라이브 카페를 빌어 하루 동안 16곡의 노래를 녹음했다. 기타 셋과 하모니카, 그리고 각자의 목소리가 우리가 가진 전부였다. 편곡과 연주, 녹음 과정 전체를 지휘한 건 문승현이었다. 프로듀서로서 문승현의 감각은 탁월했고 함께 기타를 잡은 김현민의 연주는 아마추어 대학생의 솜씨라고 보기 어려울 정도였다. 별다른 연습이나 사전 조율 없이 한 자리에서 한 나절 동안 그 많은 노래를 녹음했다. 나도 두 곡의 노래를 불렀다. 이 〈메아리1집〉 테이프는 학생운동 네트워크를 통해 판매되었다. 복제되어 유포된 것도 많았으니 정확히 어느 정도나 확산되었는지는 알 수 없다. 이른바 사전심의제도라는 검열 과정을 거치지 않고 정식 음반제작사가 만들지 않은, 명백한 불법음반이었다. 이런 불법음반은 이후 80년대 내내 노래운동의 가장 중요한 매체가 되었다.

79년 10월 26일에서 80년 5월에 이르는 몇 달 동안 한국 사회는 민주주의에 대한 기대와 군사독재로의 회귀에 대한 두려움이 뒤엉킨 혼돈의 소용돌이 속에 있었다. 대학은 혼돈의 한 가운데서 들끓는 용광로와도 같았다. 메아리 역시 그 혼돈의 와중에서 적지 않은 일들을 겪었다. 그 중 몇 가지만 생각나는 대로 적어 본다.

79년 12월에는 문화체육관에서 한 공연이 열렸다. 유아원을 설립하는 기금 마련 공연이라고 했는데, 여기 김민기 형이 출연한다는 얘기가 돌았다. 박정희가 죽으니 김민기의 공연을 다 보게 되는구나, 싶었다. 70년대 초반 이후에는 관객 앞에서 노래 부르는 모습을 보여준 적이 없던 그가 이 공연에서 세 곡을 불렀고 거듭되는 앙코르 요청에 화답해 다섯 곡이나 더 불렀다. 70년대 대학가의 신화를 만난 관객들그들 대부분은 대학생들이었다.은 뜨겁게 열광했다.

80년 3월에는 김민기 형의 부름을 받고 광주에서 극단 광대 창립공연에 참가하기도 했다. 이 자리에서 작가 황석영과 소리꾼 임진택, 그리고 극단 광대의 여러 회원들을 만났다. 80년 5월 서울대생들이 도서관에서 밤샘 농성을 할 때는 연극반 친구들과 어울려 도서관 각 층을 다니며 공연을 벌이기도 했다. 이런 과정들을 겪으며 노래 좋아하는 대학생들의 자족적인 서클 활동에 머물던 메아리는 문화판의 여러 선배 동료들과 조금씩 엮이기 시작했고, 그와 함께 노래를 좀 더 넓은 사회운동의 전망 속에서 사고하는 노래운동 집단의 정체성을 좀 더 확실히 띠어가기 시작했다.

메아리는 내 대학 생활의 전부였다 해도 과언이 아니다. 서클룸에 죽치고 앉아 기타를 치거나 책을 읽고 동료들과 공연 준비하고 MT를 다니고 함께 술을 마셨다. 어설프게 작곡을 하거나 가사를 써보기도 했다. 물론 내가 그 방면에 별 재주가 없다는 걸 눈치 채는 데 그리 오랜 시간이 걸리진 않았다. 대학 3학년이던 1980년, 그 시끄럽던 시절에 메아리 회장을 맡기도 했다.

메아리를 통해 그리고 이어진 문화판 활동을 통해 정말 많은 사람을 만났고 많은 일을 겪었다. 그 얘기를 여기서 다 할 수는 없다. 중요한 건 79년에서 80년, 그리고 81년을 지나 내가 졸업할 때까지의 기간 동안 메아리가 노래운동의 지향을 좀 더 명확히 갖게 되었다는 것이고, 그와 함께 나의 의식과 사고도 함께 변해 갔다는 것이다. 좋은 노래란 어떤 것인가에 대한 미학적 고민도 깊어졌다. 당시 진보적 문화예술에 대한 이론적 논의에서 가장 앞서 있던 건 문학 쪽이었다. 문학 쪽에서 나오는 이런저런 책과 글들을 읽으며 이를 음악 쪽에 어떤 방식으로 적용할 수 있을지 고민하기도 하고 서구의 마르크스주의 문예 이론에 대한 관심으로 이런저런 책들을 찾아 읽기도 했다.

80년대 초 메아리는 탈춤반이나 연극반 못지않은 영향력을 가진 대학 문화 서클로 성장하고 있었다. 당시 우리가 가장 아쉬워했던 건 메아리의 역할을 대학 밖에 연결해 줄 수 있는 통로나 단체가 없다는 점이었다. 당시 탈춤반 출신 선배들은 '한두레'라는 모임을 가지고 있었고, 연극반 출신 선배들은 '연우무대'라는 기성 극단을 만들어 활발히 활동하고 있었다. 대학 내의 노래패 활동을 어떻게 대학 밖의 사회에 연결해 운동의 지속성을 만들어내고 외연을 확대할 수 있을까, 틈만 나면 이런 고민을 나누었지만, 우리에겐 아직 돈도, 사람도, 능력도 터무니없이 부족했다. 무엇보다도 우린 아직 졸업도 안 했고 게다가 병역도 마치지 못한 상태였다.

메아리 활동에 푹 빠져 있는 사이 졸업이 가까워졌다. 메아리 활동을 통해 사회와 역사, 진보의 대의에 눈을 뜬 내가, 대학 졸업할 무렵 선택할 수 있는 길은 많지 않았다. 자신을 내 던지며 이상을 좇아 역사에 몸을 던질 것인가, 아니면 현실 속으로 들어가 조용히 살 것인가. 지금 생각하면 터무니없이 단순한 이분법이지만 당시 나를 포함해 많은 젊은이들에게 그건 너무나 절실한 선택의 문제였다. 이상을 택하기엔 용기가 부족했고 현실을 택하기엔 머릿속에 든 게 너무 많았다.

당시만 해도 대학 졸업자가 많지 않고 경제는 성장하던 시절이니 취업이 어렵지는 않았다. 더욱이 전공이 명색 경영학과였으니 마음만 먹으면 웬만한 대기업에 취업이 가능했지만 그러고 싶지는 않았다. 10.26과 함께 부풀었던 민주주의에 대한 기대가 5.17, 5.18을 거치며 물거품이 되고, 신군부 세력이 정권을 잡으며 더욱 폭력적인 군사 정권의 시대가 열린 시점이었다. 대학 시절 내내 나름 사회변혁이란 주제에 관심을 가지고 그 속에서 노래 혹은 문화의 역할을 고민해온 터에 그 모든 걸 잊고 기업체에 취직해 월급을 받으며 산다는 게 결코 쉬운 선택은 아니었다. 무엇보다도 그건 내 적성에 맞지 않았다. 그렇게 살면서 즐거울 수 있을 것 같지 않았다. 그렇다고 다른 일부 친구들처럼 몸을 던져 변혁 운동의 일선에 나설 용기도 없었다. 이런 내게 공부는 이 어려운 선택을 피할 수 있는 제3의 길처럼 여겨졌다.

그 즈음 때맞추어 이른바 석사 장교라 불리는 특수전문요원 제도라는 게 생겼다. 대학원 석사 과정을 졸업하고 시험을 봐서 합격하면 6개월간 장교 훈련만 받는 것으로 병역을 필할 수 있는 제도였다. 항간에는 이 제도가 전두환과 노태우의 아들들을 위해 생겨난 제도라는 얘기도 돌았다. 아무려나 공부도 하고 군 문제도 해결할 수 있다면 마다할 일이 아니었다. 대학원에 가기로 마음먹었다. 문제는 어떤 전공으로 가는가 하는 거였다. 기왕 공부를 더 할 거라면 대학 내내 관심사였던 '문화'에 대한 공부를 하는 게 맞겠다 싶었다.

문화는 어떻게 형성되며 어떻게 변화하는가, 사회를 변화시키는 데 문화는 어떤 역할을 해야 하는가, 할 수만 있다면 이런 문제에 대해 좀 더 깊이 있는 공부를 해보고 싶었다. 고심 끝에 대중문화나 영화 같은 과목을 커리큘럼으로 가지고 있던 신문학과현 언론정보학과에 진학하기로 마음먹었다. 박사 과정까지 계속하겠다거나 교수가 되겠다는 욕심은 없었다. 일단 대학원을 가고 군대 문제를 해결하면서 좀 더 시간을 벌어보자는 게 당시 나를 움직인 첫 번째 동기였다. 그해 겨울 나는 대학원 시험을 보았고 운 좋게 합격했다.

어린 시절부터 만화와 영화, 소설과 TV, 대중가요를 좋아했고, 학교에서 배운 내용을 의심 없이 받아들이던 모범생 소년이 대학에 들어가 겪은 경험은, 말하자면 나를 키운 아버지를 죽이는 일종의 살부의식殺父儀式과도 같은 것이었다. 대학에 와서 새로운 책을 읽고 새로운 친구를 만나고 새로운 노래를 들으면서 내 머릿속에 자리 잡고 있던 그릇이 깨어져 나가고 새로운 그릇이 그 자리에 들어서게 되었다. 그 과정은 고통스러웠지만 비로소 나는 어른이 혹은 청년이 될 수 있었다. 대학원 진학은 말하자면 새로운 그릇을 채워가는 과정의 시작이었던 셈이다. 그 과정을 거치면서 평생 문화연구자, 문화비평가 그리고 가끔 문화운동가 소리를 들으며 살게 되었지만 당시에 그런 미래를 미리 알 수는 없었다.

찾아보기

ㄱ

게리 쿠퍼
1901~1961. 미국의 영화배우. 〈요크 중사〉1941와 〈하이눈〉1952으로 아카데미 남우주연상을 두 번 수상하였다.

경부고속도로 개통
서울과 부산을 연결하는 고속도로는 1968년 2월 1일에 기공하여 1970년 7월 7일 개통했다.

고우영
1938~2005. 대한민국의 만화가. 독특한 해학과 익살을 통해 신문 연재만화의 지평을 열었다. 주요 작품은 《임꺽정》, 《수호지》, 《일지매》, 《초한지》, 《십팔사략》과 어린이 만화 《짱구박사》, 《대야망》 등이다.

고춘자
1922~1994. 대한민국 여류 만담가

광부 김창선씨 광산 사고
1967년 8월 충남 청양 구봉 광산에서 발생한 매몰 사건으로, 김창선씨는 매몰된 지 16일(368시간 35분)만에 구출되어 당시 매몰사고 최장 시간으로 기록되었다.

광주대단지사건
1971년 경기도 광주대단지의 수만여 명의 주민이 정부의 무계획적인 도시정책과 졸속행정에 반발하며 도시를 점거했던 사건이다.

그레고리 펙
1916~2003. 미국의 영화배우. 1944년 〈영광의 나날〉로 영화계에 데뷔한 후 〈로마의 휴일〉1955, 〈케이프 피어〉1962, 〈앵무새 죽이기〉1962 등 60여 편의 영화에 주연으로 출연하면서 세계적인 배우로 인기를 누렸다.

김기수
1938~1997, 대한민국 권투 선수. 1966년 6월 25일 장충체육관에서 벌어진 세계 타이틀 매치에서 니노 벤베누티와의 접전 끝에 대한민국 최초의 세계 챔피언 타이틀을 거머쥐었다.

김내성
1909~1957. 대한민국 소설가. 탐정 소설을 발표하였고, 《청춘극장》은 일제 말기의 청춘남녀의 사랑과 독립투쟁을 그린 작품으로 많은 사랑을 받았다.

김대중 납치사건
1973년 8월 도쿄의 한 호텔에서 당시 야당 지도자 김대중이 대한민국 중앙정보부의 주도로 괴한들에게 납치된 사건이다.

김상희
1943~. 대한민국의 가수. 고려대학교 법학과를 졸업하였고, 고려대

학교 1학년에 재학 중이던 1961년 가수로 데뷔, 1965년부터 활동하였다. 대표적인 히트곡으로 〈코스모스 피어있는 길〉, 〈울산 큰애기〉, 〈대머리 총각〉, 〈경상도 청년〉, 〈금산 아가씨〉 등이 있다.

김종래
1927~2001. 대한민국의 전통 극화를 개척한 만화가. 주로 동양화에 바탕을 둔 전형적인 삽화체의 그림으로 독특한 작품세계를 만들었다. 여러 주제를 다루었고, 일본 만화풍이 팽배해 있던 초기 만화계에 독창적인 만화작법을 도입하여 한국적인 만화를 선보임으로써 만화의 수준을 한 단계 올려놓았다. 주요 작품으로 《엄마 찾아 삼만리》, 《마음의 왕관》, 《황금가면》, 《도망자》 등이 있다.

김재한
1947~, 대한민국 축구 선수. 1970년대 대한민국 축구 국가대표팀 선수로, 190cm가 넘는 키로 포스트 플레이에 뛰어났다.

김지하 오적 필화사건
1970년 월간지 《사상계》 5월호에 재벌, 국회의원, 고위 공무원, 장성, 장·차관을 을사오적乙巳五賊에 빗대어 풍자한 김지하의 담시 '오적'이 실렸다. 당시 장기 집권 시도에 민감하게 반응한 정부는 김지하 시인과 《사상계》의 대표, 편집장 등을 반공법 위반 혐의로 구속하였다.

김일
1929~2006, 대한민국 전 프로 레슬링 선수. 일본으로 건너가 역도산에게 레슬링을 배워 1960년대부

310   나의 문화편력기

터 70년대 중반까지 한국과 일본에서 '박치기왕'으로 최고의 인기를 누렸다.

김형욱
1925~1979. 대한민국 관료, 군인이자 정치인. 1963~1969년까지 중앙정보부장을 맡았다. 1971년 제 8대 국회의원에 당선되었으며, 유신 후반에 박정희 정권의 비리를 폭로하며 마찰을 빚다가 1979년 10월 파리에서 실종되었다.

ㄴ

날으는 원더우먼
미국 ABC TV 드라마1975~1979로, 여자 슈퍼 히로인 원더우먼의 활약을 그렸다.

나바론 요새
J.리 톰슨 감독의 1961년 영화. 그레고리 펙과 안소니 퀸 등이 출연하며, 2차 대전을 배경으로 하고 있다.

남북적십자회담
1000만 남북 이산가족들의 고통을 해소하고 재결합을 주선하기 위하여 남북적십자사 간에 열린 회담이다.

ㄷ

다니엘 크레이그
1968~. 영국의 배우 겸 영화 제작

자. 2006년부터 6번째의 제임스 본드의 배역을 맡아 현재까지 출연하고 있다.

대괴수 용가리
1967년에 개봉된 대한민국 김기덕 감독의 영화. 일본의 <고질라> 시리즈의 영향을 받고 일본 특수촬영 기술의 도움을 받아 만들어진 한국의 초창기 괴수영화다.

대장 부리바
1962년에 제작된 미국 영화로 1973년에 국내 개봉하였다. 러시아 작가 니콜라이 고골의 동명 소설을 영화화하였다.

도나 리드 쇼
미국 ABC TV 시트콤1958~1966으로, 따뜻한 가족애를 다루고 있다.

돌아온 외팔이
1969년 제작된 영화다. 장철과 왕우 콤비의 외팔이 검객 시리즈 중 두 번째 작품으로, 다양하고 실험적인 액션을 선보이는 장철의 대담한 연출이 돋보이는 영화. 주인공의 심리묘사에 치중했던 전편에 비해 이 작품에서는 팔대도왕이 사용하는 각종 기형도를 비롯하여 쉴 새 없이 펼쳐지는 결투 장면이 눈길을 사로잡으며 무협 액션 영화의 표본을 보여준다.

동아일보 광고탄압사건
1974년 자유언론 실천에 앞장서며 투쟁을 전개한 《동아일보》에 대한 보복으로 정부가 각 기업체와 기관에 광고해약 압력을 가한 사건이다. 동아일보는 한동안 독자들의 자발

적인 의견광고를 게재하며 버텼으나 결국 1975년 3월 기자 130명을 해고했다.

ㄹ

라켈 웰치
1940~. 미국의 영화배우. 1960년대 중반의 섹스심벌로 우스꽝스러운 상황에서 에로틱한 매력을 발산하는 역할을 맡았다.

로하이드
서부를 배경으로 카우보이들의 개척과 모험정신을 보여주는 미국 CBS TV 드라마1959~1966로 1970년대에 인기리에 방영되었으며, 클린트 이스트우드가 출연하여 높은 인기를 얻었다.

ㅁ

마릴린 먼로
1926~1962. 미국의 여배우. 소녀시대를 고아원에서 보내고, 모델을 거쳐 1947년 영화에 데뷔했다. 성적 매력의 육체파 배우로 인기가 높았다. 주요 작품으로 〈신사는 금발을 좋아해Gentlemen Prefer Blondes〉1953, 〈백만장자와 결혼하는 방법How to Marry a Millionaire〉1953, 〈7년 만의 외출 The Seven Year Itch〉1955년 개봉, 〈뜨거운 것이 좋아Some Like It Hot〉1959 등이 있다.

무장공비 침투와 이승복 어린이 사건
1968년 울진 삼척 무장공비 침투로 인해 이승복 가족이 참변을 당했다. 이승복이 당시 무장공비에 의해 희생되면서 '나는 공산당이 싫어요'라고 외쳤다는 보도가 전해지면서 반공정신의 표본으로 선전 되었다.

민청학련사건
1947년 박정희 정권이 전국민주청년학생총연맹 관련자들을 정부 전복기도 혐의로 구속하고 기소한 학생운동권 탄압 사건이다. 1,024명을 공산주의 추종세력으로 몰아 그 중 180명을 구속하였다.

ㅂ

박수동
1941~. 대한민국 만화가. 1965년 만화 《천연기념물》로 데뷔하였으며, 《선데이 서울》에 만화 《고인돌》을 연재하여 고인돌 작가로도 잘 알려져 있다.

밥 말리
1945~1981. 자메이카의 싱어송라이터이자 기타리스트. 정치적 저항의 메시지를 담은 레게음악으로 세계적인 뮤지션이 되었다. 1981년 암으로 사망했다.

방학기
1944~. 대한민국 만화가. 1937년 만화 《사라진 낡은 집》으로 데뷔하였다. 주요 작품으로 《바람의 아들》,

《바람의 파이터》, 《꽃점이》, 《조선조 여형사 다모》, 《거미춤》, 《역도산 일대기》, 《감격시대》 등이 있다.

배트맨
DC코믹스의 대표주자인 배트맨의 활약을 다룬 TV 시리즈. ABC TV에서 1966년 1월부터 1968년 4월까지 방영되었다.

백금녀
1931~1995. 대한민국 영화배우(희극). 1958년 《공처가》로 영화에 데뷔했다. 서영춘과 콤비를 이뤄 '갈비씨와 뚱순이'라는 애칭으로 만담 개그를 선보인 여성 만담꾼이다.

버트란트 러셀
1872~1970. 웨일즈 출신의 철학자 겸 수학자로, 1950년 노벨문학상을 수상했다.

버트 랭커스터
1913~1994. 미국의 영화배우. 1946년 범죄 영화 《살인자들》에 출연하면서 유명해졌다. 1960년 《엘머 겐트리》에 출연해 아카데미 남우주연상을 수상하였다. 대표적인 출연 작품으로 《지상에서 영원으로》1953, 《카산드라 크로싱》1977 등이 있다.

보난자
1965년에서 1976년사이에 TBC에서 방영된 서부극 형식의 미국 NBC TV 드라마1959~1973로, 카트라이트 일가의 네 부자가 겪는 애환과 모험을 그리고 있다.

비비안 리
1913~1967. 미국 영화 《바람과 함께 사라지다》의 스칼릿 오하라 역의 성공으로 세계적인 스타가 된 영국 출신의 여자 배우. 대표적인 출연작으로 《시저와 클레오파트라》1945, 《안나카레리나》1948 등이 있다. 《바람과 함께 사라지다》1957와 《욕망이라는 이름의 전차》1957라는 영화로 두 번의 아카데미 여우주연상을 수상하였다.

ㅅ

사르트르
장 폴 사르트르, 1905~1980. 프랑스의 작가이자 실존주의 사상가로, 1964년 노벨문학상을 수상했다.

사하라 특공대
미국 ABC TV 드라마1966~1968로, 4인조 특공대가 독일군에 대항하여 게릴라전을 벌이는 이야기다. 1971년 KBS에서 방영하였다.

삼선개헌
1969년 제3공화국 당시 박정희 대통령의 정권연장을 위하여 대통령의 3선이 가능하도록 헌법을 개정하였다.

서영춘
1928~1986. 대한민국의 코미디언, 영화배우(희극). 1961년 《인생갑을병》이라는 영화에 출연하여 스타덤에 올랐다. 특히 희극배우 구봉서와

콤비를 이뤄 대한민국 최고 희극배우의 자리에 올랐다. 주요 출연작으로는 〈출세해서 남주나〉1965, 〈여자가 더 좋아〉1965, 〈단벌신사〉1968, 〈바람 같은 사나이〉1968, 〈번지수가 틀렸네요〉1968, 〈울기는 왜 울어〉1970, 〈꼬마 암행어사〉1971, 〈방자와 향단이〉1972, 〈'82 바보들의 청춘〉1982 등이 있다. 〈시골영감〉이라는 히트곡을 남겼다.

서울대생 김상진 할복자살사건
1975년 서울농대생 김상진이 유신체제와 긴급조치에 항거하며 할복자살한 사건이다.

석양의 무법자
1966년에 제작된 세르지오 레오네 감독의 이탈리아의 서사적 스파게티 웨스턴 영화이다. 클린트 이스트우드, 리 밴클리프, 엘리 웰라치가 출연하였다.

숀 코너리
1930~. 영국 스코틀랜드 출신의 할리우드 영화배우. 1971년까지 007 시리즈 6편까지 주인공 제임스 본드 역으로 세계적인 인기를 끌었다. 그 외 〈장미의 이름〉1986, 〈언터처블〉1987, 〈붉은 10월〉1989, 〈인디애나존스-최후의 성전〉1989, 〈숀 코네리의 함정〉1995, 〈더 록〉1996 등 70여 편의 영화에 출연하였다.

수잔 헤이워드
1917~1975. 미국의 영화배우. 활력이 넘치는 매력을 가진 배우로, 〈할리우드 호텔: Hollywood Hotel〉1938로 데뷔하였다. 대표적인 출연 작품으로 〈생의 한가운데〉1941, 〈바람을 건너뛰어〉1942, 〈잭 런던〉1944, 〈그리고 지금 내일〉1944, 〈새벽의 데드라인〉1946 등이 있다. 〈살고 싶어요〉1958로 아카데미 여우주연상을 수상하였다.

세르지오 레오네
1929~1989. 이탈리아의 영화감독. 1960년 〈오드의 투기장〉1961을 연출하며 감독으로 데뷔했다. 1964년 〈황야의 무법자〉로 주목을 받았으며, 〈석양의 무법자〉1966, 〈옛날 옛적 서부에서〉1968 등의 작품을 만들었다. 1984년 마지막 작품인 〈원스 어폰 어 타임 인 아메리카〉를 만들었다.

수사반장
1971년 3월6일부터 MBC에서 방송된 경찰 드라마. 중간에 한동안 휴지기도 있었지만 1989년 10월 12일까지 인기를 모으며 방송되었다. 최불암이 주인공 수사반장 역을 맡았고 조경환, 김상순, 조경환, 김호정, (김호정 사망 후에는) 남성훈 등이 형사로 출연해 범죄를 소탕하는데 헌신하는 인간적인 경찰의 모습을 보여주었다. 봉준호 감독의 2003년 영화 〈살인의 추억〉에 형사와 피의자들이 함께 〈수사반장〉을 보는 장면이 나온다.

스잔나
1967년에 제작된 하몽화 감독의 홍콩 영화. 한 남자를 사이에 두고 벌어지는 이복자매의 삼각관계를 그렸다. 질투와 시기가 강한 동생 스잔나는 착한 언니 샤오팅의 연인을 빼앗지만, 시한부 선고를 받은 후 자신의 잘못을 뉘우치게 된다. 주제곡 〈청춘무곡〉과 함께 국내에 청춘영화 붐을 일으켰으며, 아시안 필름 페스티벌에서 최우수 작품상을 수상한다.

스카라무슈
1952년에 제작된 미국 영화로, 로맨스와 활극이 가미된 오락 영화다. 조지 시드니가 감독하고 스튜어트 그렌저와 자넷 리가 주연을 맡았다.

스카이 하이
1975년 제작된 호주와 홍콩의 합작 영화. 마약 운반책으로 잡으러 호주까지 날아온 홍콩 형사 왕우가 보스인 조지 라젠비와 혈투를 벌인다는 내용이다.

스티브 맥퀸
1930~1980. 미국의 영화배우. 불우한 어린 시절을 보냈으나 1960년대 최고의 배우로 성공하였다. 〈대탈주〉1963, 〈빠삐용〉1973, 〈타워링〉1974, 〈헌터〉1980 등의 영화를 남겼다.

시드니 폴락
1934~2008. 미국의 배우 겸 영화감독. 〈추억〉1973, 〈콘돌〉1975 등의 작품을 만들었다. 1985년 〈아웃 오브 아프리카〉를 만들어 작품상과 감독상을 포함해 아카데미 7개 부문을 수상했다. 〈야망의 함정〉1993을 감독했고 〈랜덤 하트〉1999의 연출자 등 다방면에 걸쳐 꾸준히 활동하였다.

신금단 부녀 상봉사건
1964년 10월 9일 북한 육상선수 신금단과 남한에 살던 아버지 신문준

의 상봉. 함경남도 출신인 신문준은
1950년 단신 월남하였는데, 이들의
만남은 14년 만이었다. 신금단은 각
종 대회에서 우승한 세계적인 육상
선수로 도쿄올림픽에 참가한다는 소
식을 들은 아버지가 딸을 만나기 위
해 방문한 일본에서 단 7분간의 상
봉이 이루어졌다.

신동파
1944~. 대한민국 전 국가대표 농
구 선수이며 감독, 현재는 스포츠
해설가다. 당시 신장 190cm로 가
공할 득점력으로 아시아 무대를 휩
쓸어 대한민국 남자 농구의 전설로
불리고 있다. 또한 1969년 필리핀
에서 열린 아시아 선수권 대회의 맹
활약으로 '신동파 신드롬'을 일으키
기도 했다. 슈터의 개념을 처음으로
도입하였다.

심야의 결투
1968년 장철 감독이 연출한 두 번
째 무협 영화로 사형으로 함께 무예
를 수련한 금연자를 만나기 위해 도
적들과 악당들을 일소하는 검협 소
붕의 이야기다. 유서 깊은 홍콩의 영
화제작사인 쇼브라더스가 제작한 이
영화는 호금전의 〈대취협〉1966을 모
태로 한 연작으로 홍콩 무협 영화의
최고봉 중 하나로 손꼽힌다.

ㅇ

아내는 요술쟁이
미국 ABC TV 시트콤1964~1972으
로, 인간과 결혼하여 평범한 주부로
생활하려는 마녀 이야기다.

아이반호
1952년에 제작된 미국 영화. 십자군
전쟁을 배경으로 한 스펙터클한 이
야기로, 왕위찬탈을 둘러싼 기사들
의 싸움과 사랑을 그리고 있다.

알랭 들롱
1935~. 프랑스의 영화배우 및 감
독, 시나리오 작가, 〈여자가 다가올
때〉1957로 데뷔하여 〈아가씨 손길을
부드럽게〉1957, 〈태양의 가득히〉1960
등으로 톱스타 자리에 올랐다.

알렉스 헤일리
1921~1992. 미국의 소설가. 대표작
으로 《맬컴 X의 자서전》, 《뿌리》 등
이 있으며, 《뿌리》로 퓰리처상, 미국
도서특별상을 수상하였다.

알리
무하마드 알리. 1942~. 전 권투 선
수. "나비처럼 날아 벌처럼 쏘겠다"
는 인터뷰처럼 경기를 했고 세계 챔
피언이 되었다. 1960년 로마 올림
픽 국가대표로 발탁되어 금메달을
땄고, 프로 데뷔 후 승승장구 하였
으나 인종차별에 항거하면서 많은
시련을 겪기도 했다.

엔리오 모리꼬네
1928~. 이탈리아의 작곡가, 지휘자.
여러 공연 음악과 500편이 넘는 영

화 음악을 작곡했다. 세르지오 레오
네 감독의 〈황야의 무법자〉1964, 〈석
양의 무법자〉1966 등의 스파게티 웨
스턴, 〈미션〉1986, 〈시네마 천국〉1988
등의 음악이 특히 유명하다.

엘리자베스 테일러
1932~2011. 미국의 영화배우.
1950년대와 1960년대의 대표적인
할리우드 여배우로, '세기의 미인'으
로 일컬어졌다. 대표적인 출연 작품
으로 〈젊은이의 양지〉1951, 〈자이언
트〉1956, 〈뜨거운 양철 지붕 위의
고양이〉1958, 〈클레오파트라〉1963,
〈누가 버지니아 울프를 두려워하
랴〉1966 등이 있다.

오기택
1939~. 대한민국 가수. 〈영등포의
밤〉1962으로 데뷔하였다. 대표적인
히트곡으로 〈아빠의 청춘〉, 〈고향무
정〉, 〈우중의 여인〉 등이 있다.

오드리 헵번
1929~1993. 미국의 영화배우.
윌리엄 와일러 감독의 〈로마의 휴
일〉1953로 아카데미 여우주연상을
수상하며 세계적인 스타가 되었다.
〈티파니에서 아침을〉1961, 〈샤레이
드〉1961 등에 출연하며 현대의 요정
이라는 평을 받았다.

올리비아 핫세
1951~, 영국의 영화배우. 〈로미오
와 줄리엣〉1968에 출연하며 세계적
인 스타가 되었다.

와일드 번치
1969년 제작된 영화로, 선과 악으

로 대변되는 기존의 서부극을 재해
석한 수정주의 서부극의 걸작으로
꼽히는 작품이다.

왈가닥 루시
미국 CBS TV에서 1951~1957 방영
된 루시 볼 주연의 시트콤.

외팔이와 맹협
1971년 홍콩과 일본의 합작 영화

용호의 결투
1970년 왕우 감독이 연출한 영화로,
홍콩 액션 역사에 기념비적인 작품
으로 불린다. 아시아 최초의 본격 권
법(맨손무술) 영화. 일본인 무사로 인
해 마을이 흉흉해지자 사부님과 무
관, 마을 사람들의 원한을 갖기 위해
오랜 시간 무술을 연마하여 처절히
싸워가며 끝내 중국 땅에서 일본 무
사 무리를 쫓아내며 원한을 갚는다.

우리 아빠 최고
미국 NBC TV 드라마 1954~1960로,
미국 작은 마을에 사는 따뜻한 가족
의 이야기다.

우주괴인 왕마귀
1967년에 개봉된 대한민국의 SF 영
화다. 한국 최초의 괴물 영화로, 권혁
진 감독이다.

움베르토 에코
1932~. 이탈리아의 기호학자이며
철학자, 역사학자, 미학자로 볼로
냐대학교의 교수, 세계 명문대학의
객원교수로 활동하였다. 《기호학이
론》1976, 《푸코의 진자》1988 등 많은
저서를 발간하였으며, 세계적인 베스

트셀러 《장미의 이름》1980의 저자다.

월튼네 사람들
미국 CBS TV 드라마 1974~1983
로, 작은 산골에서 통나무집을 짓
고 3대가 모여 사는 월튼 가족의 전
원적이고 소박한 생활을 잔잔하게
그려냈다.

월하의 공동묘지
1967년에 제작된 권철휘 감독의 작
품으로, 모함과 누명으로 억울하게
죽은 여인이 귀신이 되어 복수한다
는 내용의 공포물이다.

위수령 발동
위수령은 육군 부대가 한 지역에 계
속 주둔하면서 그 지역의 경비, 군대
의 질서 및 군기 감시와 시설물 보호
를 위하여 제정된 대통령령이다. 71
년 10월, 각 대학교에서 삼선개헌 등
에 반한 시위가 격화되자 서울 일원
에 최초로 발동되었다.

위장간첩 이수근 사건
북한 조선중앙통신사 부사장이었던
이수근이 남측에 귀순하여 살다가
1969년 1월 여권을 위조하여 해외
로 출국하다 체포된 후 간첩으로 몰
려 처형당한 사건이다. 2007년 진실
화해를 위한 과거사정리위원회에 의
해 조작으로 밝혀졌다.

유제두
1948~, 대한민국 전 권투 선수. 전
세계복싱협회 WBA 슈퍼웰터급 챔피
언이다.

육영수 저격사건
1974년 8월 15일 서울 국립극장에
서 거행된 광복절 기념식전에서 조
총련계 재일교포 문세광이 박정희
대통령을 저격하였으나 연설대 뒤로
몸을 숨긴 대통령은 무사하였지만,
단상에 앉아 있던 육영수 영부인의
머리에 명중하며 절명한 사건이다.

율 브리너
1920~1985. 러시아 출신 미국 배
우. 1946년 〈류트 송〉으로 유명해
졌으며, 뮤지컬 〈왕과 나〉에서 주연
을 맡아 스타덤에 올랐다. 이 연기로
토니상을 수상했고, 공연 횟수는 자
그마치 1,246회에 이른다. 영화 〈왕
과 나〉1957로 아카데미상 시상식에
서 남우주연상을 수상했다.

안토니오 이노키
1943~. 일본의 전 프로 레슬링 선
수. 역도산에게 레슬링을 배웠으며
미국에서 활약하다가 일본으로 돌아
와 최고의 레슬러로 인기를 끌었다.
70년대에 대한민국과 일본을 오가
며 김일과 여러 차례 대전을 벌였는
데, 명승부로 회자되며 깊은 인상을
남겼다. 1989년 일본 정계에 진출해
참의원을 지내기도 했다.

이미자
1941~. 대한민국의 트로트 가수로
트로트의 여왕, 엘레지의 여왕으로
불린다. 〈열아홉 순정〉1959으로 데
뷔해 1964년 〈동백아가씨〉를 발표
해 35주 동안 가요 순위 1위를 차지
하면서 대중적인 인기를 얻었다. 타
고난 목소리와 무대 매너를 바탕으로
수많은 노래를 히트시켰다. 대표적인

히트곡으로 〈기러기 아빠〉1969, 〈섬마을 선생님〉1965, 〈황포돗대〉1966, 〈울어라 열풍아〉1965, 〈여자의 일생〉1968, 〈황혼의 블루스〉1968, 〈흑산도 아가씨〉1965 등이 있다.

이언 플레밍
1908~1964. 영국의 소설가. 《카지노 로열》1953에서 제임스 본드를 등장시켰다. 모두 12편의 제임스 본드 시리즈 소설과 두 편의 단편모음집을 발표했다. 주요 작품으로 《러시아로부터 애인과 함께》1957, 《골드핑거》1959, 《나를 사랑한 스파이》1962 등이 있다. 그의 작품 중 대부분이 영화화되었다.

임창
1923~1982. 미술교사로 근무하다 1955년 《신태양》 잡지사 전속 삽화 만화작가로 데뷔하였다. 주요 작품으로 《땡이의 사냥기》1964, 《땡이와 영화감독》1965, 《땡이의 애견기》1966, 《땡이 내가 최고》1966 등이 있다.

이청준
1939~2008. 대한민국 소설가. 대표작으로 《서편제》, 《이어도》, 《당신들의 천국》 등이 있으며 동인문학상, 이상문학상 등을 수상하였다.

이호철
1932~. 대한민국 소설가. 대표작으로 《나상》, 《이단자》, 《소시민》, 《서울은 만원이다》, 《역려逆旅》를 비롯해 여러 권이 있다. 1962년 《닳아지는 살들》로 동인문학상을 수상했다.

자니 기타
1954년에 니콜라스 레이 감독이 연출한 영화로, 조앤 크로퍼드가 여주인공으로 등장한 수정주의 서부 영화다.

작은 거인
1970년에 제작한 영화로, 토마스 버거의 소설을 원작으로 서부를 다룬 가장 재미있고 독창적인 작품으로 알려져 있다. 아서 펜이 연출했고 더스틴 호프만과 페이 더너웨이가 출연했다.

장소팔
1922~2002. 대한민국 만담가

장철
1923~2002, 홍콩의 영화감독이자 영화 각본가, 각색가, 기획가, 연출가, 영화배우, 영화음악감독, 분장사다. 홍콩 쇼브라더스에 소속되어 무협 영화를 찍었다. 다양한 평가를 받고 있지만, 그는 한 시대를 풍미한 영화들과 그 영화에 환호하는 사람들에게 언제나 '무협의 아버지'로 경배 받을 만한 거장이었다.

전태일 분신 사건
1970년 서울 평화시장 노동자 전태일이 근로기준법 준수를 요구하여 분신 항거 자살한 사건이다.

전투
미국 ABC TV 드라마1962~1967로, 2차 대전 당시 유럽을 배경으로 독일군을 상대하는 미군 보병소대의 활약상을 그린 드라마다.

제인 맨스필드
1933~1967. 미국의 영화배우이자 연극배우. 브로드웨이와 할리우드에서 활동하였으며, 미국 브로드웨이와 할리우드의 육체파 여배우로 마릴린 먼로나 소피아 로렌과 비교되었다. 마릴린 먼로 보다는 약간 늦은 시기에 데뷔하여 활동했다. 1967년 자동차를 몰고 가던 중 교통사고로 사망했다.

제임스 코번
1928~2002. 미국의 액션 영화배우, 탤런트. 대표적인 출연 작품은 〈황야의 7인〉1960, 〈대탈주〉1963, 〈7인의 독수리〉1976, 〈시스터 액트 2〉1993, 〈허드슨 호크〉1991, 〈이레이저〉1996, 〈어플릭션〉1997 등이 있다. 〈어플릭션〉으로 1998년 아카데미 남우조연상을 수상하였다.

제5전선
미국 CBS TV 드라마1966~1973로, 미국 정부의 첩보 기구인 임파서블 미션 포스의 활약을 그리고 있다. KBS에서 '제5전선'이라는 제목으로 방영되었다. 톰크루즈가 주인공인 영화 〈미션 임파서블〉의 원작이다.

존 스타인벡
1902~1968. 미국 소설가. 1930년대 사회주의 리얼리즘을 대표하는 작가이다. 1962년 노벨문학상을 수상했다. 주요 작품으로 《분노의 포도》1939, 《에덴의 동쪽》1952 등이 있다.

존 웨인
1907~1979. 미국의 영화배우. 할리우드의 인기 스타로 많은 서부극과 전쟁 영화에 출연했다.

지미 핸드릭스
1942~1970. 미국의 기타리스트이자 싱어송라이터. 역사상 가장 위대한 블루스 기타리스트로 꼽힌다. 1969년 우드스탁 페스티벌에 참여했고, 1970년 약물과다복용으로 사망했다.

지나 롤로브리지다
1928~. 이탈리아의 영화배우. 미스 이탈리아 콘테스트 3위에 입선된 것을 계기로 영화계에 데뷔하였다. 대표적인 출연 작품으로 〈꽃피는 기사도〉1951, 〈노트르담의 꼽추〉1956, 〈로마의 여인〉1954 등이 있다.

진 시몬즈
1929~2010. 영국 런던 출신의 여배우. 15세에 영국 영화계에 데뷔하였고, 1950년대와 1960년대 초 미국 할리우드에서 전성기를 누렸다. 대표작으로 〈햄릿〉1948, 〈아가씨와 건달들〉1955, 〈스팔타커스〉1960, 〈빅 컨츄리〉1958 등이 있다.

차범근
1953~. 대한민국을 대표하던 축구 선수이자 감독, 현재는 축구 지도자, 해설가, 평론가로 활동하고 있다. 70~80년대 세계 최고 리그 분데스리가에서 당시 외국인 역대 득점랭킹 1위를 기록한 월드클래스이자 역대 최다 A매치 최다 골에 빛나는 대한민국 축구 국가대표팀의 레전드로 불린다.

찰스 브론슨
1921~2003, 미국의 영화배우. 〈황야의 7인〉1960, 〈위대한 탈주〉1963로 유명세를 탔다. 주요 작품은 〈데스 위시〉1974, 〈브레이크아웃〉1975 등이다. 알랭 들롱과 함께 연기한 〈아듀 라미〉1968로 유럽에서도 인기를 누렸다. 1971년 골든 글로브상을 수상했다.

철수무정
1960~70년대 무렵 장르를 대표했던 장철 감독의 액션 영화. 갑부의 황금을 훔쳐 달아난 도적을 잡기 위한 철무정의 활약을 그렸다. 〈외팔이〉1967, 〈금연자〉1968, 〈복수〉1968 등과 함께 감독의 대표작으로 꼽힌다.

초원의 집
미국 NBC TV 드라마1968~1973로, 1870년대의 미국 서부를 배경으로 시골 벽지에서 살아가는 가족 이야기다. 〈월튼네 사람들〉과 함께 많은 사람들에게 감동을 선사하였다.

최희준
1936~. 대한민국 가수. 본명은 최성준이며, 서울대학교에서 법학을 전공하였다. 새정치국민회의 소속으로 15대 국회의원을 지내기도 했다. 〈우리 애인은 올드미스〉1960로 스타덤에 올랐다. 대표적인 히트곡으로 〈엄처시하〉1961, 〈맨발의 청춘〉1964, 〈하숙생〉1965 등이 있다.

커크 더글러스
1916~. 미국의 영화배우. 스탠리 크레이머 감독의 〈챔피언〉1949으로 스타덤에 올랐고, 2차 대전 후 할리우드를 대표하는 액션 배우로 제작과 감독을 하기도 하였다. 대표적인 출연 작품으로 〈세 부인〉1949, 〈유리 동물원〉1950, 〈형사 이야기〉1951, 〈배드 앤 뷰티〉1952, 〈해저 2만리〉1954, 〈영광의 길〉1957, 〈서부로 가는 길〉1967, 〈어 러블리 웨이 투 다이〉1968, 〈마스터 터치〉1972 등이 있다.

코작
미국 CBS TV 드라마1973~1978로, 뉴욕의 대머리 형사 반장 테오코작의 활약을 그리고 있다. 테리 사발라스가 주연을 맡았다.

클린트 이스트우드
1930~. 미국의 영화배우 겸 감독. 〈석양의 무법자〉, 〈속 석양의 무법자〉, 〈더티해리〉 등에 출연하여 큰 인기를 끌었다. 또한 〈용서받지 못한 자〉, 〈앱솔루트 파워〉 등의 영화를 제작하여 감독으로서도 높은 평가를 받았다.

E

털보 가족
미국 CBS TV 드라마1966~1971로, 한 가정을 중심으로 이웃들과 아이들이 엮어내는 이야기이다.

특수공작원 소머즈
〈600만 불의 사나이〉의 스핀 오프 시리즈로, 제이미 소머즈라는 여자 바이오닉 인간의 활약을 그렸다. 소머즈는 양쪽 다리와 한쪽 팔, 한쪽 귀를 생체 공학으로 새롭게 개조해 태어났다. 린제이 와그너 주연.

ㅍ

판문점 도끼 만행 사건
1976년 8월 18일 오전 11시경 판문점 공동경비구역 내 사천교 근방에서 미루나무 가지치기 작업을 하던 유엔사 경비병들을 북한군 수십 명이 도끼 및 흉기로 구타하고 살해한 사건이다.

푸에블로호 납치사건
1968년 미 해군 정보수집함 푸에블로호Pueblo가 북한 원산항 앞 공해상에서 북한으로 납치된 사건이다.

풍운의 젠다성
1952년 제작된 미국 영화로 국내 개봉은 1955년이다. 납치된 왕을 대신하는 역할을 맡은 사나이가 왕의 약혼녀와 진짜로 사랑에 빠져 갈등하면서 왕을 찾기까지의 모험을 그린 영화다.

프레이저
조 프레이저. 1944~2011. 전 권투선수로 복싱 헤비급 챔피언을 지냈다. 마치 총이 발사된 총구에서 나오는 연기와 비슷한 펀치를 날리는 모습 덕에 '스모킹 조'로 불렸다. 1971년, 무하마드 알리와의 경기에서 알리에게 첫 패배를 안긴 경기는 역사상 가장 유명한 경기 중 하나로 꼽힌다.

ㅎ

함평고구마사건
1976년 11월부터 78년 5월까지 전남 함평군 농민들이 농협과 정부를 상대로 전개한 고구마 피해보상투쟁이다. 농협 전남지부에서 고구마를 전량 매수하겠다는 공약을 이행하지 않아 막대한 피해를 입게 된 농민들이 직접 나서 투쟁하였다.

험프리 보가트
1899~1957. 미국의 영화배우. 다양한 악역을 비롯하여 사립탐정, 도회지의 비정하고 음영이 짙은 역 등 미국 생활의 특징적인 일면을 냉혹한 개성이 돋보이는 연기로 실감나게 보여 주었다. 대표적인 출연작으로 〈카사블랑카〉1942, 〈맨발의 백작부인〉1954, 〈아프리카의 여왕〉1951 등이 있다. 〈아프리카의 여왕〉으로 아카데미 남우주연상을 수상했다.

헨리 폰다
1905~1982. 미국의 영화배우이자 연극배우. 1929년 브로드웨이에서 연극배우로 첫 출연한 이후 영화와 연극을 오가며 활약했다. 대표적인 출연작으로 〈젊은 시절의 링컨〉1939, 〈분노의 포도〉1940, 〈미스터 로버츠〉1955 등이 있다.

형사 콜롬보
미국 NBC TV 드라마1968~1973로, 로스앤젤레스 형사 콜롬보를 주인공으로 한 서스펜스 TV 드라마로, 1974년 KBS에서 방영하였다. 피터 포크 주연.

호금전
1931~1997. 호금전은 홍콩 최대의 스튜디오인 쇼브라더스에서 일하며 배우, 소도구 담당, 시나리오 작가에서 감독으로 전업했으나 그때까지 성공한 작품을 만들지 못했다. 그러나 그의 첫 번째 무협 영화 〈대취협〉1965은 동남아에서 큰 인기를 끌었으며, 다음 작품인 〈용문객잔〉1966은 장철의 〈외팔이 검객〉1967과 함께 무협 영화의 전성기를 증명한 작품이 됐다.

호피와 차돌바위
1967년에 제작된 〈홍길동〉의 속편이자 외전 격으로 신동헌 감독의 두 번째 작품

홀쭉이와 뚱뚱이
1975년 MBC에서 방영한 코미디 콤비 버드 에버트와 로우 코스텔로가 엮은 미국 슬랩스틱 코미디 외화 시리즈다.

홍길동

1967년에 제작된 대한민국 최초의 극장판 장편 애니메이션인 신동헌 감독의 작품이다.

홍수환

1950~, 프로복싱 세계챔피언을 지낸 대한민국의 전직 권투 선수. 1970년 중반 두 개의 체급(밴텀급, 주니어페더급)에 걸쳐 세계 챔피언 타이틀을 거머쥐었다. 1974년 남아프리카공화국에서 열린 WBA 밴텀급 타이틀 매치에서 챔피언인 아놀드 테일러를 꺾고 세계 정상이 되었다. 1977년에는 파나마에서 4전5기의 신화를 쓰며 헥토르 카라스키야를 KO로 누르고 WBA 챔피언이 되었다.

황야의 무법자

1964년에 제작된 영화로, 세르지오 레오네 감독의 작품으로, 이탈리아의 스파게티 웨스턴의 시초 격인 작품이다. 레오네는 주연배우 클린트 이스트우드와 〈황야의 무법자〉에 이어지는 시리즈인 〈석양의 건맨〉1956, 〈석양의 무법자〉1966에서 함께 작업했다. 엔니오 모리꼬네가 담당한 음악이 유명하다.

기타

0011 나폴레옹 솔로

미국 NBC TV 드라마1964~1968로, 1960년 냉전 시대를 배경으로 스파이 '나폴레옹 솔로'와 '일리야 쿠리야킨'의 첩보 액션을 담았다.

10월유신

1972년 박정희 정권은 영구집권을 보장하는 유신헌법을 공고, 확정하고, 유신체제를 출범시켰다.

3·1민주구국선언사건

1976년 3월 1일 명동성당에서 개최된 3·1절 기념미사를 빌미로 정부가 재야의 지도급 인사들(윤보선, 김대중, 정일형, 함석헌, 문익환 목사, 함세웅 신부 등)을 정부전복선동 혐의로 구속한 사건이다.

5-0수사대

미국 CBS TV 드라마1968~1980로, 하와이 주 내에서의 특수 범죄를 해결하는 특수 수사대의 활약을 그리고 있다.

600만 불의 사나이

미국 ABC TV 드라마1974~1978로, 우주 비행사로 근무하다 비행 사고로 생명의 위험에 이르자 양쪽 다리와 한쪽 팔, 한쪽 눈을 최첨단 생체공학으로 개조한 바이오닉 인간의 활약을 그렸다. 리 메이저스 주연.

7·4남북공동선언

1972년 7월 4일 남북 간이 정치적 대화통로와 평화정착을 마련하기 위해 발표한 남북한 최초의 합의 문서다.

FBI

미국 ABC TV 드라마1965~1974로, FBI 내 최고의 엘리트요원들의 이야기를 다루고 있다.

문화연표

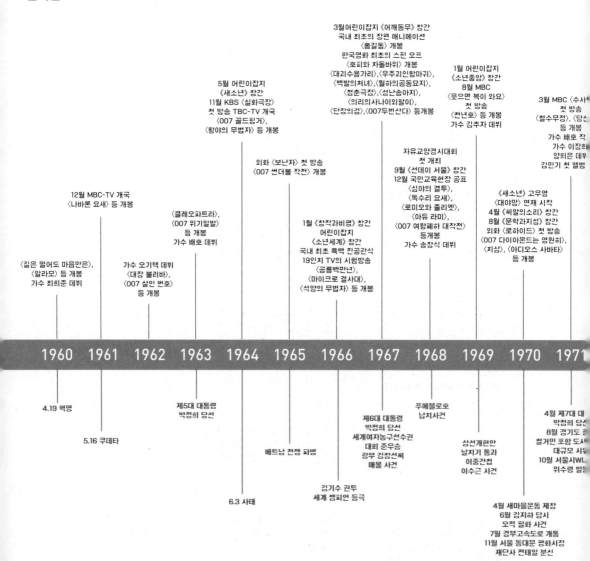

3월 어린이잡지 《어깨동무》 창간
국내 최초의 장편 애니메이션
《홍길동》 개봉
한국영화 최초의 스핀 오프
《호피와 차돌바위》 개봉
《대괴수용가리》, 《우주괴인왕마귀》,
《백발의처녀》, 《월하의공동묘지》,
《청춘극장》, 《섬난송아지》,
《의리의사나이외팔이》,
《단장의검》, 《007두번산다》 등개봉

1월 어린이잡지
《소년중앙》 창간
8월 MBC
《웃으면 복이 와요》
첫 방송
《천년호》 등 개봉
가수 김추자 데뷔

3월 MBC 《수사
첫 방송
《철수무전》, 《당신
등 개봉
가수 배호 작
가수 이장희
양희은 데뷔
김민기 첫 앨범

5월 어린이잡지
《새소년》 창간
11월 KBS 《실화극장》
첫 방송 TBC-TV 개국
《007 골드핑거》,
《황야의 무법자》 등 개봉

자유교양경시대회
첫 개최
9월 《선데이 서울》 창간
12월 국민교육헌장 공표
《심야의 결투》,
《독수리 요새》,
《로미오와 줄리엣》,
《아듀 라미》,
《007 여왕폐하 대작전》
등개봉
가수 송창식 데뷔

외화 《보난자》 첫 방송
《007 썬더볼 작전》 개봉

12월 MBC-TV 개국
《나바론 요새》 등 개봉

《클레오파트라》,
《007 위기일발》
등 개봉
가수 배호 데뷔

1월 《창작과비평》 창간
어린이잡지
《소년세계》 창간
국내 최초 흑백 진공관식
19인치 TV의 시험방송
《공룡백만년》,
《마이크로 결사대》,
《석양의 무법자》 등 개봉

《새소년》 고우영
《대야망》 연재 시작
4월 《씨알의소리》 창간
8월 《문학과지성》 창간
외화 《로하이드》 첫 방송
《007 다이아몬드는 영원히》,
《치삼》, 《아디오스 사바타》
등 개봉

《길은 멀어도 마음만은》,
《알라모》 등 개봉
가수 최희준 데뷔

가수 오기택 데뷔
《대장 불리바》,
《007 살인 번호》
등 개봉

| 1960 | 1961 | 1962 | 1963 | 1964 | 1965 | 1966 | 1967 | 1968 | 1969 | 1970 | 1971 |

4.19 혁명

제5대 대통령
박정희 당선

4월 제7대 대
박정희 당선
8월 경기도 정
철거민 포함 도시
대규모 시위
10월 서울시WL
위수령 발령

5.16 쿠데타

베트남 전쟁 파병

제6대 대통령
박정희 당선
세계여자농구선수권
대회 준우승
광부 김창선씨
매몰 사건

푸에블로호
납치사건

삼선개헌안
날치기 통과
이중간첩
이수근 사건

6.3 사태

김기수 권투
세계 챔피언 등극

4월 새마을운동 제창
6월 감지하 담시
오적 필화 사건
7월 경부고속도로 개통
11월 서울 동대문 평화시장
재단사 전태일 분신

320

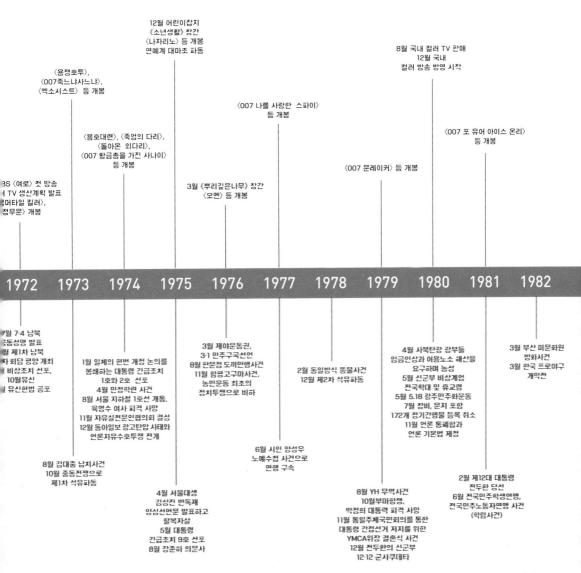

12월 어린이잡지
《소년생활》창간
〈나자리노〉등 개봉
연예계 대마초 파동

8월 국내 컬러 TV 판매
12월 국내
컬러 방송 방영 시작

〈용쟁호투〉,
〈007죽느냐사느냐〉,
〈엑소시스트〉등 개봉

〈007 나를 사랑한 스파이〉
등 개봉

〈007 포 유어 아이스 온리〉
등 개봉

〈용호대련〉,〈죽엄의 다리〉,
〈돌아온 외다리〉,
〈007 황금총을 가진 사나이〉
등 개봉

3월 《뿌리깊은나무》창간
〈오멘〉등 개봉

〈007 문레이커〉등 개봉

BS 〈여로〉첫 방송
TV 생산계획 발표
머타일 킬러〉,
정무문〉개봉

| 1972 | 1973 | 1974 | 1975 | 1976 | 1977 | 1978 | 1979 | 1980 | 1981 | 1982 |

월 7·4 남북
동성명 발표
월 제1차 남북
자 회담 평양 개최
비상조치 선포,
10월유신
유신헌법 공포

1월 일체의 헌법 개정 논의를
봉쇄하는 대통령 긴급조치
1호와 2호 선포
4월 민청학련 사건
8월 서울 지하철 1호선 개통,
육영수 여사 피격 사망
11월 자유실천문인협의회 결성
12월 동아일보 광고탄압 사태와
언론자유수호투쟁 전개

3월 재야운동권,
3·1 민주구국선언
8월 판문점 도끼만행사건
11월 함평고구마사건,
농민운동 최초의
정치투쟁으로 비하

2월 동일방식 똥물사건
12월 제2차 석유파동

4월 사북탄광 강부들
임금인상과 어용노소 해산을
요구하며 농성
5월 신군부 비상계업
전국확대 및 휴교령
5월 5.18 광주민주화운동
7월 참비, 문지 포함
172개 정기간행물 등록 취소
11월 언론 통폐합과
언론 기본법 제정

3월 부산 미문화원
방화사건
3월 한국 프로야구
개막전

8월 김대중 납치사건
10월 중동전쟁으로
제1차 석유파동

6월 시인 양성우
노예수첩 사건으로
연행 구속

8월 YH 무역사건
10월부마항쟁,
박정희 대통령 피격 사망
11월 통일주체국민회의를 통한
대통령 간접선거 저지를 위한
YMCA위장 결혼식 사건
12월 전두환의 신군부
12·12 군사쿠데타

2월 제12대 대통령
전두환 당선
6월 전국민주학생연맹,
전국민주노동자연맹 사건
(학림사건)

4월 서울대생
김상진 반독재
양심선언문 발표하고
할복자살
5월 대통령
긴급조치 9호 선포
8월 장준하 의문사